JN231471

新収益認識の業務・システム対応

履行義務ベースの管理と実務への落とし込み方

あずさ監査法人
アカウンティング・アドバイザリー・サービス事業部 [編]

中央経済社

はじめに

　平成30年3月30日，企業会計基準委員会（ASBJ）から，企業会計基準第29号「収益認識に関する会計基準」および企業会計基準適用指針第30号「収益認識に関する会計基準の適用指針」（以下，まとめて「新収益基準」という）が公表された。収益は，損益計算書のトップラインすなわち一番上の項目であり，第1行目に位置する。それだけに，新収益基準は，経営者にとっても重大な関心事であろう。

　新収益基準の基本となる原則は，「約束した財又はサービスの顧客への移転を，当該財又はサービスと交換に企業が権利を得ると見込む対価の額で描写するように，収益を認識すること」である。

　そう。新収益基準の目指すのは，財やサービスが客先に移転するとき，その対価を正しく描写することにある。また，それによって，企業の実態をより適切に表現すること，これを通じて，経営者や管理者がより正しい経営判断ができるようにする。さらにいえば，財務諸表を通じてその読者が企業について適切な理解をできるようにすることだ。

　新収益基準を導入すれば，認識する収益の単位，金額，タイミングが変わる（ことがある）。この場合，その影響は社内の会計ルールの変更だけではなく，企業の業務プロセスやシステムについても何らかの対応が求められることとなる。

　本書は，KPMGグループがグローバルにおいて提供している新収益基準の導入ソリューションをベースにまとめたものである。新収益基準が業務とシステムにどのようなインパクトをもたらすのか，そのためにどのような対応が必要になるのかを，設例と仕訳，そしてシステムの構成図とデータ項目の図解によって具体的に解説している。

　各企業における新収益基準の導入方法はただ１つに限られるものではない。それぞれの企業によってそれぞれ適切な対応方法があるはずだ。本書が，その方法をみつける時の"手がかり"となり，わが国における新収益基準の導入に資することを期待する。

　なお，本書の執筆者である山本浩二マネージング・ディレクターは私の長い友人であり，本書はこれまでに彼が携わった多くの経験に裏打ちされている。今後も，彼が自らの経験に基づいた執筆活動を通じ，経済社会に貢献することを期待する。

　2018年12月

有限責任　あずさ監査法人　理事長

酒井弘行

執筆にあたって

本書は，新収益基準の業務とシステム対応についてまとめたものである。

新収益基準については，会計基準の観点や税務上の観点から，すでに多くの良書が出ている。だが，業務とシステムの観点から新収益基準の導入をどう進めればよいか，この点について整理したものはなかった。

これは，とても困った問題である。新収益基準を導入すれば，認識する収益の単位，金額，タイミングが変わる（ことがある）。これから新収益基準を導入する企業にとって，その対応は，社内の会計ルールの見直しだけでない。業務とシステムについても対応が必要である。

では，業務とシステムの観点から，どうやって取り組めばよいか。確かに，新収益基準は新しい会計基準だが，すでに海外では新収益基準とほぼ同じ会計基準（IFRS 第15号や Topic 606（米国基準））を導入している。そして，これらの企業は，会計基準の論点だけでなく，業務とシステムの問題にも取り組んでいる。KPMG がグローバルにおいて提供している新収益基準のソリューションやプロジェクト事例から知見を得て，本書を取りまとめた。

『新収益認識の業務・システム対応』というタイトルではあるが，本書の主張は「新収益基準を導入すれば，業務とシステム対応が必要だ」とか，「業務とシステム対応で大きなコストがかかる」といったものではない。

そもそも，新収益基準の導入で「業務とシステム対応が必ず必要になる」とは言い切れない。例えば，1つの契約に2つ以上の履行義務があっても，契約を履行義務の単位に合わせて分割することができれば，本書で紹介するような"請求管理システム"は不要になる。（本当に必要ないのなら）業務とシステムにムダなコストをかけるべきではない。この点は，本書の主張の1つである。

それでは，本書の内容をサッと確認してみよう。

　第1章は,「新収益基準のインパクト」である。新収益基準を導入すると,5つのインパクトがある。それは,社内の会計ルールの見直しだけではない。会計上の債権管理,契約上の請求管理,原価管理と経営管理,そしてビジネスのあり方を考える機会になる。

　第2章は,「論点別の業務・システム対応」だ。新収益基準の導入が業務とシステムに大きな影響を与えると考えられる13の論点についてピックアップし,会計基準の概要,企業に与える影響,実現方法,検討方法という観点から考えてみる。

　第3章は,「請求管理と債権管理の考え方と対応」である。13の論点の中でも,最も大きなインパクトをもたらすのが,この問題だ。新収益基準の導入で,履行義務ごとに収益を認識するように変わっても,従来どおり契約上の債権について把握する必要がある(残る)。契約上の請求管理と会計上の債権管理の間に違いが生じるため,いずれも維持することになる。この問題を解消するために,本書では,"請求管理システム"について詳述した。

　第4章では,視点を変えて,「原価管理と経営管理の考え方と対応」についてまとめた。新収益基準は,収益についての会計基準ではあるが,履行義務単位で収益を認識するならば,対応する原価も履行義務単位で把握する必要がある。また,このことはダイレクトに経営管理にも影響する。新収益基準の導入で,収益の認識の単位,金額,タイミングが変われば,予算管理,KPI,業績評価にも影響するからだ。

　第5章は,「新収益基準の導入ステップ」だ。新収益基準の導入方法についての解説である。新収益基準を導入する時は,まずそのインパクトを図る。クイックレビューだ。自社にとってどれくらいのインパクトがあるかを知らずに,適切な対応ができるはずがない。過度な対応をする必要はない。自社に必要な対応を見極め,新収益基準の導入時期(ゴール)から逆算してプロジェクト計画を設定するのだ。

　新しい会計基準の導入で,業務の負担が大幅に増えるのはおかしい。会計基

準は企業の実態を適切表現するための"道具"であって，"目的"ではない。しかし，もし，業務の負担が増える理由が，従来，把握すべき情報の把握をしていなかった，もしくは企業の実態をより適切に表現するチャンスを逸していたということであれば，新しい会計基準に真正面から取り組む意味がある。

　その際，業務の負担を減らす（増やさない）ために，適切な業務とシステム対応を図るのだ。本書が，新収益基準の業務とシステムの対応を検討する企業の皆さまの参考になれば幸いである。

　本書の執筆にあたっては，実に多くの方からの支援を受けた。あずさ監査法人の長谷川義晃パートナー，髙橋見アシスタントマネジャーには，会計の論点と業務・システムとの関係という観点から，高度に専門的な意見をいただいた。伊藤久明ディレクターおよび神山清雄ディレクターには何度も原稿の確認をいただいた。システム的な観点では，藤原裕弘氏，KPMGコンサルティングの加瀬友康マネジャーから多くの有益な知見を得た。また，中央経済社の坂部秀治編集長には，本書の構成から細部に至るまで丹念に校正をいただいている。この場を借りて，皆様にあらためてお礼を申し上げたい。

有限責任 あずさ監査法人
アカウンティング・アドバイザリー・サービス事業部
山本　浩二

CONTENTS

第3章　請求管理と債権管理の考え方と対応

第4章　原価管理と経営管理の考え方と対応

第5章　新収益基準の導入ステップ

第1章

新収益基準の
インパクト

【サマリ】

平成30年3月30日, 企業会計基準委員会（ASBJ）から, 企業会計基準第29号「収益認識に関する会計基準」および企業会計基準適用指針第30号「収益認識に関する会計基準の適用指針」（以下では, まとめて「新収益基準」という）が公表された。

新収益基準を導入すると, 認識する収益の単位, 金額, タイミングが変わることがある。この影響は, 社内会計ルールの変更だけではない。契約上の請求管理や会計上の債権管理などの業務, そのための債権管理や総勘定元帳などの会計システム, そして契約管理システムの見直しも必要になるだろう。本章では, 新収益基準が企業に与えるインパクトがどういうものかを解説する。

1 │ 単位，金額，タイミングが変わる

　平成30年3月30日，企業会計基準委員会（ASBJ）から，企業会計基準第29号「収益認識に関する会計基準」および企業会計基準適用指針第30号「収益認識に関する会計基準の適用指針」（以下，まとめて「新収益基準」という）が公表された。これは収益の認識について包括的なルールを定めることが目的である。

　新収益基準の特徴は，5つのステップを通して収益を認識するという点にある。これは，IFRS第15号「顧客との契約から生じる収益」のコンセプトと同じだ。もともと，新収益基準の開発にあたっては，IFRS第15号の基本的な原則を取り入れることを出発点としているため，これは当然である。

　5つのステップを通して収益を認識することで，これまでと大きく変わる点は3つだ。1つは，認識する収益の「単位」である。ステップ1で顧客との契約を識別し，ステップ2で契約における履行義務を識別する。企業は契約の中で顧客に財の販売やサービスの提供を約束している。履行義務とは，1つひとつ区別できる約束のことをいう。履行義務の捉え方によって，履行義務の単位と契約の単位とが一致することもあれば，異なることもある。これらが異なる場合，業務プロセスとシステムにインパクトを与える。

　2つ目は，認識する収益の「金額」だ。契約のなかに複数の履行義務があれば，当然，その1つひとつに金額を付ける必要がある。ステップ3では契約全体の取引価格を算定し，ステップ4で取引価格を独立販売価格の比率に基づき各履行義務に配分する。変動対価のように，契約当初に金額がはっきりしないものは，見積りを行い，取引価格に含めたうえで配分計算を行わなければならない。その結果，配分後の金額が契約書上の金額とは異なることも考えられる。

　収益を認識する単位の変更，配分された金額の契約書との不一致，いずれにせよ，これらは会計上の話である。企業が客先に請求し受領する金額と一致するとは限らない。こうなると，契約上の請求管理と会計上の債権管理は異なっ

てくる。

　3つ目が，収益を認識する「タイミング」である。収益を認識するタイミングは，履行義務を充足した時である（ステップ5）。それが，一時点か，それとも一定の期間にわたってなのか，一時点であればどの時点なのか，収益を認識するタイミングが変われば，社内の会計ルールの変更だけでは済まされない。

　契約や履行義務の識別，取引価格の算定，収益の認識パターンの決定など，新収益基準を理解し適用していくことは会計上の論点として重要である。

　しかし，企業にとって重要なことがもう1つある。もし，**いままで認識していた収益の「単位」，「金額」，「タイミング」が変わるならば，企業の業務プロセスとシステムに影響を与える**ということである（もちろん，その件数や金額の重要性によって変わるが）。では，どう取り組めばよいのか。新収益基準の導入によって収益の単位，金額，タイミングが変わる場合の取り組みについて解説しよう。

2 | 5つのインパクト

筆者は，新収益基準のインパクトを5つに分けて捉えている（図表1-2-1）。5つのインパクトの概要は，以下のとおりである。

【図表1-2-1】 新収益基準のインパクト

ビジネスのあり方
の変革

インパクト5

インパクト4

インパクト3

インパクト2

インパクト1

会計ルール

会計上の管理

契約上の請求管理

原価管理と経営管理

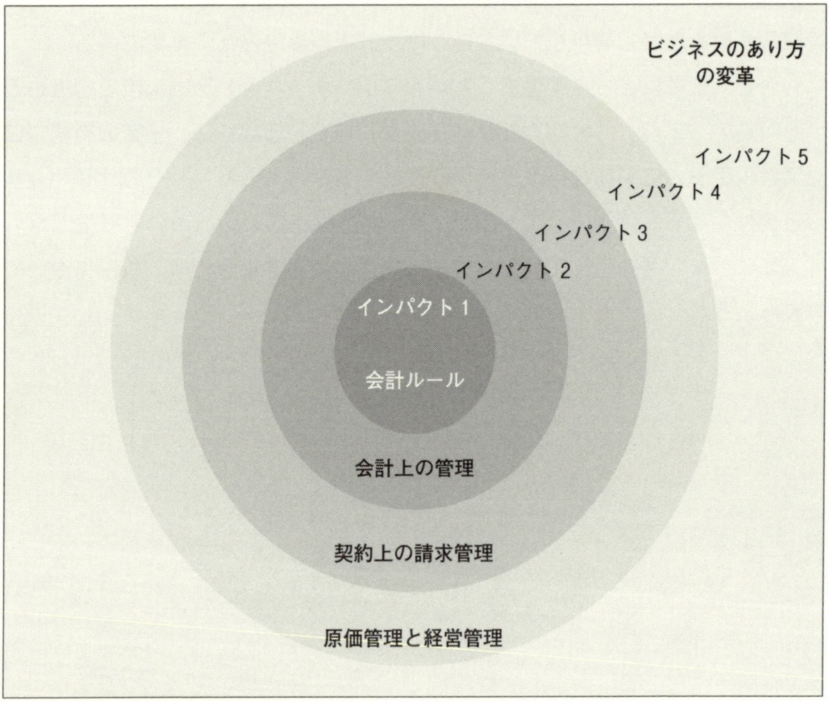

(1) 会計ルールを見直す

1つが，社内の会計ルールを見直すというものだ。新収益基準は，収益の認識について包括的に処理方法を定めている。すべての企業に影響するものもあれば，特定の業種・業態にのみ影響するものもある。企業が自社の状況を確認

し，新収益基準の導入によって対応が必要な論点を絞り込み，重要性の基準を考えたうえで，会計処理の手続や勘定科目を見直し，これを社内会計ルールとして設定する必要がある。

⑵　会計上の管理を見直す（主として，第2章で解説）

新しい会計ルールに従って，認識する収益の単位，金額，タイミングが変わるならば，当然，新たに求められる収益の単位，金額，タイミングできちんと会計処理できるように，業務プロセスとシステムを見直す必要がある。これには，収益の認識に関係する内部統制のしくみの見直しも含まれる。

では，どんな新しいルールがインパクトをもたらすのか。まず，筆頭に挙げられるのは，

① 契約の結合
② 契約変更
③ 約束した財またはサービスが別個のものか否かの判断
④ 独立販売価格に基づく配分

の4つだ。これらによって，今までの収益の認識単位，金額，そしてタイミングが変わる可能性がある。

変動対価や返品権付き販売にも注意が必要だ。例えば，客先と約束した対価に変動対価（本体の価格や値引きがその後の状況を反映して決まる場合など，客先と約束した対価のうち変動する可能性のある部分のこと）が含まれるならば，財・サービスと交換に企業が得る対価の金額を見積もる。この実務を正確に，しかも効率的に行うには，値引きの見積計算をするシステムが必要である。このシステムに求められる機能は，値引条件の複雑さによって変わる。加えて，値引きの見積りを行っても，会計システム上は，その金額の管理は（債権管理システムではなく）総勘定元帳上でのみ行うことになる。

ポイント制度も忘れてはならない。適切な会計処理を行うには，その前提として，ポイントの管理が重要になる。そのうえで，ポイント付与時の契約負債の算定方法，仕訳の粒度と頻度，それからポイント制度を利用する第三者（加

盟店など）への対応など，1つひとつの課題の対応方法を決める。新収益基準の導入で，ポイント制度に関わる業務とシステムがどのような影響を受けるのか。それは，企業の対応のしかたによって大きく変わる。

　本書の第2章では，新収益基準の導入が業務とシステムに大きな影響を与えると考えられる項目をピックアップし，会計基準の概要，企業に与える影響，実現方法，検討方法という観点から解説する。

(3) 契約上の請求管理を見直す（主として第3章で解説）

　新収益基準を導入しても，契約の内容が変わらなければ，顧客に対する請求管理は変わらない。そもそも，契約書には履行義務という言葉も概念もない。顧客に対して財やサービスを提供すれば，それが会計上の履行義務と一致しようと，一致しなかろうと，契約に基づいて請求するし，それは従来の日本基準に基づく収益の認識に近いものだろう。今後は，契約に基づく請求管理は会計処理とは必ずしも連動しないため，別個に管理を続ける必要がある。

　これは，言うほど簡単なことではない。なぜか。現行のシステムは「売上の計上＝客先に対する請求」を前提にして作られている。だから，会計上の債権管理と契約上の請求管理を一緒に行うことができる。だが，**新収益基準の導入で，契約上の請求とは異なる単位，金額，タイミングで収益を認識すれば，いままでと同じように請求管理を行うのは難しい。**

　そこで，第3章では，契約上の請求管理と会計上の債権管理を連携できるシステムを提案する。本書では，これを"請求管理システム"と呼ぶ。

(4) 原価管理と経営管理を見直す（主として第4章で解説）

　新収益基準は収益についての会計基準である。新収益基準に従って，認識する収益の単位，金額，タイミングが変わるならば，次に何が必要になるだろうか。それは「利益の管理」だ。そして，**利益を管理するには，収益に対応する原価もきちんと把握しなければならない。**原価管理のあり方を見直すのである。

　そしてもう1つ。経営管理の見直しだ。収益は，損益計算書のトップライン

（いちばん上の項目）に位置する。それだけに、新収益基準は、経営者にとっても重大な関心事である。では、**経営に対してどのような情報を提供すべきか。**これをよく考える必要がある。新収益基準の導入によって見直すべき業務プロセスとシステムは、実績の収集に関わるものだけでない。予算の編成プロセスとシステム、予実分析システム、業績評価システムなどに与える影響を検討する。

　第4章では、新収益基準の導入にあたって、原価管理と経営管理をどう見直すべきかを解説する。

⑸　ビジネスのあり方を考える（主として第5章で解説）

　新収益基準への対応で負担が増える原因の1つは、ビジネスのあり方、もっというと契約のあり方にあるのかもしれない。実際、**海外事例をみてみると、IFRS第15号や米国会計基準のTopic 606（新収益基準とほぼ同じ内容の米国基準のこと）への対応で、契約のあり方まで踏み込んで検討するケースもある。**新収益基準の導入を機に、今までおかしいと感じていた商流を見直す。契約形態を考える。取れなかった情報を取れるようにする。管理会計のあり方、そして経営のあり方を振り返るチャンスと捉えるのである。

　では、そのために必要なことは何か。それは、新収益基準の導入プロジェクトの目的をしっかり定めることである。プロジェクトの目標（いつまでに、何を行うか）だけでなく、プロジェクトの目的を定義する。何のためにプロジェクトを行うのか、投資家にとって、経営トップや管理者にとって、営業や関係部署にとって、そして取引先にとって、この基準が何をもたらすかを考える。

　新収益基準に従って処理するという受け身の姿勢だけでなく、ビジネスのあり方を見直すという積極的な姿勢も、この会計基準への対応には必要である。第5章では、新収益基準の導入を"経営"という観点からどう進めるべきかについて解説する。

第2章

論点別の
業務・システム対応

【サマリ】
　新収益基準の導入で，業務・システム対応をどう考えればよいだろうか。このとき参考になるのが，「収益認識に関する包括的な会計基準の開発についての意見の募集」（企業会計基準委員会，改訂平成28年4月22日）（以下，「意見募集文書」という）である。「第1部　IFRS第15号に関して予備的に識別している適用上の課題」には，17の論点が示されている。もちろん，基準の最終化までの過程で，論点でなくなったものもあるが，議論のたたき台としては有効だ。本章では，この17の論点の中で重要と考えるものをピックアップし，さらにこのほかにも検討すべき論点を加えて，業務とシステム対応という観点から解説する。

論点0 対応の考え方

　ふつう，新収益基準の業務とシステム対応をどう考えるのだろうか。新収益基準は，収益の認識について包括的に処理方法を定めたものだ。**すべての企業に影響する会計上の論点もあれば，特定の業種・業態にのみ影響する論点もある。**であるならば，この"ふつう"の対応というものは存在するのか。

　そこで，まず，企業会計基準委員会が新収益基準の開発に先立って公表した「収益認識に関する包括的な会計基準の開発についての意見の募集」（以下，「意見募集文書」という）に「システム」という言葉がどう使われているか，調べてみた。

　「システム」と言葉を入れて検索したところ，ヒットしたのは9つだ。そのうちの7つの論点に，「収益認識の処理が行われるような会計システムに改修する必要が生じる可能性がある」とか「システム上の対応が必要となる可能性がある」という記述がある（図表2-0-1）。

【図表2-0-1】　システム対応に関する記述があった論点

【論 点 1】	契約の結合
【論 点 3】	約束した財又はサービスが別個のものか否かの判断
【論 点 4】	追加的な財又はサービスに対する顧客のオプション（ポイント制度等）
【論 点 8】	独立販売価格に基づく配分
【論 点 9①】	一定の期間にわたり充足される履行義務（進捗度を合理的に算定できる場合）
【論 点 9②】	一定の期間にわたり充足される履行義務（進捗度を合理的に測定できない場合）
【論 点 10】	一時点で充足される履行義務

　確かに，これらの論点は，業務やシステムに与えるインパクトは大きい（だ

ろう）。いずれの論点も，いままで行ってこなかった新しい業務をもたらす可能性があるからだ。

　一方で，業務・システム対応で苦労するのは，これらの論点に限られるのか，注意が必要である。同じ会計上の論点でも，企業の取引条件や商慣行によっても，対応は変わる。企業が目指す水準によって，対応の難易度も変わる。

　本章の目的は，新収益基準の導入にあたり，業務とシステム対応をどう進めるべきか，留意すべき点は何か，を明らかにすることにある。業務とシステム対応の考え方を整理し，そのうえで，**新収益基準の導入が業務とシステムに大きな影響を与えると考えられる項目をピックアップし，どう検討したらいいか**解説する。

(1)　業務・システム対応の捉え方

　さて，個別の論点について考える前に，業務・システム対応とはどういうものか，その概要をみてみよう。

①　論点によって難易度は変わる

　会計上の論点によって，業務とシステム対応の難易度が変わる。冒頭でも説明したように，契約の結合，履行義務の識別，独立販売価格に基づく配分などは，今まで求められてこなかった処理である。これを業務とシステムで対応しようとすれば，それなりの準備が必要である。

　図表2-0-2をご覧いただきたい。これは，米国のある企業が，Topic 606を導入する際に解決すべき課題を，システムにおける対応の手間の観点からマッピングしたものだ。もちろん，このマッピングの結果は，企業によって異なる。

【図表2-0-2】 業務・システム対応にかかる手間

凡例：
❶ 契約の識別
❷ 契約の結合
❸ 契約変更
❹ 履行義務の識別
❺ ライセンスの供与
❻ 変動対価
❼ 契約における重要な金融要素
❽ 顧客に支払われる対価
❾ 独立販売価格に基づく配分
❿ 契約コスト
⓫ 表示
⓬ 開示

システム対応にかかる手間 ＼ 業務対応にかかる手間	小さい	大きい
大きい	❼	❻ ❹ ❸ ❷ ⓬ ／ ❾
小さい	❶	❺ ❿ ❽ ⓫

　業務対応とシステム対応にかかる手間は，いつも正の比例関係にあるとは限らない。（一般的に考えると）システム対応で済むなら，業務対応にかかる手間というのは少なくなるものである。では，図表2-0-2のケースでは，（システム対応にかかる手間の大きさにかかわらず）業務対応にかかる手間が大きいものがあるのは，なぜか。

　これは，システム対応がしづらいものがあるためだろう。例えば，❺のライセンスの供与である。ライセンスの供与に係る契約というのは，それぞれがユニークだ。契約の内容を1つひとつ確認して，ライセンスを供与する約束とその他の約束がどういう関係にあるか（適用指針61項），ライセンスを供与する約束の性質はどうか（知的財産にアクセスする権利か，それとも使用する権利か：適用指針62項〜66項）といったことを判断しなければならない。これをシステムで自動化するのは難しい。

② 条件の設定によって変わる

　業務やシステム対応の大変さは，取引の条件によっても変わる。例えば，重要性の取扱いである。たとえ，影響が大きい会計上の論点であっても，重要性

が乏しい場合は代替的な取扱いが認められている。例えば，契約変更による財・サービスの追加が既存の契約内容に照らして重要性が乏しい場合（適用指針92項）や，約束した財またはサービスが，定量的・定性的にみて重要性が乏しい場合（適用指針93項）の取扱いである。

　同じ論点であったとしても，企業の規模や業態，商慣行や取引条件，会計処理を行う単位や頻度などの条件によって変わってくる。例えば，ポイント制度である。適用指針の設例22のように，ポイントを付与するたびに，契約負債を算定して，仕訳を起票するようにシステムを組もうとすれば，これは相当な難易度である。POSシステムの改修まで視野に入れないといけないかもしれない。一方で，契約負債の算定をある程度まとめて行うという方法であれば，難易度はかなり下がると考える。

③　共通の解決策がある

　違う論点であっても，同じ解決策が使えるものもある。例えば，履行義務がもたらす問題だ。1つの契約に2つ以上の履行義務があったらどうだろう。従来，契約単位で売上計上をしていたものを，異なる「単位」，「金額」，「タイミング」で売上計上するならば，会計上の債権管理は契約上の請求管理と一致しなくなる可能性がある。

　この問題は，「約束した財・サービスが別個のものかどうか」という論点だけに限られたものではない。「契約の結合」や「契約変更」という論点でも，生じる問題である。逆にいうと，履行義務から生じる問題の解決策を考えることは，これら3つの論点で発生する"悩み"を一掃できる可能性があるのだ。

　新収益基準は，収益の認識について包括的に処理方法を定めたものである。この基準の業務・システム対応にあたっては，それぞれの会計上の論点について，難易度を評価し，条件設定に留意しつつ，共通の解決策を考えて取り組むことが合理的である。

(2)　どう対応を進めるか

　新しい会計基準を導入するとき，そこには2つのタイプの反応があるようだ。1つは，トラブル対応型である。新しい会計基準を導入すると，現在の社内会計ルールや業務・システムをそのままにしておくことは難しい。最低限の社内会計ルール，業務・システムの見直しにとどめたいというものである。

　もう1つは，成長改善型である。新しい会計基準の導入を機会に，よりタイムリーで的確な情報提供ができる体制を考えたり，ムダな業務をなくしたり，システムの改修で効率化を図ろうというものだ。

　このように書くと，まるで「成長改善型」がよくて，「トラブル対応型」がダメなようにみえるが，そういうことではない。

　成長改善にこだわるあまり，業務やシステムの見直しの範囲をムリに広げ，肝心の会計基準の導入がおろそかになっては，意味がない。これは，トラブル対応型にもいえる。最低限のルールの見直し，最小限の業務・システム変更を意識しすぎて，会計基準を都合よく解釈したり，必要なシステム投資を怠ったりして，業務の負担増を招けば，これも大変なことである。

　このような過度な「成長改善型」や「トラブル対応型」に陥らないようにするには，どうすればいいのか。それは，どのようなタイプであっても，目標を定め，正しい順序（4つのステップ）で考えることである。

　4つのステップとは，①会計基準を理解する，②企業に与える影響を考える，③実現方法を考える，④検討方法を考える，の4つである（図表2-0-3）。

【図表2-0-3】　4つのステップ

	項　目	内　容
①	会計基準を理解する	・会計基準の目的を理解する。 ・会計基準の枠組みを理解する。 ・会計処理の内容を把握する（認識のタイミング，測定方法，仕訳）。 ・用語や言葉の使い方に注意する。 ・会計処理の前提条件を把握する。
②	企業に与える影響を考える	・新しい会計基準を導入したときの社内会計ルール，業務・システムに与える影響（移行時，移行後の運用）を考える。 ・その他の影響を考える（経営管理，業績評価，法人税，消費税の計算方法，取引先に対する情報提供など）。
③	実現方法を考える	・会計処理や見積方法を検討する。 ・会計処理や見積りに必要なデータを想定する。 ・業務・システムのあり方を検討する。
④	検討方法を考える	・プロジェクトを進める場合の調査ステップを考える。 ・会計基準の準拠性の調査の対象範囲と順番を決める。 ・業務・システムの調査の対象範囲と順番を決める。 ・実現方法の確認と見直しのための調査方法を考える。

　考える順番は決まっている。①，②，③，④の順だ。途中からでもダメだし，逆もムリである。なぜか。会計基準の理解なくして，企業に与える影響を考えることはできない。企業に与える影響がわからなくて，問題をみつけることはできない。問題がみつからなければ，解決策もない。検討方法を考える必要すらなくなる。

それでは，4つのステップについて順を追って説明しよう。

① （ステップ1）会計基準を理解する

　新しい会計基準の目的を理解する。今回の新収益基準でいうと，どうなるか。会計基準の第16項には，基本となる原則として，「約束した財又はサービスの顧客への移転を当該財又はサービスと交換に企業が権利を得ると見込む対価の額で描写するように，収益を認識すること」とある。そう。この基準が目指すのは，財やサービスが客先に移転するとき，その対価をきちんと描写することなのだ。この会計基準は，業種や業態にかかわらず，収益認識に関して包括的な会計基準として定められたものである。であるならば，この基準の導入によって，ライバル企業との経営成績も比較しやすくなるし，企業が開示する情報も充実する。

　こういう気持ちをもって会計基準を読む。すべての規定には狙いがある。そのうえで，「どう解釈すれば，対価をきちんと描写できるのか」を考える。こうすることが，基準の正しい理解につながる。

② （ステップ2）企業に与える影響を考える

　新しい会計基準を導入すれば，何かに影響するものである。企業の取引，業務，プロセス，システム，経営管理。どこかに，何かしらの影響がある。会計ルールの変更だけで終わるわけがない。新しい会計基準の導入で，どこにどんな影響があるのかを考える。

　新収益基準の場合で考えると，どうなるだろう。この基準の導入で，収益の認識の単位，金額，タイミングが変わる可能性がある。それは，収益の認識ルールに影響するかもしれないし，新たに求められる収益認識の単位，金額，タイミングできちんと会計処理できるように，業務プロセスとシステム，そして内部統制のしくみを見直す必要がある。これらが新収益基準の導入にあたって対応すべき問題となる。

③ （ステップ3）実現方法を考える

　新収益基準の導入にあたって企業が対応すべき問題がわかれば，今度はこれをどう解決すべきか，という点に関心が移るはずだ。問題の解決のしかた，これが実現方法である。例えば，ある会計処理を行うために必要なデータがわかれば，これをどう入手すべきか考える。入手したデータをどう保持し，どう加工するかを考える。この1つひとつが実現方法を考えるプロセスである。

④ （ステップ4）検討方法を考える

　「検討方法」は調査の進め方のことである。「実現方法」と「検討方法」は似た言葉であるが，意味はまったく違う。実現方法は"問題の解決策"のことだが，検討方法は，それをどうやってみつけるか，調査の進め方だ。

　新収益基準の導入で対応すべき問題（例えば，この基準の導入で，収益の認識の単位，金額，タイミングが変わる箇所）とその解決策が整理できたら，プロジェクトの進め方を考える。具体的にどう調査するのか，問題ごとに考える。問題を詳細に確認し，実際に解決に向けて行動するには，実態を把握する必要がある。逆にいうと，実態が把握できないのであれば，いくら問題や解決策の見当がついていても，真の解決にはつながらない。

＊＊＊＊

　こう書くと，「なんだ。当たり前じゃないか」と思うかもしれない。だが意外なことに，**多くの人は，会計基準の理解や解釈には時間をかけるが，そのあとが続かない。**何をどう変えるべきか，その先までなかなか考えが至らない。

　会計基準を正確に理解し，解釈する。これはとても大事なことだが，それだけでは十分ではない。新しい会計基準を導入するにはどうしたらいいか，実現方法を考える。4つのステップで考えたうえで，社内会計ルール，業務・システム対応の範囲を方針として設定するのである。

(3) 本章で取り上げる論点

　本章の目的は，新収益基準の導入にあたり，業務とシステム対応をどう進め

るべきか，留意すべき点は何か，を明らかにすることにある。そこで，新収益基準の導入が業務とシステムに大きな影響を与えると考えられる項目をピックアップし，会計基準の概要，企業に与える影響，実現方法，検討方法という観点から考えてみたい。本章では，以下の13の論点について取り上げる。

【論点1】	契約の結合
【論点2】	契約変更
【論点3】	約束した財・サービスが別個のものか否かの判断
【論点4】	ポイント制度等
【論点5】	ライセンスの供与
【論点6】	変動対価
【論点7】	返品権付き販売
【論点8】	独立販売価格
【論点9】	一定の期間にわたり充足される履行義務
【論点10】	本人か代理人かの検討
【論点11】	有償支給取引
【論点12】	開示への対応
【論点13】	移行年度の対応

論点1 | 契約の結合

(1) 会計処理の概要

　契約の結合とは，複数の契約を単一の契約としてみなして処理することである。形式上は複数の契約に分かれていても，その実質は単一の契約として扱うべきだと判断した時の会計上の扱いである。

　従来の日本基準では，複数の契約の結合について一般的な定めはなかった。通常は，それぞれの契約が収益認識の基本的な単位になる。もちろん，契約内容によっては別の単位で収益を認識することもあるが，やはり契約という単位で考えるのが基本である。

　この点，新収益基準では，同一の客先と同時またはほぼ同時に締結した複数の契約が，単一の商業的な目的を有するパッケージとして交渉されるなど3つの要件のいずれかを満たすと，これら複数の契約を結合し単一の契約とみなして処理する，という扱いになっている（会計基準27項を参照のこと）。結合した契約全体から履行義務を識別して，結合した契約全体の取引価格をそれぞれの履行義務に配分するのである。

　契約結合の処理が必要となる取引の例には，次のようなものがある。1つは，ソフトウェアの導入でカスタマイズが必要になる場合だ。ソフトウェアの販売契約とソフトウェアのカスタマイズの契約を分けていると，これを契約の結合の対象になるか判断が入る。

　ほかにも，ソフトウェアを受注制作する場合が考えられる。ソフトウェアをスクラッチで開発する時は，基本構想から入り，客先の業務上の要件，システム要件，開発，テスト，導入，教育，保守・メンテナンスといった具合に，多くのステップ（フェーズ）を経て行うものである。そのため，契約もそれぞれのフェーズごとに分けて締結するという方法をとることが多い。このような場合，契約の結合が必要かどうか検討の対象になる。

　それでは，契約の結合にどう対応すればよいだろうか。業務とシステムに分けて考えてみよう（図表2-1-1）。

【図表2-1-1】　論点1への対応の概要

論点と関係する取引例 （意見募集文書14頁）	影響		対応の内容
	区分	程度	
同一の顧客と同時又はほぼ同時に複数の契約を締結する取引 （例：ソフトウェアと当該ソフトウェアのカスタマイズについて契約を分けている場合，ソフトウェア受注制作で開発工程ごとに契約を分けている場合）	業務	◎	（契約の判断） 同時またはほぼ同時に締結した複数の契約について，一定の条件に照らして，契約を結合する必要があるかを判断するために必要なルールを整備し，業務プロセスを追加する。
	システム	◎	（契約管理システム） 契約管理システムのマスタを履行義務単位で登録できるようにし，かつ複数の契約を紐づけられるよう契約マスタを見直し，契約の結合にも対応できるようにする。 （請求管理システム） 請求管理システムを新設し，複数の契約の取引価格を紐づけて独立販売価格で履行義務に配分できるようにする。

凡例（影響の程度）　◎：かなり大きい，　○：大きい，　△：少ない，　×：ほとんどない

(2)　業務対応（影響の程度：かなり大きい）

　業務をきちんと行うには，ルールが必要だ。契約の結合は，いままで行ってこなかった会計処理（またはそれに関連して発生する業務）である。では，どう対応すればいいだろうか。

①　対象となる取引の確認

　まず，契約の結合の対象となる取引を把握する。重要な点なので繰り返す。新収益基準では，同一の客先と同時またはほぼ同時に締結した複数の契約が，3つの要件のいずれかを満たすと，これら複数の契約を結合し単一の契約とみなして処理する（会計基準27項）。ここでは，3つの要件の中で最もイメージのしやすい「同一の商業目的を有するものとして交渉」された機器の販売契約とその後の保守契約のケースで考えてみよう。この場合，機器と保守サービスの契約がどのような関係にあるのか，確認する。この2つの取引が「同一の商業目的を有するものとして交渉された」か，みるのだ。

　機器の販売契約と保守契約がどのようなタイミングで締結されるのかも重要である。新収益基準によると，契約の結合の対象になるのは，「同時又はほぼ同時に締結した複数の契約」だ（会計基準27項）。このビジネスにおいて，保守契約は，機器の販売と同時に締結するものなのか，機器の販売を行ったあとなのか。もし，あとならば，それはいつなのか。

　そもそも，この「同時又はほぼ同時に」という要件に明確な指標は示されていない。企業は，どの程度の期間を「同時又はほぼ同時」と考えるのか，固有の事実と状況に基づいて判断することになる。同時またはほぼ同時に交渉されたかどうかは，企業のビジネス慣行も考慮しなければならない。加えて，取り決めがなぜ別個の契約として文書化されたのか，契約がどのように交渉されたのか（例：どちらの契約も同一の当事者か，同じ企業内の別の部署の顧客と別個に交渉されたのか）の検討も必要だろう。

　保守契約の内容にも注意する。保守契約の期間はどれくらいか，自動継続か，その回数はどうか。こういったことは，「契約の結合」だけでなく，「契約変更」の検討にもつながる。ビジネスのやり方を確認しないと，対象となる取引を絞り込むことはできない。

②　値決めの方法の確認

　また，値決めがどのように行われているのか，確認する必要がある。先ほど

の，機器の販売契約とその後の保守契約のケースであれば，機器と保守サービスそれぞれの販売価格の設定のしかたである。

その場合は，**企業の販売戦略に注目する**のがよい。複数の契約が「同一の商業目的」のもとにパッケージとして交渉される以上，企業として何らかの戦略を持っているはずだ。それぞれの契約において利益をどのように確保し，全体としてどの程度の利益を得ようとしているのか。例えば，販売戦略や価格設定方針，値決めのルールといったものがあれば，それらと独立販売価格を比較するのだ。パッケージとして交渉する場合とバラバラに販売する場合とでは，収益性が異なる可能性がある。先の機器の販売契約と保守契約のケースでいうと，**販売戦略に基づく機器と保守サービスの収益性と独立販売価格に基づく収益性を比較する**のである。

では，販売戦略や価格設定方針などはあるが，個々の契約の利益までは管理していない場合は，どう考えたらいいだろう。**これは，会計上の問題というよりは，経営管理上の問題である。**企業として，「同一の商業目的」のもとに複数の契約をパッケージとして交渉しているならば，それらの契約の利益管理は必要である。新収益基準の導入を機に，自社の経営管理のあり方を点検するよいチャンスと捉えるべきであろう。

③ 判断基準の設定

契約の結合を行うならば，その前提として，複数の契約の対応関係がはっきりしていなければならない。先ほどの，機器の販売契約とその後の保守契約のケースでいうと，機器と保守サービスの契約を締結するタイミングが「ほぼ同時」だとするならば，それはどれくらいか，固有の事実と状況に基づいて検討した結果を受けて，具体的な「期間」を判断基準として設定する。そうしなければ，契約の結合の対象候補の契約日をチェックして，契約データベースから契約の結合の対象をシステムで抽出できない。

機器の販売契約と保守契約の対応関係も同じだ。「1対1」，「1対m」，「n対1」であれば，結合の対象は特定しやすい。一方で，もし「n対m」という

関係なら，契約の結合の対象を契約データベースでどう特定するのか，考えなければならない。むしろ，そのような場合は，そもそも契約の結合の対象なのか，もう一度，確認する必要もあるだろう。

(3)　システム対応（影響の程度：かなり大きい）

「契約の結合」をシステムで対応するには，どういう点に注意して検討を行えばよいだろうか。

①　現行のシステムの確認

データを実際に紐づけるなら，その前に，機器の販売で使用しているシステムと保守サービスで使用するシステムについて調べる。システムの構成，連携，データフロー，データの受け渡しのタイミング，そしてデータの抽出可否を把握するのだ。

②　データの確認

「契約の結合」の対象となる場合，2つの契約を紐づけるキーとなるデータが必要になる。機器の販売で登録したデータは何か，また保守サービスの契約で必要になるデータはどういうものかを把握する。これは，システムが保持するデータ項目の一覧を見て考えるのもよいが，**業務において使用する書類（例えば，受注申請書，契約書および注文書など）から検討する**ほうが，取引をイメージしながら検討できるから，より効率的だ。

③　契約結合番号の設定

ふつう，契約には，「契約番号」が付されているはずだ。システムにおいて，契約情報を管理するときも，収益を集計するときも，契約単位で行う以上，契約番号というものが必要になる。

では，契約の結合が行われるときはどうするのか。複数の契約を結合するならば，その結合関係を明らかにする必要がある。**契約番号の"親玉"を設定す**

るのである。例えば、「契約結合番号」という番号を設定し、従来の契約番号
と紐づけるのである。

　図表2-1-2をご覧いただきたい。いままでは、契約単位で管理すればよい
ので、「契約番号 X01」と「契約番号 X02」があれば十分であった。契約の結
合を行う場合は、この2つを結合するという関係を明らかにしなければいけな
い。そこで、「契約結合番号 X0」というものを設定するのである。「契約結合
番号 X0」のデータベースには、契約の結合の対象となった契約番号や結合し
た契約全体の取引価格などの情報を格納する。

【図表2-1-2】　システム対応のイメージ

	イメージ	概要
いままで	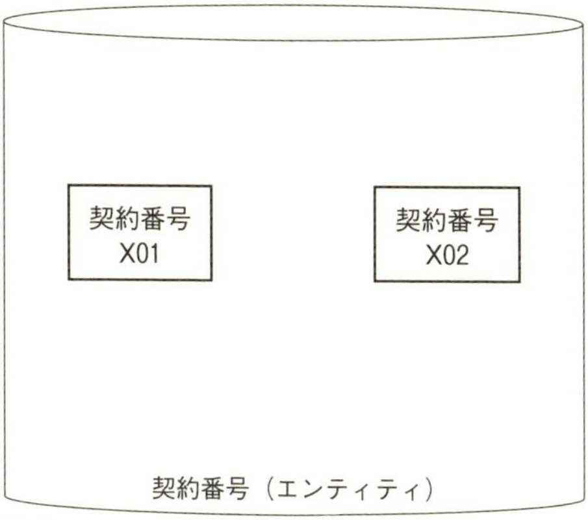 契約番号 X01　　契約番号 X02 契約番号（エンティティ）	複数の契約があっても，それぞれの契約を別個のものと扱う。
これから	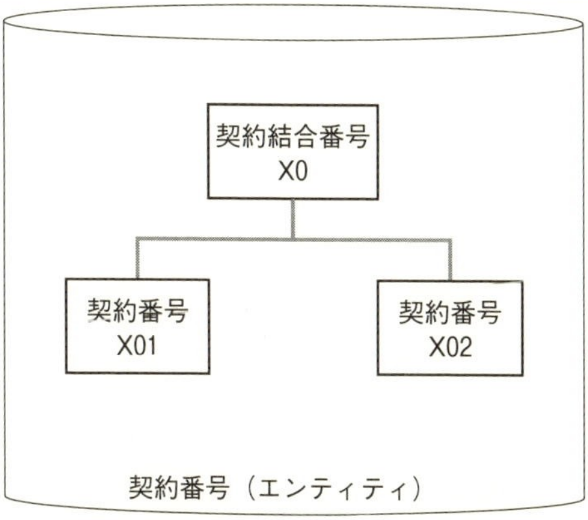 契約結合番号 X0 契約番号 X01　　契約番号 X02 契約番号（エンティティ）	複数の契約を「単一の契約」に結合するか否かを判断し，契約を結合する場合には，その内容をシステムに登録できるようにする。

④　契約上の請求管理と会計上の債権管理

　契約の結合を行い，独立販売価格で全体の取引価格を配分すれば，客先に対する請求と計上する収益の金額が一致しなくなる（可能性がある）。この問題は，「論点3　約束した財・サービスが別個のものか否かの判断」において，「請求管理システム」という解決策を提示している。こちらも合わせてお読みいただきたい。

「紐づけるデータがない」

　新収益基準の導入プロジェクトは，"データ探し"のプロジェクトである。このことを，"契約の結合"を例に考えてみよう。該当する会計基準を理解し，現行の業務やシステムに与える影響を分析したら，今度は，契約を結合するために必要なキーとなるデータを探す。キーとなるデータが何で，どこにあるかわかっていれば，さほど問題ではないが，実際はそうでもない。そもそも，契約を結合するためには，どんなデータが必要なのか，ということすらわからないこともあるからだ。

　こんなとき，プロジェクトメンバーに注意してもらいたいことが，「言葉」の使い方である。契約の結合のために，「財の販売契約の情報」と「サービスの提供契約の情報」を紐づける必要があるとしよう。プロジェクトメンバーは，ヒアリングを行う。すると，営業の担当者は「2つの契約を紐づけるデータがない」と言う。さて，ここでどう対応するかが，分かれ道である。実は，「なるほど，そういうものなのか」と納得してしまう人が少なくないのだ。

　これは，困った事態をもたらす。「どうにか契約を結合したい」という思いから，営業の担当者に手作業で2つの契約データを紐づけて欲しいとお願いしたり，重要な取引だけ抽出して契約を結合して済まそうとしたりする。つまり，表面的な対応で終わらせる可能性がある。本当に契約の結合はできないのか，深く考えてはいないからだ。

　「紐づけるデータがない」という言葉には，2つの意味がある。1つは，紐づけるデータをシステムが保持していないというケースだ。この場合，システム内を探しても確かにデータは見つからない。だが，紙か Excel かわからないがシステムの外でデータを保持している（可能性がある）。もう1つのケースは，2つの契約を紐づけるデータ自体が存在しない（概念として紐づけることは不可能）というものだ。例えば，2つの契約が n 対 m のような関係にある場合を考えて欲しい。2つの契約がこのような関係にあると，契約を結合するデータが存在しないのだから，結合は難しい。

　「紐づけるデータがない」と言った人は，いったいどちらの意味で発言したのだろうか。このことを確認せずに，“納得してしまう”のは危険である。では，どうしたらいいか。まず，2つの契約を紐づけるようなデータを想定することだろう。それは，製品のシリアル番号とか，機種番号のようなものかもしれない。そのうえで，なぜシステムで保持していないのか，どうやったらデータは入手できるか，システム対応は可能かという具合に検討を進めるのである。

　一方，「紐づけるデータがない」と言った人が，紐づけるデータ自体が存在しないという意味で発言したのであれば，どこを探してもデータが見つかるわけがない。ただし，この場合は，もう1つ，疑問が生まれる。**そもそも2つの契約がn対mのような関係にあるものが，契約の結合の対象になるのか**，という点である。

　プロジェクトを進めるときは，現状をしっかり把握する。この「しっかり」というのは，「詳しく正確に」という意味である。「紐づけるデータがない」という言葉を鵜呑みにして，それだけをもって，営業の担当者に対するヒアリングが終わったと思い込んではならない。ヒアリングというものは，**相手のちょっとした言葉の使い方にも気を配り，曖昧だと感じたら，さらに質問を行**う。このような積み重ねが，現状をしっかり把握することにつながるという意識を，プロジェクトメンバーは持つ必要がある。

論点2 契約変更

(1) 会計処理の概要

　一度，締結した契約を，そのあと，何らかの理由で変更することがある。それは，追加の注文であったり，価格の変更であったり，期間の延長だったり，いろいろだ。新収益基準では，契約変更が行われたときに，会計上の取扱いが定められている。

　従来の日本基準では，契約変更について一般的な定めはなかった。このため，通常は個々の契約変更の内容に応じて会計処理を行ってきた。それは，いままで結んできた契約とは独立した契約として会計処理するか，契約変更時点で契約変更による影響額を損益として会計処理するかといったものである。

　この点，新収益基準では，契約変更の内容に応じて，会計処理の方法を決める。それは，

　　①　契約変更を独立した契約として処理するか

　　②　既存の契約を解約して新しい契約を締結したものと仮定して処理するか

　　③　既存の契約の一部であると仮定して処理するか

または②と③の組み合わせ，である（会計基準30項と31項を参照）。

　図表2-2-1をご覧いただきたい。別個の財・サービスの追加で契約の範囲が拡大されており，かつ，変更される契約の価格が追加した財・サービスに対する独立販売価格を反映しているならば，変更契約は独立した契約として処理する。そうでない場合は，契約変更日にまだ移転していない財・サービスが，すでに移転した財・サービスと別個のものかどうかで判断する。別個のものであれば，既存の契約を解約して新しい契約を締結したものと仮定して処理する。別個のものでなければ，既存の契約の一部であると仮定して処理することになる。

【図表2-2-1】 契約変更の処理に関するフローチャート

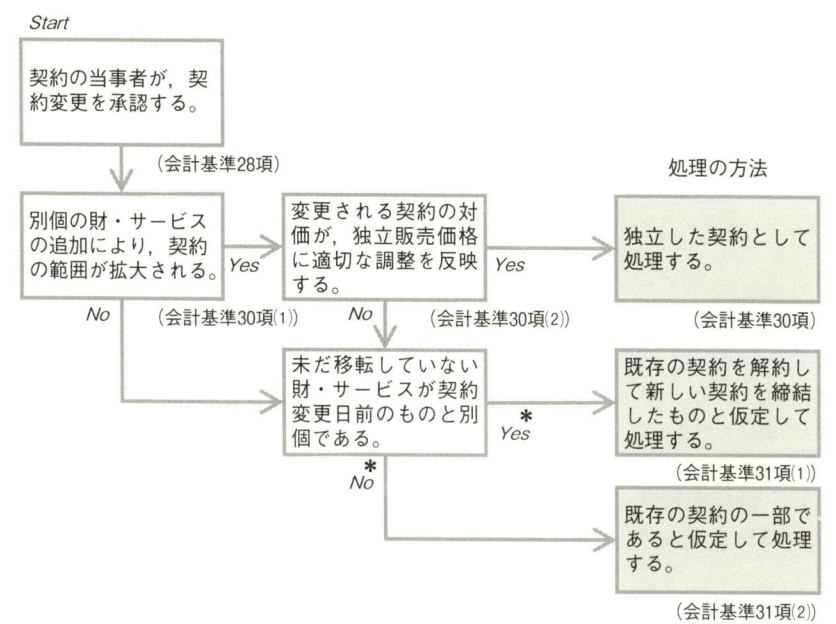

*未だ移転していない財・サービスが契約変更日前のものと別個である部分と別個でない部分の両方を含む場合は，それぞれの方法に基づいて処理する（会計基準31項(3)）。

　契約変更の処理が必要となる取引には，どのようなものがあるのか。1つには，同じ製品を一定数販売する契約において，一部を販売したあとに，契約を変更して同じ製品を追加で販売するというケースだ。ほかにも，ソフトウェアの開発を受注し，途中の工程まで進んだところで，客先からリクエストによって仕様に修正を加えるというケースがある。

　それでは，契約変更にどう対応すればよいだろうか。業務とシステムに分けて考えてみよう（図表2-2-2）。

【図表2-2-2】 論点2への対応の概要

論点と関係する取引例 (意見募集文書14頁)	影響		対応の内容
	区分	程度	
提供する財又はサービスの内容や価格の変更が生じる取引 (例：建設，ソフトウェアの開発，設備等の長期の受注製作，電気通信契約)	業務	◎	(契約の判断) 契約変更についての会計処理の決定は，①追加の財・サービスが既存のものと別個で，対価が適切か，②すでに移転済みの財・サービスとは別個かどうかで判断する。また，契約変更後に生じる取引価格の変動についても，その性質によって配分方法が変わる。これらに必要な判断ルールを整備し，業務プロセスを追加する。
	システム	◎	(契約管理システム) 契約変更についてどのように判断したか，その履歴を契約システムに登録できるよう項目を設定する。 (請求管理システム) 請求管理システムを新設し，契約変更に応じて契約単位および履行義務単位で，履行義務の履行状況，請求状況，回収状況を管理できるようにする。

凡例（影響の程度） ◎：かなり大きい，○：大きい，△：少ない，×：ほとんどない

(2) 業務対応（影響の程度：かなり大きい）

① 契約変更の実態

　すでに述べたように，いままでは「個々の契約変更の内容に応じて会計処理を行ってきた」。であるならば，契約変更の会計処理について，社内会計ルールで明文化されていない可能性が高い。会計処理をきちんと行うには，その前に実態を把握することである。それは，いままでどのような会計処理を行って

きたか，だけではない。契約変更はどういう時に行われているか，どのような
プロセスか，関係するシステムは何かについて，確認する。あとで，対象とな
る取引を抽出する時に，必要になるからだ。

　もちろん，契約変更にはどのようなものがあるか，契約変更の種類と内容を
調べる。ただし，契約変更があった契約書をすべて確認するのは効率的ではな
い。「うちは，すべての契約がユニーク。悪くいえば，バラバラ」と思ってい
ても，よく見ると，ある種のパターンというかグループに分けられる。契約変
更をある程度グルーピングしておけば，漏れなく検討することができる。実際，
営業担当者が客先の求めに応じて，好き勝手に契約変更を行うことは少ない。
契約変更にあたって，営業担当者が守るべきルールやマニュアルも確認する。

②　ルールの設定

　契約変更の内容によって，会計処理は変わる。契約変更の実態を把握したら，
会計処理の決定プロセスをルール化する。契約変更の処理が必要となる取引に
は，どのようなものがあるのか，別個の財・サービスの追加で契約の範囲が拡
大されるケースとは何か，自社の取引を例にまとめるのである。**追加した財・
サービスが独立販売価格を反映しているかどうかは，交渉記録や値決めの判断
基準などでわかる**はずだ。ルールを定め，契約変更の会計処理を適切に選択で
きるようにする。

　もう1つ。選択した会計処理の計算方法のルール化である。例えば，契約変
更を既存の契約を解約して新しい契約を締結したものとして処理するなら，
残った履行義務に対価を配分しなければならない。この算定も複雑だが，この
契約に（適用指針の［設例3］のように）変動対価の取り決めが含まれている
と，さらに複雑さが増す。こういったことを，1つひとつルールにまとめ，業
務をプロセスに組み込まないと，誤った会計処理につながるので注意したい。

⑶ システム対応（影響の程度：かなり大きい）

① 契約管理システムでの管理

　通常，契約には，「契約番号」が付されている。システムにおいて，契約情報を管理するときも，収益を集計するときも，契約単位で行う以上，契約番号というものが必要になる。では，契約変更が行われるときはどうするのか。

　これを契約管理システムで管理するには，既存の契約と新規の契約の紐づけを行う必要がある。会計処理のパターンは，変更契約の中身で変わる。どの会計処理のパターンをとる場合でも，契約管理システムにおける"変更契約の管理"が変わるわけではない。では，具体的にどう対応するのだろうか。図表2－2－3をご覧いただきたい。

【図表2-2-3】　契約管理システムのイメージ

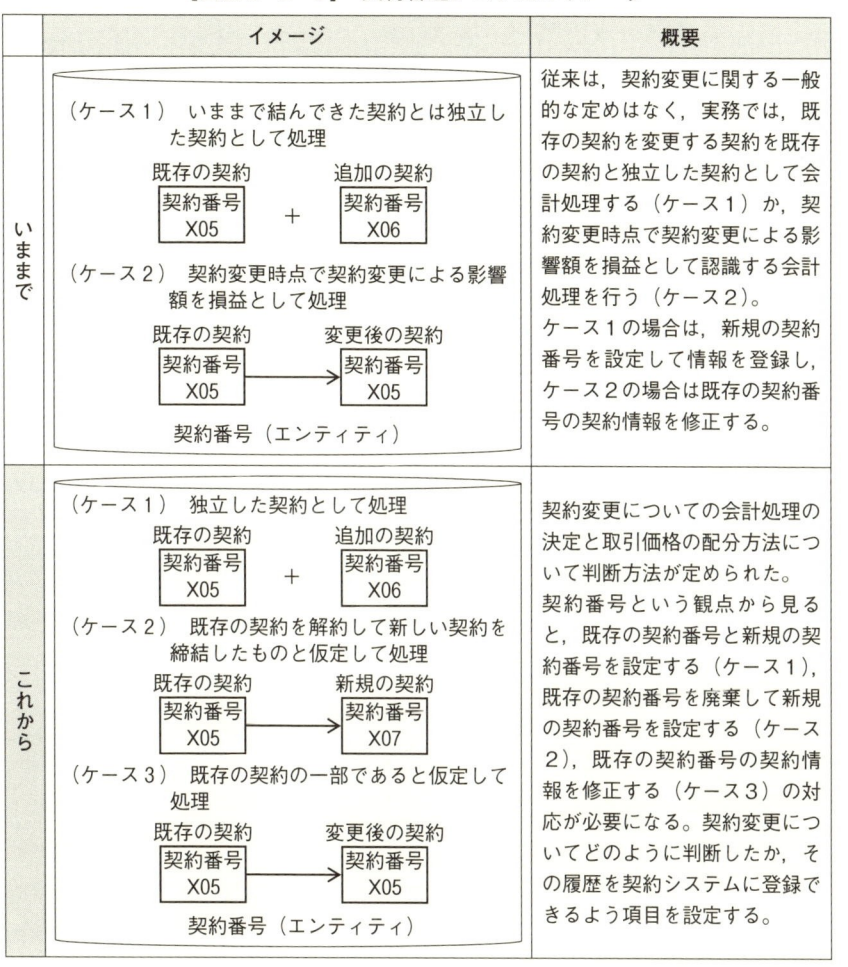

	イメージ	概要
いままで	（ケース1）　いままで結んできた契約とは独立した契約として処理 既存の契約　　＋　追加の契約 契約番号 X05　　契約番号 X06 （ケース2）　契約変更時点で契約変更による影響額を損益として処理 既存の契約　　→　変更後の契約 契約番号 X05　　契約番号 X05 契約番号（エンティティ）	従来は，契約変更に関する一般的な定めはなく，実務では，既存の契約を変更する契約を既存の契約と独立した契約として会計処理する（ケース1）か，契約変更時点で契約変更による影響額を損益として認識する会計処理を行う（ケース2）。 ケース1の場合は，新規の契約番号を設定して情報を登録し，ケース2の場合は既存の契約番号の契約情報を修正する。
これから	（ケース1）　独立した契約として処理 既存の契約　　＋　追加の契約 契約番号 X05　　契約番号 X06 （ケース2）　既存の契約を解約して新しい契約を締結したものと仮定して処理 既存の契約　　→　新規の契約 契約番号 X05　　契約番号 X07 （ケース3）　既存の契約の一部であると仮定して処理 既存の契約　　→　変更後の契約 契約番号 X05　　契約番号 X05 契約番号（エンティティ）	契約変更についての会計処理の決定と取引価格の配分方法について判断方法が定められた。 契約番号という観点から見ると，既存の契約番号と新規の契約番号を設定する（ケース1），既存の契約番号を廃棄して新規の契約番号を設定する（ケース2），既存の契約番号の契約情報を修正する（ケース3）の対応が必要になる。契約変更についてどのように判断したか，その履歴を契約システムに登録できるよう項目を設定する。

i　独立した契約として処理する場合

　独立した契約として処理する場合，既存の契約の「契約番号」に加えて，追加の契約のために「契約番号」を新たに設定する。この点だけを見れば，特にシステムを改修する必要はない。

　ただ，問題は，いままでの契約管理との関係である。従来は，既存の契約の中で追加の契約も管理していたのなら，どうだろうか。会計処理のために，現在の契約管理の方法を変えるというのは，少しムリがある。既存の契約の「契約番号」の中で，追加の契約だけ分けて管理できるようにするか，追加の契約のために「契約番号」を設定しても，既存の契約を紐づけて（もしくは合算して）管理できるように，システムを見直す必要がある。

ii　既存の契約を解約して新しい契約を締結したものと仮定して処理する場合

　既存の契約を解約して新しい契約を締結したものと仮定して処理するならば，既存の契約の「契約番号」は廃止し，新規の契約の「契約番号」を設定することになる。ただ，これも会計処理の観点からの「契約番号」の設定であって，実際の契約管理では，担当者は既存の契約の「契約番号」で管理しているかもしれないし，追加の契約として「契約番号」を設定しているかもしれない。

　前者の場合，既存の契約の「契約番号」の中で，契約変更日以前と以降に分けて契約内容を管理できるようにするか，契約管理システムとは別に，新たな契約と仮定した契約を管理できるように，システムを設計する必要がある。

iii　既存の契約の一部であると仮定して処理する場合

　既存の契約の一部であると仮定して処理するのは，まだ移転していない財・サービスが契約変更日より前に移転した財・サービスと別個のものではないという条件を満たすからである（会計基準31項(1)）。例えば，ビルの建設工事で建物の間取りを変更するようなケースがこれに当たる。この場合，実際の契約の管理においても，既存の契約の「契約番号」で管理を行っており，また変更した内容についても履歴を管理していると考えられる。念のため，現行のシステムで，契約変更の履歴を管理できるかどうか，点検する必要がある。

② **契約上の請求管理と会計上の債権管理**

　契約変更を行い，既存の契約を解約して新しい契約を締結したものと仮定し

て処理するか，既存の契約の一部であると仮定して処理したら，客先に対する請求と計上する収益の金額が一致しなくなる（可能性がある）。この問題は，「論点3　約束した財・サービスが別個のものか否かの判断」において，「請求管理システム」という解決策を提示している。こちらも合わせてお読みいただきたい。

論点3 | 約束した財・サービスが別個のものか否かの判断

(1) 会計処理の概要

　新収益基準では，取引の開始日に，客先との契約において約束した財・サービスを履行義務単位に分割することになっている。具体的には，2つの要件（①当該財またはサービスが別個のものとなる可能性があること，②当該財またはサービスを顧客に移転する約束が契約の観点において別個のものとなること）を満たすとき，別個の財・サービスとして区分される（会計基準34項を参照）。

　従来の日本基準では，取引の会計処理単位への分割に関する一般的な定めはない。このため，履行義務を識別した場合，収益の認識の単位，金額，タイミングが従来の日本基準と異なる可能性がある。

　約束した財・サービスが別個のものか否かの判断が必要となる取引の例には，次のようなものがある。1つは，機械の販売契約と保守サービス契約を一体で契約しているが，機械の販売代金と保守サービス料の内訳が，契約書上，明示されていないものである。販売される機械が標準型か，大幅なカスタマイズなく使用できるか，契約上，標準型の機械の仕様に基づく使用が意図されているか，保守サービスは一般的なものか，といった観点から判断を行う。ほかにも，機械の据付け，試運転作業を伴う機器の販売だ。据付けや試運転作業が他の企業もできる一般的なものか，機器の据付けが，契約上，機器の大幅な修正やカスタマイズを加える複雑な作業か，といった観点から，単一の履行義務かどうかの判断を行うことになる。

　それでは，約束した財・サービスが別個のものか否かの判断，およびその後の客先に対する請求と債権管理にどう対応すればよいだろうか。業務とシステムに分けて，考えてみよう（図表2-3-1）。

【図表2-3-1】　論点3への対応の概要

| 論点と関係する取引例
（意見募集文書14頁） | 影響 | | 対応の内容 |
	区分	程度	
商品等の提供とその後の一定期間にわたる付随的サービスの提供が1つの契約に含まれる取引等の，収益の認識時点が異なる複数の財又はサービスを一体で提供する取引 （例：機械の販売と据付サービスや保守サービスの組み合わせ，ソフトウェア開発とその後のサポート・サービスの組み合わせ）	業務	◎	（履行義務の判断） 契約に複数の履行義務が含まれるか判断し，複数ある場合は，履行義務ごとの独立販売価格を見積もり，その情報をシステムに登録するために必要な判断ルールを整備し，業務プロセスを追加する。 （会計上の債権管理） 履行義務ごとに債権の回収状況を把握し，消込みなどを行うために必要な判断ルールを整備し，業務プロセスを追加する。
	システム	◎	（契約管理システム） 契約管理システムのマスタを履行義務単位で登録できるように変更する。 （請求管理システム） 請求管理システムを新設し，契約単位および履行義務単位で，履行義務の履行状況，請求状況，回収状況を管理できるようにする。 （原価管理システム） 原価計上も履行義務単位で行えるように原価管理システムを見直す。

凡例（影響の程度）　◎：かなり大きい，　○：大きい，　△：少ない，　×：ほとんどない

(2)　業務対応（影響の程度：かなり大きい）

　業務をきちんと行うには，ルールを定めることである。契約の開始時に，契

約の財・サービスの提供について評価し，別個の財・サービスを移転する約束があるかどうか，履行義務が複数ある場合は，履行義務ごとの独立販売価格を見積もり，その情報をシステムに登録するために必要な判断ルールを整備し，業務プロセスを追加する。

契約に基づいて請求管理を行うとともに，「会計上の債権管理」についてもルールを設定しなければならない。**会計上の債権管理とは，売掛金（債権）と契約資産，契約負債の計上，振替え，消込み，回収可能性の評価を履行義務単位で行うことを指す。**このために必要な判断ルールを整備し，業務プロセスを追加する。

(3)　システム対応（影響の程度：かなり大きい）

システム構成図をご覧いただきたい（図表2-3-2）。「いままで」は，管理の基本は，契約単位である。契約情報を契約管理システムに登録し，その情報に基づいて販売管理や原価管理を行う。財・サービスの提供が完了すれば，その事実を販売管理システムに入力し，売上データや請求データを作成する。また，原価管理システムで集計したコストとともに総勘定元帳に仕訳を記帳するというシステムのしくみである。

それでは，新収益基準の適用後はどうなるか。従来どおり，客先に対する請求管理は，契約に基づいて行う。一方で，**会計上の債権管理は履行義務単位で行う。**このため，契約管理システムのマスタを履行義務単位で登録できるように変更する。

もう1つ，**新規に開発するシステムがある。それは，客先に対する契約上の請求管理と会計上の債権管理を両立するためのシステムである。**なぜこのシステムが必要になるかは，第3章で詳しく説明するとして，ここではシステムの概要だけを説明するにとどめる。請求管理システムは，契約上の請求管理をするとともに，履行義務単位で会計上の債権管理を行うシステムだ。契約単位および履行義務単位で，履行義務の履行状況，請求状況，回収状況を管理するのである。

　履行義務単位で売上データを管理するならば，原価も対応しなければならない。そこで，原価計上も履行義務単位で行えるように原価管理システムを見直すのである。

【図表2-3-2】　システム構成のイメージ

	イメージ	概要
いままで	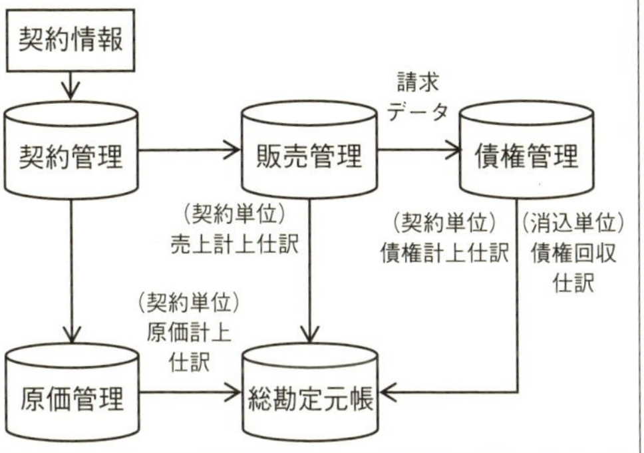	契約情報を契約管理システムに登録する。契約管理システムから契約情報を販売管理システムに入力し，売上データや請求データを作成する。
これから	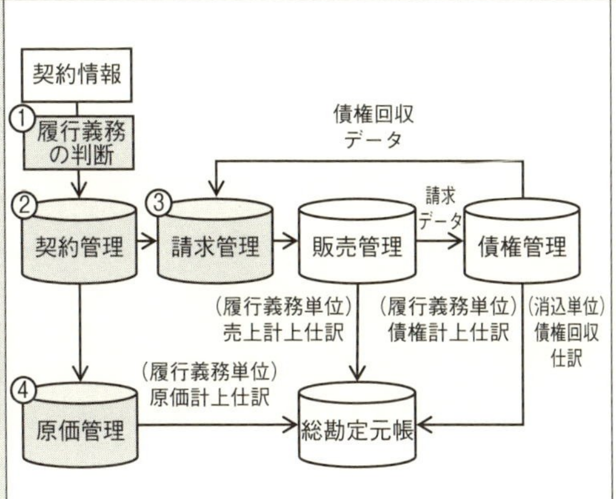	① 契約に複数の履行義務が含まれるか判断し，複数ある場合は履行義務ごとの独立販売価格を見積もる。 ② 契約管理システムのマスタへ履行義務の情報を登録する。 ③ 請求管理システムにて，契約単位および履行義務単位で，履行義務の履行状況，請求状況，回収状況を管理する。 ④ 原価管理システムにて履行義務単位で原価を集計する。

論点4 ポイント制度等

(1) 会計処理の概要

新収益基準では，顧客との契約で，既存の契約に加えて追加の財・サービスを取得するオプションを付与する場合，このオプションがもとになった契約を締結しないと受け取れない重要な権利を顧客に提供する時に，このオプションについて履行義務を認識する。ここでいうオプションとは，販売インセンティブ，顧客特典クレジット，ポイント，契約更新オプション，将来の財・サービスに対するその他の値引きのことである。

顧客は，将来の財・サービスに対して実質的に企業に前払いを行っている。だから，将来において，財・サービスが移転するときか，このオプションが消滅するときに，収益を認識するのだ（より正確には，適用指針48項，139項，140項を参照のこと）。

従来の日本基準では，追加の財・サービスに対するオプションについて一般的な定めはない。例えば，ポイントについては，財・サービスの提供時にそれらの価格で一括して収益を計上し，将来のポイントとの交換に必要だと見込まれる金額を引当金として費用に計上していた。

今後は，追加の財・サービスに対するオプションについて，対応する収益が繰り延べられるため，収益を認識する時期や金額が異なる可能性がある。

ここでは，ポイント制度に絞って，この取引について業務とシステムで対応するために，何を検討すればよいか，考えてみよう（図表2-4-1）。

【図表2-4-1】　論点4への対応の概要

論点と関係する取引例 （意見募集文書14頁）	影響		対応の内容
	区分	程度	
企業が顧客に財又はサービスを提供する際に，付随して追加的な財又はサービスに対するオプションを提供する取引（例：売上やサービス提供に伴いポイントを付与する取引）	業務	△～◎	（ポイント付与時の業務） ポイントを別個の履行義務として処理するときは，ポイントに対応する収益を契約負債で繰り延べるため，付与したポイントの独立販売価格を見積もり，繰り延べる収益を算定する。これらに必要な判断ルールを整備し，業務プロセスを追加する。 （期末の業務） 期末に，行使されたポイントに対応して取り崩すべき契約負債の算定に必要な判断ルールと業務プロセスを追加する。 （業務ルールの変更） 販売以外の事象（仕入，来店，入会特典など）で付与するポイントは引当金で処理するため，必要な判断ルールと業務プロセスを追加する。
	システム	△～◎	（店舗管理システム） ポイント制度を利用する第三者（加盟店など）に対して繰り延べる収益について情報の提供を求められる場合に備えて，店舗管理システムの改修を伴う。

凡例（影響の程度）　◎：かなり大きい，○：大きい，△：少ない，×：ほとんどない

(2)　業務対応（影響の程度：少ない～かなり大きい）

　業務をきちんと行うには，ルールを定めることである。では，どのような点に留意すればよいだろうか。

①　収益に関係するポイントの把握

　新収益基準は，収益に関する会計処理の基準である。したがって，この基準の対象となる「ポイント」も，当然，収益（財やサービスの提供）に関係して付与したポイントに限られる。

　一方で，企業はいろいろな理由でポイントを付与する。必ずしも，収益に関係して付与するとは限らない。例えば，ポイント制度に入会したときに付与される特典ポイント，お店に来店したときにもらえる来店ポイント，誕生日やキャンペーンなどの追加ポイントがそうだ。ほかにも，こんな例がある。中古品を売買する業者は，中古品の販売時にポイントを付与するだけでなく，仕入を強化しようとするときは，（むしろ）中古品の仕入時に多くのポイントを付与する。

　問題は，収益に関係して付与したポイントと，その他のポイントをどう分けるかだ。収益に関係しないポイントの付与割合がとるに足らないものであれば，問題にならないかもしれない。だが，重要性があれば，きちんと分けて管理する必要がある。

　ポイントが使用された際に，「今，使用されたポイントは，収益に関係して付与したものか」わからないと，収益に関係して付与したポイントの残高もわからない。一方で，顧客ごとに，収益に関係して付与したポイントと，その他のポイントを，分別管理（付与，使用，残高）するというのは，現行のポイント管理システムのしくみによっては難しいだろう。

　この場合，何らかの仮定を置いて，収益に関係して付与したポイントの使用（または消滅）を推定することになる。例えば，その年度に付与したポイントのうち，収益に関係して付与したものが占める割合を，使用されたポイントの総数に乗じるという方法だ。

　ただ，これは，収益に関係して付与するポイントが占める割合が，年度，地域，個人において大きく変動したり，ポイントが付与されても失効してしまう割合が多かったりすると，実態と一致しない可能性がある。収益に関係して付与したポイントの使用状況を推定するならば，その前に，実態と大きく変わら

ないことを検証する必要がある。

　そのためにも，まず，企業が付与するポイントの種類，利用状況，管理している情報を調査する。実態に合った会計処理ができないなら，ポイントの管理方法を見直す。そのうえで，業務とシステムのあり方を検討するのである。

②　重要な権利の提供の判断ルール

　もう1つ，この基準の対象となる「ポイント」には条件がある。それは，この収益に関して付与するポイントが，顧客にとって「重要な権利を提供する」ときだという点である。

　では，この「重要な権利」とは何か。実は，重要な権利自体の定義はない。適用指針を読むと，その例として，追加の財・サービスを取得するオプションにより，顧客が属する地域や市場における通常の値引きの範囲を超える値引きを顧客に提供するような場合を示している（適用指針48項）。

　重要な権利の提供に当たるかどうかは，必ずしも付与するポイントの多寡（例えば，10円分購入するごとに何ポイントを付与するか，またその際，1ポイント当たり何円の値引きをするか）によって決まるものではない。

　一般に，企業が付与するポイントは，顧客が購入すればするほど累積するものである。たとえ，1つの取引で付与されるポイントの価値が低くても，継続的に購入を行うことで，付与されるポイントの累積的な価値はずっと高くなる可能性がある。このようなポイントの累積的な価値も，顧客のオプションが重要な権利に当たるかどうかの判定で，考慮すべき点である。

　企業にとって，顧客に付与するポイントが重要な権利の提供かどうかは，顧客が受け取る価値の累計額，過去の取引から累積された権利，および将来の取引から予測される追加的な権利などを総合的に考えたうえで，その判断基準を業務ルールに定める必要がある。

③　ポイント引当金の設定ルール

　さて，新収益基準の対象にならない「ポイント」はどのような扱いになるの

だろうか。収益に関係しない理由で付与したポイントや，収益に関係するポイントでも，重要な権利の提供に当たらない場合だ。

　これらの扱いは，従来と変わらない。顧客に対してポイントを付与している企業は，従来から，ポイント引当金を設定している（可能性がある）。その算定式は，このようなものだ。

ポイント引当金＝期末未使用のポイント数×利用率（＝1－失効率）

　　　　　　　×引当率（＝1ポイント当たりの値引金額等＊）

＊1ポイント当たりの値引金額等は，売価ベースの単価と原価ベースの単価の
　2つが用いられる。

　実は，**新収益基準の導入で，ポイント引当金がなくなってしまうわけではない**。確かに新収益基準は，収益に関する会計処理について，「企業会計原則」に優先して適用される（会計基準1項）。しかし逆にいえば，新収益基準において履行義務が識別されないポイントについては，従来どおり企業会計原則が適用される。いままで，ポイント引当金を設定していた企業は，履行義務が識別されないポイントについて，（重要性があれば）ポイント引当金の計上を続けることになる（だろう）。

　では，ポイント引当金の対象となるポイントとは何か。例えば，ポイント制度に入会したときに付与される特典ポイントなど収益に関係しないポイントが挙げられる。また，収益に関係して付与するポイントであっても，重要な権利の提供に当たらなければ，このポイントから履行義務は生じないため，ポイント引当金の対象となる可能性がある（適用指針48項）。**図表2-4-2**をご覧いただきたい。

【図表2-4-2】　ポイント引当金の対象となるポイント

ポイントの付与	重要な権利	履行義務	ポイント引当金の対象となるポイント
収益に関係して付与するもの	顧客に提供する	識別する	
	顧客に提供しない	識別しない	検討対象
その他			

　こう考えると，適切な会計処理を行うには，その前提として，ポイントの管理が重要になる。新収益基準において履行義務が生じるポイントとそうでないポイントをきちんと分ける。ポイントの付与，使用（または失効），残高がわからないと，それぞれ適切な会計処理を行うことができない。そのうえで，企業の実態に合った業務ルールの設定を行う必要がある。

④　独立販売価格と失効率の見積ルール

　ポイントの付与時に，追加の財・サービスを取得するオプションの独立販売価格を見積もる。通常，付与したポイントについて，独立販売価格を直接観察できるということは少ない。この場合は，ポイントを行使しなくても通常受けられる値引きや，ポイントが行使される可能性を考慮する（適用指針50項）。

　「ポイントが行使される可能性」について，もう少し考えてみたい。従来，ポイント引当金を設定している企業では，ポイントが行使される可能性（ポイントの利用率＝1－失効率）を使って，引当金の算定を行っている。この失効率は，ポイント制度の種類によっても変わる（可能性がある）。企業のポイント制度における“失効率”について，再度チェックし，その算定方法を業務ルールに定める必要がある。

(3)　システム対応（影響の程度：少ない～かなり大きい）

　それではまず，ポイントに関係するシステム構成を見てみよう。図表2-4-3をご覧いただきたい。

【図表2-4-3】　ポイントに関係するシステム構成

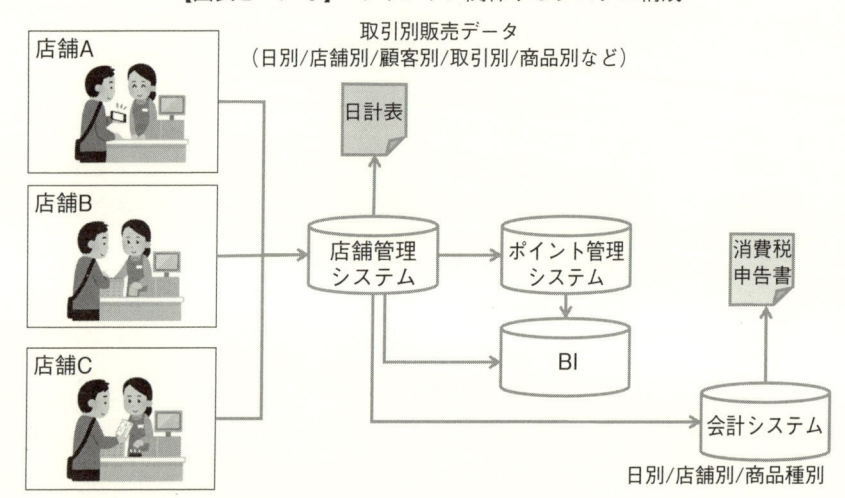

　それぞれの店舗には，POSレジが置いてある。顧客が店舗で商品を購入すると，金銭のやりとりと同時にポイントを付与する。販売した商品や顧客に関する詳細な情報は，店舗管理システムにいったん送られる。そのうち，ポイントに関する情報が，ポイント管理システムに集められる。

　ただ，従来のポイントに関する会計処理といえば，商品の販売時は，いったん顧客から受け取った金額で収益を認識し，期末に残ったポイントについて引当金を計上するといったものだ。ポイント引当金の見積りには，期末に未使用のポイント数，利用率（＝1－失効率），引当率（＝1ポイント当たりの値引金額等，販売価格または原価）といった情報があれば足りる。

　BI（Business Intelligence）ツールを使って，期末に未使用のポイント数を集計する。失効率に大きな変化がないかチェックを行う。通常，ポイント制度

の変更がない限り，引当率に大きな変化はない。いままでは，ポイント引当金のために，大がかりなシステムは必要なかった。

①　新たに必要な情報

　では，新収益基準の導入で，必要になる情報はどう変わるだろうか。適用指針にある「［設例22］カスタマー・ロイヤルティ・プログラム」のケースを使って考えてみよう。細かい条件の説明はここでは省略する（適用指針の［設例22］をご覧いただきたい）。このケースでは，A社は，顧客が商品を10円購入するごとに1ポイント（将来1円の値引きをする）付与する。顧客は，X1年度中に，A社の商品を100,000円購入し，10,000ポイント（＝100,000円÷10円×1ポイント）を獲得した。

　1ポイント当たりの独立販売価格は，0.95円である。さて，商品の販売時（ポイント付与時）の仕訳はどうなるだろうか。

i　ポイント付与時の仕訳の生成

　適用指針の［設例22］によると，ポイント付与する都度，下記の仕訳を起票する。

（単位：円）

| （借方）　現　金　預　金 | 100,000 | （貸方）　売　　上　　高 | 91,324 |
| | | 契　約　負　債 | 8,676 |

A社は，取引価格100,000円を商品とポイントに独立販売価格の比率で配分する。
商品91,324円＝100,000円×独立販売価格100,000円÷109,500円
ポイント8,676円＝100,000円×独立販売価格9,500円÷109,500円

　一見，何でもない仕訳のように見えるが，これを実際に起票しようとすると，かなり大変である。そもそも，**この仕訳は，商品の販売時であり，顧客ごと，しかも取引ごとに起票されたものである。**また，この単位で契約負債を算定しようとすれば，販売する商品とポイントの独立販売価格がシステムに登録されていなければならない。契約負債は，取引価格を商品とポイントの独立販売価

格の比率で配分した結果だからだ。

　実際，POSシステムやポイント管理システムにこれらのデータを登録し，会計システムに連動させるというのは，システム対応のコストの観点からも，またパフォーマンスの観点からもうまくない。では，どうするか。

　「販売した商品や顧客に関する詳細な情報は，店舗管理システムにいったん送られる」という点については，すでに説明したとおりだ。だが，現状，会計システムで起票される仕訳の単位は，ここまで細かくない。店舗管理システムで管理すれば十分だからだ（逆に，会計システムにこの単位で仕訳を保持させてしまうと，パフォーマンスが著しく落ちる）。

　では，「起票する仕訳の単位は？」というと，店舗別には仕訳（（借方）現金預金（または売掛金）XXX ／（貸方）売上 XXX）を計上するが，それを日々，仕訳を起票するか，月次でまとめて行うかは，企業によって変わる。

　これは，新収益基準を導入する場合でも，同じであろう。店舗単位の売上について，日々または月次のタイミングで，契約負債を算定するというものである。

　ただし，これには前提がある。**店舗単位でまとめて計算しても，取引単位で計算しても結果が大きく変わらない**という点である。例えば，独立販売価格が商品によって違っていたり，また日によって変わったりするなら，このまとめて計算するという方法は妥当でないかもしれない。実態の調査が不可欠である。

ii　X1年度末の仕訳の生成

　X1年度末の仕訳を考えてみよう。適用指針の［設例22］によると，X1年度中に顧客に10,000ポイント付与し，決算日までに4,500ポイントが使われた。A社は，最終的に10,000ポイントのうち9,500ポイントが使用されると見込む。さて，この場合に必要な仕訳はこうだ。

（単位：円）

（借方）　契　約　負　債	4,110	（貸方）　売　　上　　高	4,110

X1年度末までに使用されたポイント4,500ポイント÷使用されると見込むポイント総数9,500ポイント×8,676円＝4,110円

　この仕訳は，ちょっとわかりにくい。契約負債を取り崩して，売上を計上するというのはイメージがつくかもしれないが，問題はタイミングと金額だ。X1年度中に，顧客は4,500ポイント使用しているが，**使用するタイミングで契約負債を取り崩すのではない。期末だという点である。**

　また，取り崩す金額にも注意が必要である。適用指針には，このタイミングについて「将来の財又はサービスが移転する時，あるいは当該オプションが消滅する時に収益を認識する」とある（適用指針48項）。だから，「4,500ポイント使ったのだから，4,500ポイント分の契約負債をポイント計上時の単価に基づいて取り崩して収益を認識するのだろう」と思いきや，そうではない。これには理由がある。顧客がポイントを使用したタイミングでは，実際に使用されると見込むポイント数のうち，どれだけの割合が使われたのか，算定できないからだ。それができるのは，期末である。

　当初，計上した契約負債は8,676円。最終的に9,500ポイント使用されると見込むなかで，X1年度中に4,500ポイントが使われたわけだから，その使用割合は0.473…（＝4,500ポイント÷9,500ポイント）である。これを，契約負債8,676円に乗ずるのである。

　もう少し，視覚的にわかりやすく示そう。図表2-4-4をご覧いただきたい。縦軸は，当初認識した契約負債の総額である。横軸は，使用したポイントの合計だ。X1年末では，最終的に9,500ポイント使用すると見込んでいるので，横軸の右端は9,500ポイントになる。

【図表2-4-4】 X1年度末のイメージ図

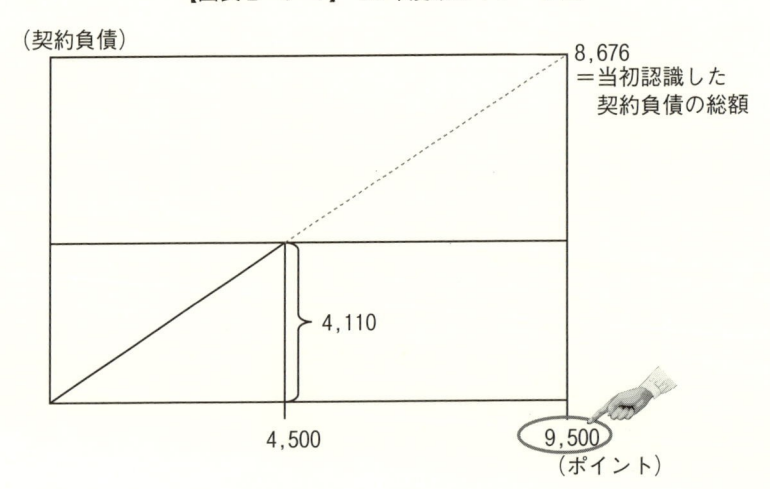

（契約負債）

8,676
＝当初認識した
　契約負債の総額

4,110

4,500

9,500
（ポイント）

　それでは，この処理に必要となる情報は，何だろうか。それは，①契約負債の額，②各年度に付与したポイント，③各年度に使用されたポイント，④最終的に使用されると見込むポイントの4つである。

　適用指針の［設例22］のケースは，たった1回の商品の販売に関するものであったが，実際は，各年度に何度もポイントの付与を行うし，またポイントも使用されるだろう。したがって，契約負債も，各年度に付与したり，使用されたりしたポイントも各年度の取引の累計で把握できるように，システムを構築する必要がある。

ⅲ　X2年度末の仕訳の生成

　翌年度末の処理はどうなるのだろうか。適用指針の［設例22］によると，X2年度中に4,000ポイントが使われた。一方で，A社は，最終的に使用されると見込むポイント数を9,500ポイントから9,700ポイントに更新した。この場合に必要な仕訳はこうなる。

（単位：円）

（借方）　契　約　負　債	3,493	（貸方）　売　　上　　高	3,493

（X2年度末までに使用されたポイント累計8,500ポイント÷使用されると見込むポイント総数9,700ポイント×8,676円）−X1年度末に収益を認識した4,110円＝3,493円

　基本的なステップは，X1年度末と同じである。当初，計上した契約負債は8,676円。今回は，最終的に9,700ポイント使用されると見込むなかで，X2年度中に4,000ポイント，X2年度末までに累計で8,500ポイントが使われたわけだから，その使用割合は0.876…（＝8,500ポイント÷9,700ポイント）である。これを，契約負債8,676円に乗ずるのである。すると，当初計上した契約負債8,676円のうち取り崩すべき額は，7,603円だとわかる。

　X1年度末の処理との違いは，この先だ。7,603円というのは，取り崩す総額であって，そのうち4,110円はX1年度末にすでに取り崩している。だから，X2年度末に取り崩すべき金額は，この差額の3,493円（＝7,603円−4,110円）となる。図表２−４−５をご覧いただきたい。

【図表２−４−５】　X2年度末のイメージ図

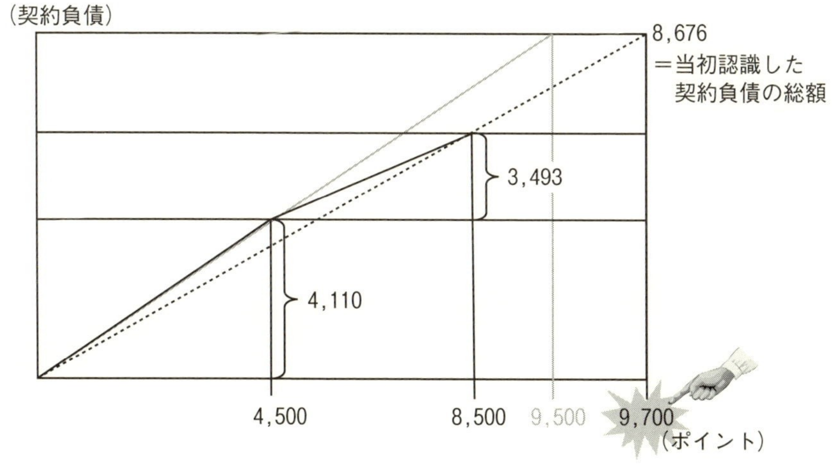

さて，適用指針の［設例22］では，当初は10,000ポイントのうち最終的に9,500ポイントが使用されると見込んでいたが，X2年度末では9,700ポイントに更新している。これは何を意味するのか。**使用されたポイントに応じて収益を認識するには，発行年度ごとにポイントの使用状況とポイントが行使される可能性（ポイントの利用率＝1－失効率）を把握できるように，システムを組む必要がある**ということである。

なお，1つ注意することがある。毎期末（または四半期末）に，ポイントが使用される可能性を見直すからといって，当初の取引価格の配分まで見直すわけではないという点だ。ポイントを付与する時，企業はそのポイントが使用される可能性を見積もって，ポイントの独立販売価格を算定する。その後，ポイントが使用される可能性に変化があっても，この当初の取引価格の配分まで遡って変えることはない。

iv　X3年度末の仕訳の生成

いままでは，ポイントの有効期限を想定していなかった。ここで，適用指針の［設例22］にもう1つ条件をつけよう。ポイントを付与した翌々期末（つまりX3年度末）にポイントが失効するというものだ。X3年度中に1,100ポイントが使われたら，どうなるだろうか。

X3年度末に失効するポイントは，400ポイント（＝10,000ポイント－（X1年度中に使用した4,500ポイント＋X2年度中に使用した4,000ポイント＋X3年度中に使用した1,100ポイント））である。だが，この失効する400ポイントに対しては，直接仕訳を起票することはない。もともと，実際に使用されると見込むポイント数のうち，実際に使用されたポイントの割合で，契約負債の取崩額を算定していたからだ。

したがって，仕訳はこうなる。

（単位：円）

（借方）契　約　負　債	1,073	（貸方）売　　上　　高	1,073

（X3年度末までに使用されたポイント累計9,600ポイント÷使用されると見込むポイント総数9,600ポイント×8,676円）－（X1年度末に収益を認識した4,110円＋X2年度末に収益を認識した3,493円）＝1,073円

　なお，X3年度末はポイントの有効期限なので，最終的に使用されると見込むポイントは，実際に使用されるポイント数である9,600ポイント（＝X1年度中に使用した4,500ポイント＋X2年度中に使用した4,000ポイント＋X3年度中に使用した1,100ポイント）だ（図表2-4-6）。

【図表2-4-6】 X3年度末のイメージ図

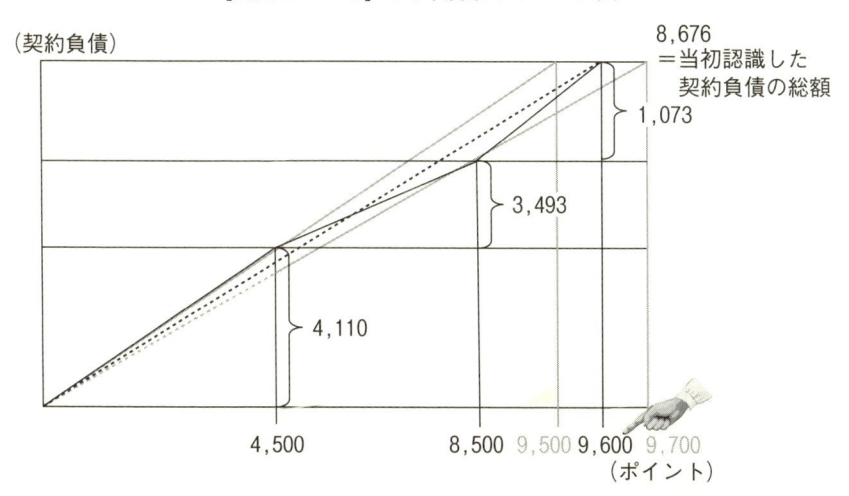

　ポイントの有効期限が，ポイントの付与から何年後までというようにルールが決まっているならば，ポイントを発行した年度ごとに認識した契約負債を，各年のポイントの使用状況に応じて取り崩し，**ポイントが失効した年度に残りの契約負債を取り崩す**。図表2-4-7をご覧いただきたい。

【図表2-4-7】 有効期限が固定の場合の契約負債の取崩管理

〈ポイントが有効期限内の年度末〉

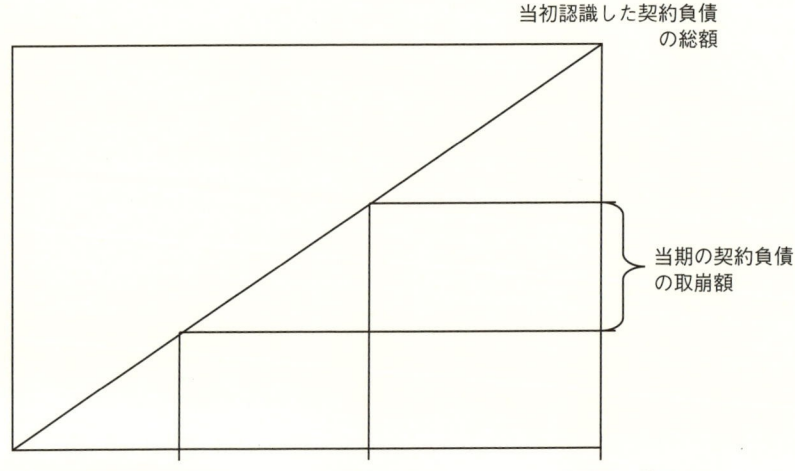

当初認識した契約負債
の総額

当期の契約負債
の取崩額

前年度末までに
使用されたポイント累計　　当年度末までに
使用されたポイント累計　　最終的に使用されると
見込むポイント総数

〈ポイントが失効する年度末〉

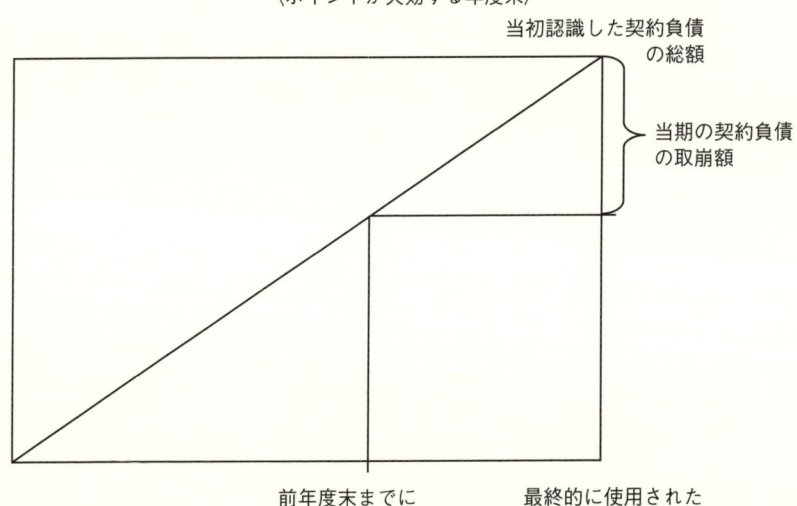

当初認識した契約負債
の総額

当期の契約負債
の取崩額

前年度末までに
使用されたポイント累計　　最終的に使用された
ポイント総数

　では，ポイントの有効期限が「最後に商品を購入してから○年後」というような場合，どう管理したらよいだろうか。例えば，多くのポイントを保有する（契約負債の残高が多い）顧客が，少しでも何か商品を購入すれば，ポイントの有効期限は延びる。ポイントを付与した年度ごとに，契約負債の残高を管理していても，ポイントの有効期限が変わってしまったら，その意味は薄れる。

　この場合は，ポイントの付与年度ごとのポイントの使用状況で契約負債の取崩管理を行うのではなく，年度を通算して対応するほうが合理的であろう。ただし，ポイントの付与および使用状況を調査し，実態に合っていることを確認することが重要である。

②　他社ポイントの場合

　ポイント制度のなかには，特典（商品やサービスの提供）を企業が自ら提供するケース（自社ポイント制度）と，第三者に委ねるケースがある。この第三者が特典を顧客に与えるケースというのは，例えば，企業が付与したポイントを航空会社が運営するマイレージに交換できる場合だ。

　このような場合，新収益基準を適用すると，業務はどう変わるだろうか。実は，第三者に特典の提供を委ねる場合であっても，商品の販売時（最初にポイントを付与するとき）の仕訳は同じである。その仕訳はこうだ。

（借方）現　金　預　金	XXXX	（貸方）売　　上　　高	XXXX
		契　約　負　債	XXXX

　では，このポイントが重要な権利の提供に当たらないと判断した場合は，仕訳はどう変わるのか。適用指針の［設例29］には，他社ポイントの場合で，重要な権利の提供に当たらないケースを例示している。

（借方）現　金　預　金	XXXX	（貸方）売　　上　　高	XXXX
		未　払　金	XXXX

この場合，ポイントについて「契約負債」を認識する必要はない。顧客に他社ポイントを付与した時は，財・サービスの履行義務に係る取引価格の算定にあたって，他社のために回収する金額を除外する（未払金に計上する）。したがって，従来の処理ルールがこれと異なる場合（例えば，財・サービスの提供時にそれらの価格で一括して収益を計上し，将来のポイントとの交換に必要だと見込まれる金額を引当金として費用に計上する）には，注意が必要である。

参考までに，適用指針の［設例22］と［設例29］の関係を視覚的に示すと図表2-4-8のようになる。

【図表2-4-8】 適用指針の［設例22］と［設例29］の関係

特典の提供者		重要な権利の提供	
		ある	ない
	自社	設例22	
	第三者		設例29

③ 加盟店への対応

自社のポイント制度であっても，その制度に加盟する店舗（会社）にも留意する必要がある。**もし加盟店が，新収益基準に従って会計処理をしたいと考えるならば，そのために必要な情報を提供する必要がある。**加盟店にとっては，第三者が運営するポイント制度に加盟しているからだ。

通常，加盟店には，日々，店舗の売上情報を「日計表」にまとめて提供する。その中には，売上を日別，顧客別，取引別，商品別，支払種別などに分けている。ポイントを付与すれば，その情報もこの「日計表」に含まれる。

加盟店が日々の取引で，ポイントを付与するたび仕訳を起票するならば，そ

の仕訳は次のようなものになる。

（借方）現 金 預 金	XXXX	（貸方）売 上 高	XXXX
		契 約 負 債	XXXX

　また，この後，加盟店が顧客に対して付与したポイントについて企業に対する債務を認識する。その仕訳はこうだ。

（借方）契 約 負 債	XXXX	（貸方）未 払 金	XXXX

＊上記の仕訳は，契約負債と未払金の金額はたまたま一致していると仮定する。

　加盟店が付与したポイントに対する情報提供の頻度と粒度は，それこそ個々の契約（交渉）によって決まる。加盟店が，新収益基準に従って会計処理するときには，必要な情報を提供する必要がある。これを日々，行おうとすれば，店舗システムやPOSシステムまで影響が広がる。注意が必要である（図表2-4-9）。

【図表2-4-9】　システム構成のイメージ

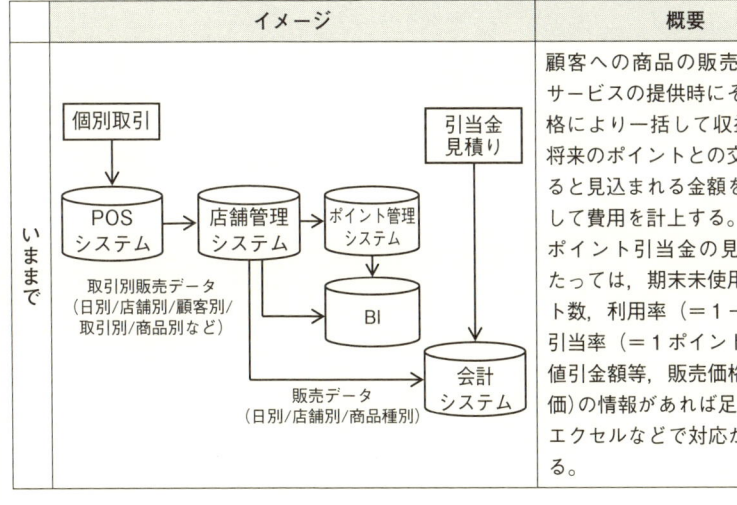

	イメージ	概要
いままで	個別取引 → POSシステム → 店舗管理システム → ポイント管理システム、BI、会計システム、引当金見積り　取引別販売データ（日別/店舗別/顧客別/取引別/商品別など）　販売データ（日別/店舗別/商品種別）	顧客への商品の販売時またはサービスの提供時にそれらの価格により一括して収益認識し，将来のポイントとの交換に要すると見込まれる金額を引当金として費用を計上する。ポイント引当金の見積りにあたっては，期末未使用のポイント数，利用率（＝1－失効率），引当率（＝1ポイント当たりの値引金額等，販売価格または原価）の情報があれば足りるため，エクセルなどで対応が可能である。

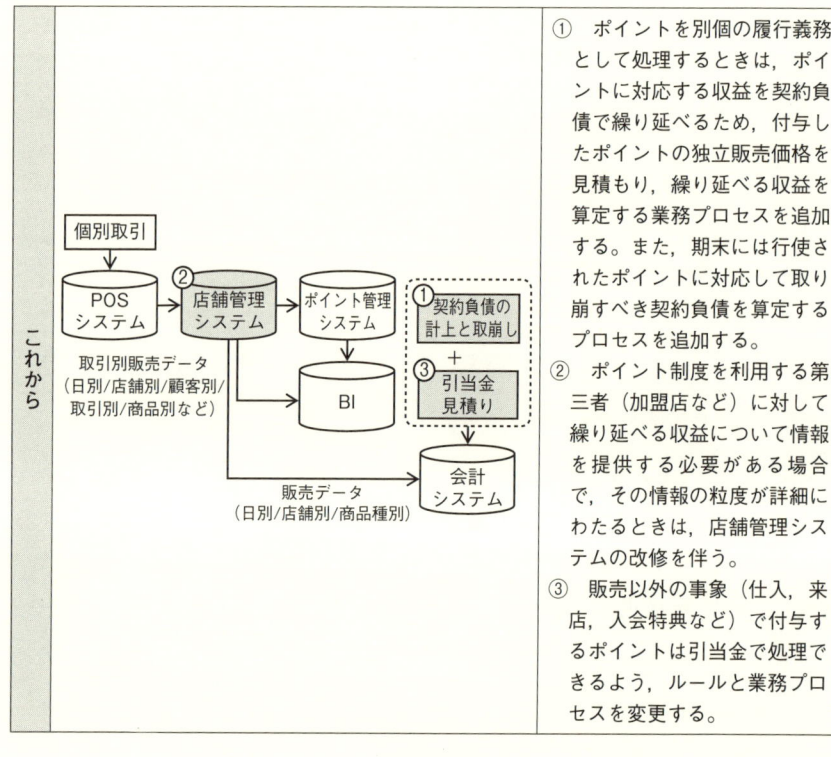

① ポイントを別個の履行義務として処理するときは，ポイントに対応する収益を契約負債で繰り延べるため，付与したポイントの独立販売価格を見積もり，繰り延べる収益を算定する業務プロセスを追加する。また，期末には行使されたポイントに対応して取り崩すべき契約負債を算定するプロセスを追加する。

② ポイント制度を利用する第三者（加盟店など）に対して繰り延べる収益について情報を提供する必要がある場合で，その情報の粒度が詳細にわたるときは，店舗管理システムの改修を伴う。

③ 販売以外の事象（仕入，来店，入会特典など）で付与するポイントは引当金で処理できるよう，ルールと業務プロセスを変更する。

＊＊＊＊

　新収益基準の導入で，ポイント制度に関わる業務とシステムは大きな影響を受けるだろうか。これは，企業の対応のしかたによって大きく変わる。収益に関係して付与したポイントとその他のポイントをどう分けるか，ポイント付与時の契約負債の算定方法，仕訳の粒度と頻度，それからポイント制度を利用する第三者（加盟店など）への対応など，１つひとつの課題についてどう対応するかで，影響の程度は大きく変わる。まずは，自社のポイント制度のしくみと実態を把握し，業務とシステムの状況をみたうえで，対応策の検討をすることが大事である。

論点5 ライセンスの供与

(1) 会計処理の概要

　企業の知的財産に対する客先の権利を定めたものがライセンスである。ここでいう知的財産とは，企業が培ったノウハウやブランド，企業の発明，デザイン，創作物などだ。知的財産を一定期間供与するというライセンス取引を行う場合，この取引から生じる収益をどう認識するかが問題になる。

　従来，日本基準では，ライセンスの供与について一般的な定めはない。このため，個々のライセンス契約の内容に応じて個別に判断し，収益の認識を行ってきた。

　この点，新収益基準では，まず，ライセンスを供与する約束が，他の財・サービスを移転する約束と別個のものでないならば，両方を一括して，一定の期間にわたり充足される履行義務か，一時点で充足される履行義務かを判断する（会計基準35項〜40項）。

　例えば，フランチャイズ契約を例に考えてみよう。フランチャイズの運営者は，フランチャイズ契約に基づいて，フランチャイズの加盟者から加盟料を受け取る。この加盟料は，純粋にライセンスの供与（例えば，商標を使用する権利の提供）だけとは限らない。例えば，商標の利用料のほかに，フランチャイズの加盟者が事業の立ち上げにあたって，運営者から受ける各種サービスに対する手数料，設備の供与などが含まれることがある。これらの約束が別個でない場合は，一括して単一の履行義務として扱う。その内容によって，一定の期間にわたり充足される履行義務か，一時点で充足される履行義務かを判断する。

　もし，ライセンスを供与する約束が，他の財・サービスを移転する約束と別個のものであるならば，供与された知的財産の**ライセンスの性質**に応じて，知的財産を使用する権利を提供する（＝収益を一時点で認識する）か，知的財産にアクセスする権利を提供する（＝一定期間にわたって認識する）かの判断を

求められる（適用指針62項～66項）。

　知的財産を使用する権利の提供に該当する（可能性が高い）ケースとしては，ソフトウェア，生物化合物，薬剤化合物，完成したメディア・コンテンツ（例えば，映画，テレビ番組，マスター音源など）が想定される。これらの知的財産は重要な独立した機能性を有していると考えられる。その場合，企業の継続的な活動は，通常，知的財産に重要な影響を与えない。

　一方，知的財産にアクセスする権利の提供に該当する（可能性が高い）ケースとしては，商標やフランチャイズ権，企業の努力が必要なメディア・コンテンツ（例えば，現在活動中の野球チームのロゴ，漫画のキャラクターの肖像のアップデートなど）が想定される。例えば，商標から便益を得る能力は，商標の価値を維持するための企業の継続的な活動に依存することが多いからだ。

　それでは，ライセンスに関する取引を業務とシステムで行えるようにするには，何を検討すればよいだろうか。業務とシステムに分けて，考えてみよう（図表2-5-1）。

【図表2-5-1】　論点5への対応の概要

論点と関係する取引例（意見募集文書14頁）	影響		対応の内容
	区分	程度	
企業が保持する知的財産に関する権利について，顧客にライセンスを供与する取引（例：特許権の使用許諾，一定地域における独占販売権を与えるライセンス取引，メディア・コンテンツやフランチャイズ権のライセンス，ソフトウェアのライセンス及び医薬品業界の導出取引）	業務	△	（判断の業務）ライセンス供与について，「企業の知的財産にアクセスする権利」に該当するかどうかの判断に必要なルールを整備し，業務プロセスに追加する。
	システム	△	（契約管理システム）「企業の知的財産にアクセスする権利」に該当するかどうかを判断の経緯と結果について管理できるように（必要に応じて）契約管理システムを改修する。

凡例（影響の程度）　◎：かなり大きい，○：大きい，△：少ない，×：ほとんどない

(2)　業務対応（影響の程度：少ない）

　業務をきちんと行うには，ルールを定めることである。すでに説明したように，いままでは，個々の契約に応じて個別に判断を行ってきた。この判断プロセスを見直す必要がある。

　そのためには，現在，企業が供与しているライセンス契約を確認する。まずは，契約の中身である。1つのライセンス契約のなかに，ライセンスを供与する約束のほかにも，財やサービスを移転する約束が含まれている場合には，別個のものかどうかの検討が必要だ。

　また，ライセンスを供与する約束については，その性質を判断する方法をルール化する必要がある。企業の活動によって，供与の対象である知的財産の形態，機能性，価値が継続的に変化するならば，この契約は知的財産にアクセスする権利を客先に提供するものだと，判断する。この場合，ライセンス期間にわたって収益を認識するように処理ルールを変える。

　もし，企業が知的財産を使用する権利を客先に提供していると判断するならば，ライセンスを供与する時点で収益を認識することになる。従来の判断方法を改め，新収益基準に基づいて，業務ルールを定め，業務プロセスを加え，会計処理を変える（図表2-5-2）。

【図表2-5-2】 業務の比較

	イメージ	概要
いままで	知的財産の供与 → 個々のライセンス契約の内容 → 個別に判断	企業のノウハウやブランド，企業の発明，デザイン，創作物等の知的財産について，それを一定期間利用するライセンスが取引の対象となる場合，個々のライセンス契約の内容を勘案して個別に判断を行う。
これから	知的財産の供与 → 別個の履行義務か → 知的財産の性質 → 企業の知的財産にアクセスする権利 / 収益を一定期間にわたり認識 ／ 収益を一時点で認識 / 企業の知的財産を使用する権利	ライセンス供与について，「企業の知的財産にアクセスする権利」に該当する場合には一定の期間にわたって収益を認識する。そうでない場合は「企業の知的財産を使用する権利」に該当するため，一時点で収益認識する。

　なお，これらの判断は，客先とライセンス契約を締結するとき（まで）である。一般的に，企業のライセンス契約には，基本となる様式がある。となると，ライセンス契約を締結するたびに難しい判断を求められる可能性は低い。新しい内容のライセンス契約を定めたとき，そのライセンス契約が知的財産にアクセスする権利か，それとも使用する権利なのかを考える。こういう前提であれば，ライセンスの供与にかかる業務対応の負荷は，それほど大きくないと想定される。

⑶ システム対応（影響の程度：少ない）

　いままで，個々のライセンス契約の内容に応じて個別に判断し，収益の認識を行ってきたとはいえ，その処理は，一定期間にわたって収益を認識するか，

一時点で収益を認識するかのどちらかだろう。そして，現行の会計システムでは，このどちらの処理も（通常機能で）対応可能である。

　だから，新収益基準の導入で，いままで一定期間にわたって収益を認識していたものが一時点で収益を認識するとか，逆に一時点で収益を認識していたものを一定期間で認識するといったことがあったとしても，その**判断ルールが業務対応で明快に定められるのであれば**，そのルールに従ってシステムにデータ**を登録するだけで済むはずである**。そうであれば，ライセンスの供与にかかるシステム対応の負荷は，それほど大きくないと想定する。

論点6 変動対価

(1) 会計処理の概要

　本体の価格や値引きがその後の状況を反映して決まる場合など，客先と約束した対価のうち変動する可能性のある部分を「変動対価」という。新収益基準では，変動対価の範囲と見積方法についてルールが詳細に定められている。

　一方で，従来の日本基準では，変動対価に関する一般的な定めはなかった。そのため，個々の契約に応じて個別に判断が行われている。その結果，売上リベートについては，（支払の可能性が高いのなら）販売時に収益を減らすか，販売費として処理する。また，仮価格については，販売時に仮価格で収益を計上したうえで，その後の客先との交渉状況などに応じて金額を見直すというのが，いままでの実務での考え方だったと思われる。

　この点，新収益基準では，客先と約束した対価に変動対価が含まれるならば，財・サービスと交換に企業が得る対価の金額を，最頻値法か期待値法によって見積もる（会計基準50項，51項を参照のこと）。

　変動対価の見積りが必要となる取引の例には，次のようなものがある。1つには，家電メーカーなどが家電量販店に対して負担する値引相当額である。家電量販店が消費者に対して値引きを行う場合，その金額の一部を家電メーカーが負担すると合意しているケースがこれだ。ほかにも，仮価格がある。製品を供給する（基本）契約において，一定期間ごと（例えば，半年ごと）に定期的な価格の改定を約束するような場合である。

　それでは，変動対価に関する取引に，どう対応すればよいだろうか。業務とシステムに分けて，考えてみよう（図表2-6-1）。

【図表2-6-1】　論点6への対応の概要

論点と関係する取引例 （意見募集文書14頁）	影響		対応の内容
	区分	程度	
商品受渡後の価格調整が契約で定められている取引，業界の慣行として価格調整が行われる取引，顧客からの受取額に変動要素がないが関連して企業から顧客に支払われる金額に変動要素がある取引 （例：仮価格による取引，販売数量や業績達成に応じたインセンティブを付すリベート，販売店が消費者に対して行う値引きについてメーカーがその値引きの一部を負担する取引）	業務	○	（判断の業務） 変動対価を含んでいる場合，約束した財またはサービスの移転と交換に企業が権利を得ることになる対価の金額を，期待値法か最頻値法で見積もるために必要な判断ルールを整備し，業務プロセスを追加する。
	システム	◎	（値引管理システム） 客先が購入する数量の見通しや値引きの見積額の算定が，取引ごとに諸条件によって違えば，その条件に従って対応するために，客先別，契約別，製品別に，値引きの見積方法，値引金額などをシステムで管理する必要がある。

凡例（影響の程度）　◎：かなり大きい，　○：大きい，　△：少ない，　×：ほとんどない

(2)　業務対応（影響の程度：大きい）

　業務をきちんと行うには，ルールを定めることである。変動対価となるケースには，値引き，リベート，返金，クレジット，インセンティブ，業績ボーナス，ペナルティなどがある。契約に変動対価が含まれるか，まず判断基準を定める。もし，取引に変動対価が含まれるなら，これをどう見積もるかも決めないといけない。

　とはいっても，実際には，いろいろな課題が予想される。例えば，売上リベートだ。リベートを支払うには条件がクリアである必要がある。だが，商慣習などでその条件が決まっているような場合，期末（または四半期末）までに条件を達成したかどうか確定しない場合がありうる。仮価格の場合も，実務的に決定されることになる価格をどう見積もるのかとなると，判断が難しいケー

スがある。

　業務対応にあたっては，**従来の見積方法を確認する**ことから始める。例えば，「価格の引下げ」というケースで考えてみよう。従来，客先に対して値引きを行ってきたのであれば，何らかのルールや慣行といったものがあるはずだ。それを調べるのである。過去，取引先に対し，製品ごとにどれくらいの値引きを行ってきたか。その際の市場環境など，値引きの判断に影響を与える要因は何か。値引きに対する会社の戦略や方針はあるか。値引きについて，どう会計処理を行ったのか。もし，何度か見積りの見直しを行っているならば，その頻度とタイミングはどうか。これらを調査したうえで，変動対価の見積方法，取引価格に含めるかどうかの判断基準，会計処理の方法などをルールとして定めて，業務プロセスを追加する必要がある（図表2-6-2）。

【図表2-6-2】　業務の比較

	イメージ	概要
いままで	（売上リベート） 売上リベート → 支払可能性が高い → 収益の減額 　　　　　　　　　　　　　　　　 → 販売費 （仮価格） 仮価格 → 顧客との交渉状況等 → 金額を見直し	売上リベートについて，支払の可能性が高いと判断された時点で収益の減額または販売費とする。また，仮価格について，販売時に仮価格で収益を計上し，顧客との交渉状況等に応じて金額の見直しを行う。
これから	変動対価 → 対価の金額を見積もる → 履行義務の充足	本体価格や値引きがその後の状況を反映して決まるなど，契約において約束された対価が変動性のある金額（変動対価）を含む場合，約束した財またはサービスの移転と交換に企業が権利を得ることになる対価の金額を，期待値法か最頻値法で見積もる。

(3)　システム対応（影響の程度：かなり大きい）

　すでに説明したように，いままでは，売上リベートなら，支払の可能性が高いと判断された時点で収益を減らすか，販売費として処理してきた。仮価格についても，販売時に仮価格で収益を計上し，その後の客先との交渉状況などに応じて金額を見直してきた。こういう方法であれば，客先に対する請求と会計上で認識する収益の金額に大きな違いが生じる可能性は少ない。つまり，特段のシステム対応を必要としなかった。

①　会計処理を確認する

　では，新収益基準の導入で，必要になる情報はどう変わるだろうか。適用指

針にある「［設例13］数量値引きの見積り」のケースを使って考えてみよう。細かい条件の説明はここでは省略する（適用指針の［設例13］をご覧いただきたい）。このケースでは，Ａ社は製品Ｘを１個当たり100千円で販売しているが，客先（Ｂ社）が年間で1,000個よりも多く購入するならば，製品Ｘ１個当たりの価格を年初に遡って90千円に減額するという約束をしている。

　第１四半期に，客先に対して製品75個を１個当たり100千円で販売する。製品Ｘの販売時の収益の計上の仕訳はこうだ。

（製品75個の売上計上）

（単位：千円）

（借方）売　掛　金	7,500	（貸方）売　上　高	7,500

売上高7,500千円＝１個当たり100千円×75個

　この仕訳自体は，通常の製品の販売の仕訳と同じである。販売システムに対して，得意先，販売個数，製品単価を入力すれば，この仕訳のもとになるデータは生成される。

　問題は値引きの見積りへの対応だ。［設例13］によると，第２四半期にさらに製品500個を販売する。この取引の前に，客先（Ｂ社）は他の企業を買収している。Ａ社は，この新たな事実を考慮して，「Ｂ社の製品Ｘの購入個数は1,000個を超えるだろう」と見積もり，製品１個当たりの価格を90千円に遡及的に減額する必要があると判断した。この際の仕訳はこうなる。

（製品500個の売上計上および製品75個の値引きの見積り）

（単位：千円）

（借方）売　掛　金	44,250	（貸方）売　上　高	44,250

売上高44,250千円＝１個当たり90千円×500個－10千円の値引き×75個

i　客先から入金があると，景色が変わる

　ここで1つ，注意したい点がある。この設例では，第2四半期末の時点で，まだ第1四半期に販売した製品75個に対する入金がないという前提がある。では，もし入金があったら，どうなるのか。実は，**客先から受け取った（または受け取る）対価のうち将来返金すると見込む額については，「返金負債」を認識しなければならない**（会計基準53項）。

　だから，例えば，第1四半期（ここでは3月31日と仮定する）に販売した製品75個に対する入金が翌月の4月30日にあったら，（当然だが）売掛金は現金預金に変わっている。このうち，将来返金すると見込む額を計上するのだから，仕訳はこうなる。

（製品75個に対する返金の見積り）

（単位：千円）

（借方）売　上　高	750	（貸方）返　金　負　債	750

売上高750千円＝10千円の値引き×75個

　一方で，第2四半期（ここでは6月30日と仮定する）に販売した製品500個に対する入金はまだないから，値引きを見積もったうえで売上を計上する。

（製品500個の売上計上）

（単位：千円）

（借方）売　掛　金	45,000	（貸方）売　上　高	45,000

売上高45,000千円＝1個当たり90千円×500個

　さて，ここで2つ問題がある。1つは，この値引きの見積計算をどうやって記録し売上を計上するか，もう1つは，相手に対する請求管理をどう行うかという点である。

ii 値引きの見積計算とは

ここでいう「値引きの見積計算」とは，客先に対して"実際に"行う値引きの計算のことではない。将来，客先に対して値引きを行うと予想して，実施する値引きの見積計算である。したがって，現在，客先に対して実際にいくら値引きを行っているか管理するシステムがあったとしても，これとは別に管理するものである（もちろん，客先に対して実際に値引きを行うときは，この見積り上の値引きも取り消すため，両者は連動して管理する必要がある）。

もし，数量値引きを，客先ごと，製品ごとに条件を変えて行っているとしたら，どうだろう。どの客先のどの製品の販売についていくらの値引きを行ったのか見積もって，会計処理の内容を含めて記録するのは煩雑である。値引き後の単価が，客先の購入する数量によって段階的に変わるような場合や，客先が購入する数量の見積りの見直しが数度にわたって行われるというようなケースは，もっと複雑だ。データをきちんと管理しなければ，誤った会計処理の原因になりかねない。では，どうすべきか。

② システムで値引きを管理する

値引きを正確に管理するには，システムが必要になる。ここでは，そのシステムを"値引管理システム"と呼ぼう。

値引管理システムで管理する基本項目は，3つある。それは客先と合意した値引きの条件ごとに区分された，①客先に対する請求額，②売上計上額，③値引きの見積額である（図表2-6-3）。

【図表2-6-3】 システムで管理する基本項目

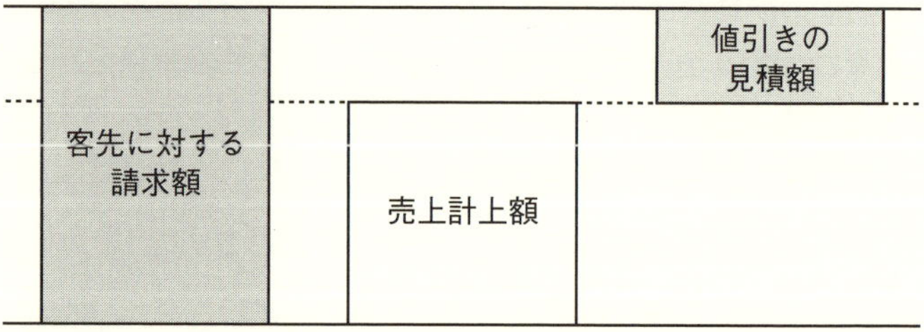

「客先に対する請求額」とは，実際に客先に対して請求を行った金額だ。値引きには，後日リベートとして戻すケースもあれば，"即引き"といって，当初の請求の段階で引くこともある。今回は，年末に製品Xの購入個数が確定してから，後日リベートとして客先に支払うものとする。したがって，実際にその数量を購入するまでは，客先に対しては値引き前の単価（ここでは，請求上の単価という）で請求を行う。

次に，「売上計上額」である。これは，変動対価を考慮した時に，会計上で認識すべき売上である。言い換えると，総勘定元帳に記帳する売上の金額である。

「値引きの見積額」は，①客先に対する請求額と②売上計上額の差である。値引きの可能性がないならば，①客先に対する請求額と②売上計上額は一致する。もし，値引きの可能性があると考えるならば，①客先に対する請求額と②売上計上額の差額が値引き（変動対価）の見積額になる。

では，値引管理システムでどう値引きと請求の管理を行うのか。もう一度，適用指針の「［設例13］数量値引きの見積り」のケースをみながら考えてみよう。ただし，ここで条件を1つ加える。それは，客先からの入金は販売日の翌月末という点だ。

i　第1四半期（3月31日）の状況

まず，第1四半期末（3月31日）の状況である（図表2-6-4）。客先に対して製品75個を1個当たり100千円で販売する（ここでは，便宜的に「受注番号#001」と名づける。以下，同じ）から，「客先に対する請求額」の請求金額7,500千円である。変動対価を考慮した時に，会計上で認識すべき売上も同額だから，「売上計上額」は7,500千円だ。「値引きの見積額」はゼロとなる。

【図表2−6−4】 3月31日のデータ項目

客先に対する請求額

（単位：千円）

	データ項目	内容			
1	受注番号	#001	—	—	合計
2	販売日	3月31日	—	—	
3	入金日	—	—	—	
4	数量	75	—	—	75
5	請求上の単価	100	—	—	
6	請求金額	7,500	—	—	7,500

売上計上額

	データ項目	内容			
7	受注番号	#001	—	—	合計
8	見積実施日	3月31日	—	—	
9	数量	75	—	—	75
10	会計上の単価	100	—	—	
11	売上計上額	7,500	—	—	7,500

値引きの見積額

	データ項目	内容			
12	受注番号	#001	—	—	合計
13	入金日	—	—	—	
14	見積実施日	3月31日	—	—	
15	数量	75	—	—	75
16	単価差異（＝5−10）	0	—	—	
17	見積額	0	—	—	0
18	売掛金（貸方）	—	—	—	—
19	返金負債	—	—	—	—
20	連携モジュール	—	—	—	—

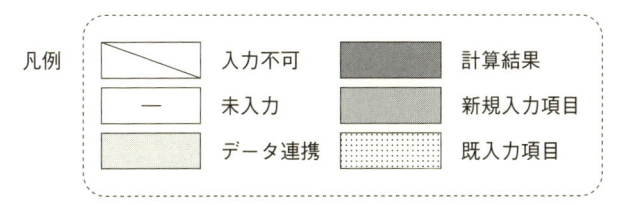

凡例

	入力不可		計算結果
	未入力		新規入力項目
	データ連携		既入力項目

（注）　図表のデータは値引管理システムの主な管理項目である。値引管理システムが機能するためには，このほかにも，製品マスタ，単価マスタ，値引条件マスタなどの情報が必要になる。

ii　第2四半期末（6月30日）の状況

　［設例13］の第2四半期の6月30日の売上の仕訳をもう一度，書く。

（製品500個の売上計上）

（単位：千円）

| （借方）　売　掛　金 | 45,000 | （貸方）　売　上　高 | 45,000 |

売上高45,000千円 = 1個当たり90千円×500個

　これは，第2四半期末に，客先の製品の購入個数が1,000個を超えると見積もって行った会計処理である。実際には，6月30日に客先が購入した製品は500個で，その単価は100千円である（受注番号＃002）。第2四半期末までに客先が購入した製品の数は575個（第1四半期75個＋第2四半期500個）だから，客先に請求する製品1個当たり価格は100千円のままである。

　だが，現在の会計システムは客先に対する請求と会計上の売上が連動している。今回のケースで説明すると，（客先の製品の購入個数が1,000個を超えると見積もって）販売管理システムの単価登録を100千円から90千円に変えてしまうと，客先に対する請求書も90千円をベースにした金額で算定される。つまり，システムで作成される請求書の金額は，45,000千円（ = 1個当たり90千円×500個）だ。これは，困った事態を引き起こす。少なくとも，第2四半期の時点で，客先に請求すべき金額は，50,000千円（ = 1個当たり100千円×500個）だからである。

それならば,「販売管理システムの単価登録を100千円のままにすればいいではないか」と思われるかもしれない。もちろん,こうすれば,客先には50,000千円の請求書が発行される。契約上の債権も50,000千円と計上され,客先から入金があれば,債権管理システムでこの金額を消し込めばよい。

だが,これでは,売上も50,000千円計上されるという結果になる。**現行の販売管理システムの運用を変えずに,数量値引きに対応するとなると,どうしても会計システムの外で,単価変更の金額の影響を管理するほかない。**

では,どうするか。まずは,値引き前の単価(請求上の単価:1個当たり100千円)で売上を計上する。この金額は,客先に対する請求額と一致する。

(販売管理システムで生成する売上仕訳)

(単位:千円)

(借方) ダ ミ ー 勘 定	50,000	(貸方) 売　　上　　高	50,000

売上高50,000千円=1個当たり100千円×500個

(債権管理システムで生成する売上仕訳)

(単位:千円)

(借方) 売　　掛　　金	50,000	(貸方) ダ ミ ー 勘 定	50,000

もう1つ。値引きの見積計算だ。これを値引管理システムで行う。そのうえで,総勘定元帳に仕訳を投入する。

ここで,値引きの見積計算は2つある。1つは,第2四半期の値引きの見積り5,000千円(=(1個当たり100千円−1個当たり90千円)×500個)だ。

(値引管理システムで生成する仕訳)

(単位:千円)

(借方) 売　　上　　高	5,000	(貸方) 売　　掛　　金	5,000

　もう1つの値引きの見積りが，第1四半期の売上にかかる分である。金額は750千円（＝（1個当たり100千円−1個当たり90千円）×75個）である。だが，第1四半期の売上代金は4月30日に入金済みである。客先から受け取った（または受け取る）対価のうち将来返金すると見込む額については，返金負債を認識しなければならないから，投入する仕訳はこうなる。

（値引管理システムで生成する仕訳）

（単位：千円）

（借方）　売　　上　　高	750	（貸方）　返　金　負　債	750

　この3つの仕訳を生成するために，取引ごと（ここでは，受注番号＃001と＃002）に，「販売日」「入金日」「数量」「請求上の単価」の情報が必要になる。また，値引きの見積りに使用した「会計上の単価」と「見積実施日」も新たに値引管理システムに登録する必要がある（図表2−6−5）。

【図表2−6−5】　6月30日のデータ項目

客先に対する請求額　　　　　　　　　　　　　　　　（単位：千円）

	データ項目	内容			
1	受注番号	＃001	＃002	—	合計
2	販売日	3月31日	6月30日	—	
3	入金日	4月30日	—	—	
4	数量	75	500	—	575
5	請求上の単価	100	100	—	
6	請求金額	7,500	50,000	—	57,500

売上計上額

	データ項目	内容			
7	受注番号	＃001	＃002	—	合計
8	見積実施日	6月30日	6月30日	—	
9	数量	75	500	—	575
10	会計上の単価	90	90	—	
11	売上計上額	6,750	45,000	—	51,750

値引きの見積額

	データ項目	内容			
12	受注番号	＃001	＃002	—	合計
13	入金日	4月30日	—	—	
14	見積実施日	6月30日	6月30日	—	
15	数量	75	500	—	575
16	単価差異（＝5－10）	10	10	—	
17	見積額	750	5,000	—	5,750
18	売掛金（貸方）	—	5,000	—	5,000
19	返金負債	750	—	—	750
20	連携モジュール	—	—	—	

iii 客先からの入金対応

　6月30日の売上（受注番号＃002）に対する入金について，少し考えてみよう。客先に対して50,000千円を請求しているから，7月31日に客先から入金があれば，債権管理システムでこの金額を消し込む。すると，この仕訳が起票される。

（債権管理システムで生成する売上仕訳）

（単位：千円）

（借方）現　金　預　金　　　50,000	（貸方）売　　掛　　金　　　50,000

　これによって，客先に対する請求債権50,000千円は消し込まれる。だが，総勘定元帳には，まだこの客先に対して売掛金5,000千円が貸方に残っている。これは，この客先に対する値引きの見積りである。**客先から受け取った（または受け取る）対価のうち将来返金すると見込む額については，返金負債を認識しなければならない**（会計基準53項）。だから，次の仕訳が起票される。

（値引管理システムで生成する仕訳）

（単位：千円）

（借方）売　掛　金	5,000	（貸方）返　金　負　債	5,000

　借方の勘定科目にご注意いただきたい。第1四半期の売上（受注番号#001）に対して返金負債を認識するときは「売上高」であったが，第2四半期の売上（受注番号#002）に対して返金負債を認識するときは，借方は「売掛金」になっている。**売上を計上する時に，値引きを見込んでいるかどうかで，返金負債の相手勘定は変わるのだ。**

　細かい話だが，3月31日の売上（受注番号#001）に対する返金負債の認識は，6月30日である。実際に入金があった4月30日ではない。これは，第2四半期末に「B社の製品Xの購入個数は1,000個を超えるだろう」と判断したからだ。

　だが，6月30日の売上（受注番号#002）の場合は，少し話が変わる。もはや，B社の購入個数は1,000個を超えると判断しているため，B社から売上の入金があったタイミング（7月31日）で返金負債を認識することになる。

iv　実際に値引きを行う

　[設例13]にさらに2つの条件を追加しよう。1つは，客先（B社）は期末（12月31日）に製品は500個を購入する（受注番号#003）。この客先の製品の購入個数が1,000個を超えるという見積りが現実になったわけだ。

　もう1つは，実際の値引きの方法である。すでに説明したが，値引きには，

後日リベートとして戻すケースもあれば，即引きといって，値引きの条件を満たした段階で値引くこともある。今回は，年末に客先の製品Xの購入個数が確定したあとにリベートとして支払うことにする。したがって，それまでは，客先の製品Xの購入個数が1,000個を超えても，1個当たり100円で売却する。

　この製品500個の売却の仕訳は，受注番号＃002の場合とまったく同じである。念のため，もう一度，書こう。

（販売管理システムで生成する売上仕訳）

（単位：千円）

（借方）　ダ　ミ　ー　勘　定	50,000	（貸方）　売　　　上　　　高	50,000

売上高50,000千円＝1個当たり100千円×500個

（債権管理システムで生成する売上仕訳）

（単位：千円）

（借方）　売　　掛　　金	50,000	（貸方）　ダ　ミ　ー　勘　定	50,000

（値引管理システムで生成する仕訳）

（単位：千円）

（借方）　売　　上　　高	5,000	（貸方）　売　　掛　　金	5,000

　図表2-6-6が，実際の値引きにかかる値引管理システムのデータの状況である。

【図表2-6-6】　12月31日のデータ項目（未払金振替前）

客先に対する請求額

（単位：千円）

	データ項目	内容			
1	受注番号	#001	#002	#003	合計
2	販売日	3月31日	6月30日	12月31日	
3	入金日	4月30日	7月31日	—	
4	数量	75	500	500	1,075
5	請求上の単価	100	100	100	
6	請求金額	7,500	50,000	50,000	107,500

売上計上額

	データ項目	内容			
7	受注番号	#001	#002	#003	合計
8	見積実施日	6月30日	6月30日	12月31日	
9	数量	75	500	500	1,075
10	会計上の単価	90	90	90	
11	売上計上額	6,750	45,000	45,000	96,750

値引きの見積額

	データ項目	内容			
12	受注番号	#001	#002	#003	合計
13	入金日	4月30日	7月31日	—	
14	見積実施日	6月30日	6月30日	12月31日	
15	数量	75	500	500	1,075
16	単価差異（＝5－10）	10	10	10	
17	見積額	750	5,000	5,000	10,750
18	売掛金（貸方）	—	—	5,000	5,000
19	返金負債	750	5,000	—	5,750
20	連携モジュール	—	—	—	—

問題は，この次だ。12月31日時点で，値引管理システムによって計上した値

引きの見積額は，返金負債5,750千円（＝受注番号＃001：750千円＋＃002：5,000千円）と売掛金（貸方）5,000千円（＝受注番号＃003：5,000千円）である。

　もし，12月31日に，B社に対する値引きの金額を確定し，支払手続を進めるならば，仕訳はこうなる（値引管理システムによる生成する取消仕訳は，本来なら受注番号別であるが，ここではまとめて書く）。

（値引管理システムで生成する仕訳）

（単位：千円）

（借方）　返 金 負 債	5,750	（貸方）　ダ ミ ー 勘 定	5,750

（単位：千円）

（借方）　売 　 掛 　 金	5,000	（貸方）　ダ ミ ー 勘 定	5,000

　値引きを客先に対して支払う場合，値引管理システムから債務管理システムへと情報の連携が必要になる。債務管理システムで生成する仕訳はこうだ。

（債務管理システムで生成する仕訳）

（単位：千円）

（借方）　ダ ミ ー 勘 定	10,750	（貸方）　未 　 払 　 金	10,750

未払金10,750千円＝返金負債の振替5,750千円＋売掛金（貸方）の振替5,000千円

　一方，値引きを翌年度の売上に対する売掛金と相殺する場合には，債権管理システムに情報の連携をする。この場合，債権管理システムの仕訳はこうなる。

（債権管理システムで生成する仕訳）

（単位：千円）

（借方）　ダ ミ ー 勘 定	10,750	（貸方）　売 　 掛 　 金	10,750

売掛金10,750千円＝返金負債の振替5,750千円＋売掛金（貸方）の振替5,000千円

　客先によって，値引きの決済方法が変わるなら，値引管理システムから債務

管理システムと債権管理システムへの連携を選択できるようにする。加えて，値引管理システムにキー情報の入力項目を設ける必要があるだろう。

③　値引管理システムの位置づけ

　最後に，値引管理システムと他のシステムの関係についておさらいをしておこう。すでに説明したように，値引管理システムで管理する基本項目は，①客先に対する請求額，②売上計上額，③値引きの見積額の3つである。それでは，時系列で順を追って見てみよう。

ⅰ　値引きの見積条件を満たすと判断する前

　値引管理システムは，販売管理システムから「客先に対する請求額」のデータを受け取る。この客先に対する販売実績に基づいて，この客先の年間の購入個数が値引きの条件を満たすかどうかを判断する。したがって，**「客先に対する請求額」のデータは，客先と合意した値引きの条件ごとに集計する必要がある**。同じ客先であっても，販売する製品ごとに異なる数量値引きの条件を設定しているならば，それぞれ値引きの条件を満たすか判断が必要だからだ。

　「値引きの条件を満たさないだろう」と判断した場合，特段，値引管理システムに対する入力はない。（デフォルトで）会計上の単価は請求上の単価と一致するように設定しておけば，売上計上額は客先に対する請求額と同額となり，値引きの見積額はゼロである。値引管理システムから総勘定元帳に登録する仕訳はない。

ⅱ　値引きの見積条件を満たすと判断したあと

　「値引きの条件を満たすだろう」と判断したあとは，販売管理システムがグロス（値引き前）で売上を計上し，値引管理システムが値引きの見積額だけ売上を減らす。値引きの条件に合わせて，値引管理システムに「会計上の単価」を入力する。会計上の単価と請求上の単価との差が値引きの見積額であり，この情報に基づいて値引管理システムで仕訳（（借方）売上高 XXX ／ （貸方）

売掛金 XXX）を生成し，総勘定元帳に登録する。図表 2 - 6 - 7 をご覧いただきたい。

【図表 2 - 6 - 7】　売上計上時の値引きの見積り

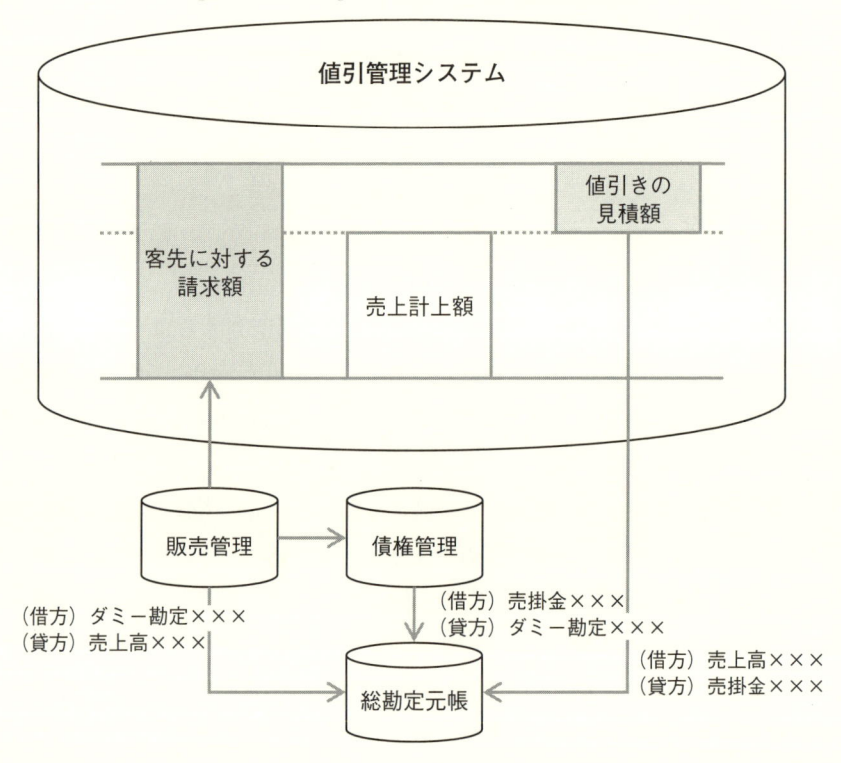

　その後，売上代金の入金があったら，どうなるだろうか。入金情報は債権管理システムが持っている。値引管理システムは債権管理システムから入金情報を受け取り，返金負債の計上の仕訳（（借方）売掛金 XXX ／（貸方）返金負債 XXX）を生成するのだ（図表 2 - 6 - 8 ）。

【図表2-6-8】 売上代金の入金時

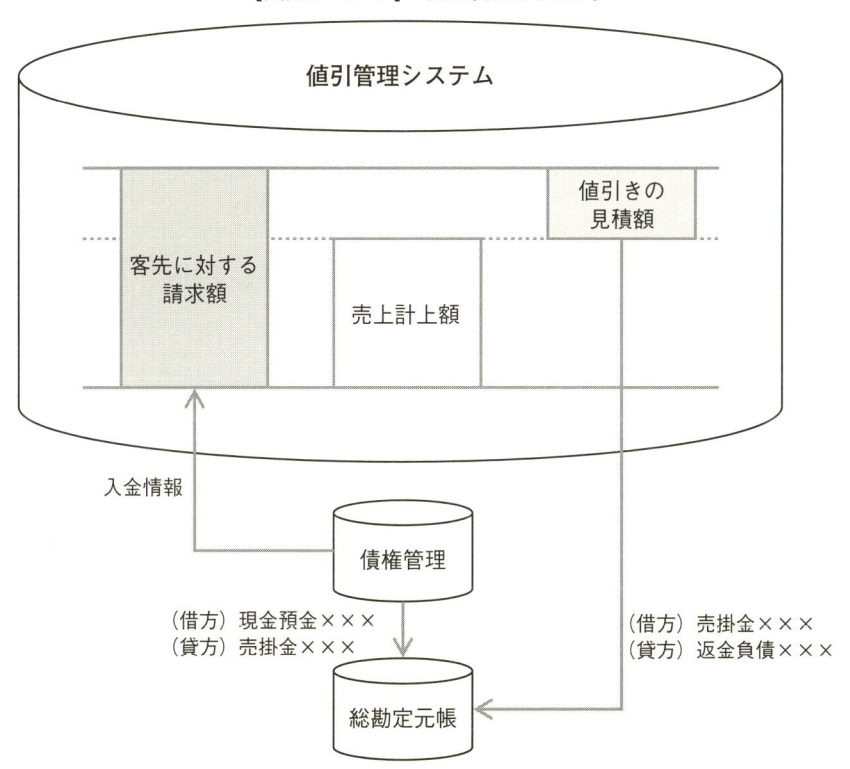

iii 値引きの支払時

　値引きの金額を確定し，支払手続を進めるならば，値引管理システムから債務管理システムへと情報の連携が必要になる。いままで値引管理システムから総勘定元帳に登録した返金負債（または，貸方に計上した売掛金）を取り消し，支払の仕訳（（借方）返金負債XXX ／（貸方）ダミー勘定XXX または（借方）売掛金XXX ／（貸方）ダミー勘定XXX）を生成し，総勘定元帳に登録する（図表2-6-9）。

【図表2-6-9】 値引きの支払時

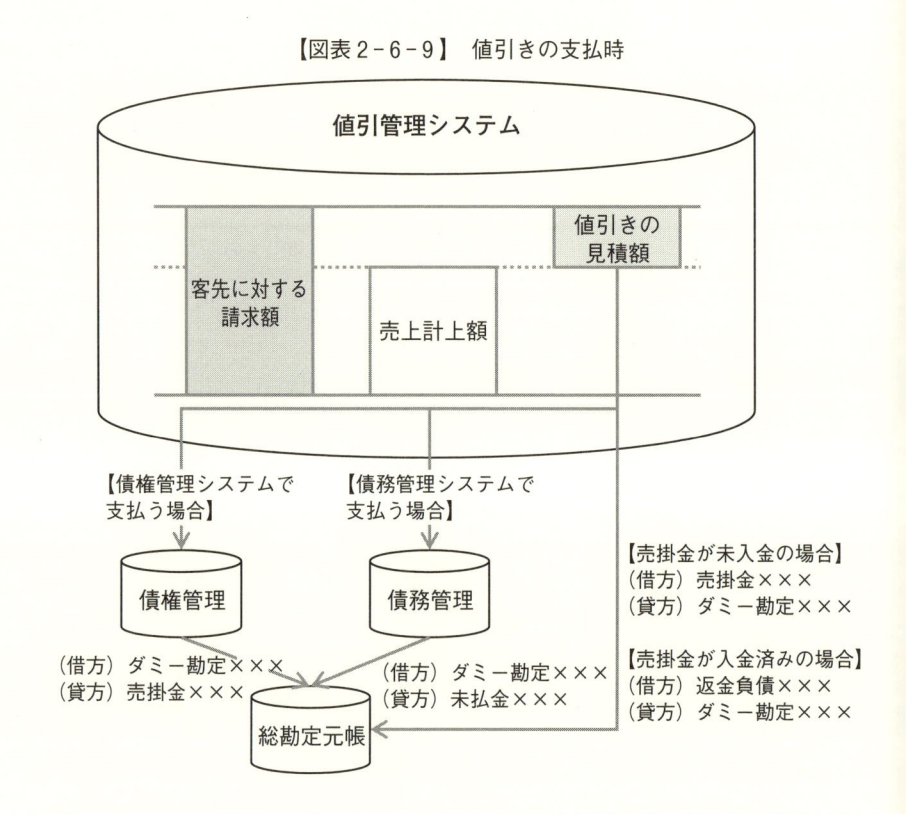

新収益基準を導入にあたって，客先に対する値引きの見積計算を記録するために システムを構築する必要がある。このシステムに求められる機能は，値引きの条件の複雑さによって変わる。加えて，値引きの見積りを行っても，会計システム上は，その金額の管理は（債権管理システムではなく）総勘定元帳上でのみ行うことになる。実際に客先に対して値引きを行うときは，返金負債や貸方に残った売掛金を消し込むことになる。特に，即引き（値引きの条件を満たした段階で値引きを行うこと）のような場合，客先に対する販売個数を常に把握し，仕訳を生成，支払処理をしなければならない。この作業もシステムで条件設定（値引管理システムが値引条件マスタと実際の販売個数を照らし合わせる）をしておけば，ステータス管理により仕訳を自動起票や支払処理を自動

化することも可能だ。これからは，値引きの見積管理をしっかりできるシステ
ム対応が望まれる。

論点7 返品権付き販売

(1) 会計処理の概要

契約において，商品や製品の支配を客先に移転するとともに，この商品や製品を返品して，返金，値引き，別の商品や製品へ交換する権利を客先に付与することがある。新収益基準では，客先に引き渡した商品等のうち，返品が見込まれる部分について収益を認識しない（適用指針85項を参照のこと）。

一方，従来の日本基準では，販売時に対価の全額を収益として認識し，これとは別に，過去の返品実績などに基づいて返品調整引当金を計上してきた。この引当金の繰入額については，売上総利益の調整として表示されることが多かった。

この点，新収益基準では，返品権付きの商品・製品（返金条件付きで提供される一部のサービスを含む）を販売する場合には，販売された商品等のうち返品が見込まれる部分については収益を認識せずに，返金負債を計上する。また，この返金負債を決済するときに客先から商品等を回収する権利を返品資産として計上する。

返品権付き販売の処理が必要となる取引には，どのようなものがあるのか。1つは，出版物や音楽用ソフトの販売である。出版社や音楽用ソフトの制作会社は，一度販売した商品を，当初の販売価格で返品として受け入れる慣行がある。ほかにも，通信販売がある。企業によっては，独自に一定の期間（例えば，1か月）に返品を認める特約を定めている場合がある。

それでは，返品権付き販売に関する取引に，どう対応すればよいだろうか。業務とシステムに分けて，考えてみよう（図表2-7-1）。

【図表2-7-1】　論点7への対応の概要

論点と関係する取引例 （意見募集文書14頁）	影響		対応の内容
	区分	程度	
企業の提供する財又はサービスに関して，返金を伴う返品や別の財又はサービスとの交換を認めている取引 （例：出版社や音楽用ソフトの制作販売会社等の返品権付き販売，通信販売を行う場合に一定期間の返品を認める制度を設けている場合の取引）	業務	△～ ◎	（判断の業務） 製品とその顧客層から返品数量の見積りに関する情報を収集し，返金負債と返品資産を算定し会計処理ができるようにする業務をプロセスに追加する。
	システム	△～ ◎	（会計システム） 返品数量の見積方法や頻度が返品調整引当金の場合に比べて著しく負荷の大きなものにならなければ，特段のシステム対応は必要ないと考える。

凡例（影響の程度）　◎：かなり大きい，○：大きい，△：少ない，×：ほとんどない

(2)　業務対応（影響の程度：少ない～かなり大きい）

　業務対応の影響の大きさは，返金負債と返品資産の算定や管理方法をどうするかによって変わる。

①　返品調整引当金の業務

　いままで，返品調整引当金を算定する場合，税法に従うならば，以下のような算定式があった。

（売掛金に基づく算定方法）
返品調整引当金＝期末売掛金×返品率×売買利益率

　　　　　　　　　　　　　　　…法人税法施行令101条柱書き

（売上高に基づく算定方法）
返品調整引当金＝対象事業に係る期末前2か月間の売上金額×返品率×売買利益率

> 返品率＝棚卸資産の買戻しに係る対価合計額÷棚卸資産の販売対価合
> 計額
>
> …法人税法施行令101条 2 項
>
> 売買利益率＝販売利益に係る利益総額÷（棚卸資産の販売対価合計額
> －買戻しに係る合計額）
>
> …法人税法施行令101条 3 項

　この場合，返品調整引当金を算定するのに必要な情報は何か。それは，"返品率"や"売買利益率"である。これらの情報をもとに，四半期，または年度末に返品調整引当金の計算をした。

② 返金負債の業務対応

　新収益基準の導入で，必要になる情報はどう変わるだろうか。適用指針の［設例11］によると，製品の販売時の収益の計上の仕訳はこうだ。

（借方） 現　金　預　金	XXXX	（貸方） 売　　上　　高	XXXX
		返　金　負　債	XXXX

　製品の販売時に"返金負債"を計上する。返金負債の金額の計算は，返品されると見込む製品の「販売単価×数量」だ。この見積りをきちんと行うには，返品されると見込む製品の「販売単価」と「数量」についての十分な情報が必要だ。もちろん，従来の"返品調整引当金"の算定に利用していた情報で返品されると見込む製品の「数量」について十分な見積りができているなら，業務に与える影響は少ない。

　だが，もし，従来，収集していなかった情報を使って，この見積りを行うのなら，話は変わる。例えば，個々の製品や製品グループで返品数量を見込むとか，顧客や顧客層ごとに販売単価を収集するとか，**集める"情報"が変われば，新たな情報収集のしくみが必要になる。**もちろん，これは収集する情報の"種

類"や"細かさ"だけに限った話ではない。情報取集の"頻度"や"タイミング"が変わるなら，これもまた業務負荷に影響を与えるだろう。

③　返品資産の業務対応

「返品数量」の見積方法は，「返品資産」の管理にも影響する。適用指針の［設例11］によると，製品の販売時の原価の計上の仕訳はこうだ。

| （借方） 売 上 原 価 | XXXX | （貸方） 棚 卸 資 産 | XXXX |
| 返 品 資 産 | XXXX | | |

返品資産の金額の計算は，返品されると見込む製品の「原価×数量」だ。問題は，この返品されると見込む製品の「数量」の見積単位である。もし，返品数量の見積単位が細かい（例えば，製品ごと，より細かい製品グループごと）としたら，どうなるだろう。（極端な例だが）もし，製品ごとに返品数量を見積もるなら，返品されると見込む製品の「原価」は製品の種類によって変わる。また，もし，返品数量の見積単位が"製品グループごと"だとしたら，その製品グループの製品の平均原価の算定が必要になる。

返品されると見込む製品の「数量」管理という点にも注意したい。客先に製品を販売すれば，この返品されると見込む製品の「数量」は増えるし，客先から返品されたら，（当然ではあるが）その数は減る。ポイントは，この返品されると見込む製品「数量」をどう管理するのか。その方法によって，業務はいくらでも複雑になるし，業務負荷は増える。

④　業績管理の対応

新収益基準では，返品が見込まれる商品等については，収益を認識しない。ということは，いままでの日本基準と比べて，収益を認識する時期が異なる可能性がある。収益はトップラインであり，売上高，売上高利益率，棚卸資産回転率など，多くの経営指標に使われる。収益の値が変われば，当然，いろいろ

90

な経営指標の数値も変わる。経営判断にも影響を与えるだろう。

　業績管理の対応として必要なことは，大きく2つある。1つは，新収益基準の導入時（移行時）の対応である。新収益基準の導入で，経営指標に影響があるならば，その影響を把握する。比較の観点から，過去数期間の経営指標の値が新収益基準を適用するかどうかで，どう変わるかも確認する。もう1つは，移行後の対応だ。いくら経営指標の算定ルールを定めても，これを利用する側の理解の程度が低ければ，正しい経営判断にはつながらない。新収益基準の導入で，トップラインはどう変わるのか，経営情報としてどう利用すればよいのか，これらをわかりやすくまとめ，経営トップや管理者に対して説明を行っていく必要がある。

(3)　システム対応（影響の程度：少ない～かなり大きい）

　システム対応の大きさも，やはり返金負債と返品資産の算定および管理方法によって変わってくる。

①　返金負債のシステム対応

　返金負債の算定のシステム対応とは，どのようなものだろうか。（すでに説明したように）返金負債の金額の計算は，返品されると見込む製品の「販売単価×数量」だ。返金負債の金額を自動で計算するには，返品されると見込む製品の「販売単価」を取得する（または計算する）しくみを作る必要がある。返金負債の見積りの単位が製品ごとであれば，製品の販売単価マスタから情報を収集すればよいが，製品グループだとしたら，その製品グループの製品の平均販売単価を算定するしくみが必要になる。

　そして，もう1つ。返品されると見込む製品の「数量」をどうするかだ。これは，返品数量の見積りの単位によって変わる。返品数量の見積りの単位を大きくしても，実態を適切に描写できるなら，エクセルなどで計算が可能だろう。特別なシステムは必要ない。だが，（極端な例ではあるが）返品数量の見積りを客先ごと製品ごとに行えば，その数は“客先の数×製品の数”になる。そこ

まで細かくなくても，返品数量の見積単位が細かくなれば，何らかのシステム対応は必要だ。

②　返品資産のシステム対応

　返品資産の管理のためのシステム対応とは，どのようなものだろうか。1 つは，返品資産の金額の計算だ。これは返品されると見込む製品の「原価×数量」で算定する。返品資産の金額を自動で計算するには，返品されると見込む製品の「原価」を取得する（または計算する）しくみを作る必要がある。返品資産の見積りの単位が製品ごとであれば，製品の単価マスタから情報を収集すればよいが，製品グループだとしたら，その製品グループの製品の平均原価を算定するしくみが必要になる。

　もう 1 つは，返品資産の増減管理だ。返品資産は，返金負債の決済時に客先から製品を回収する権利である。金融資産を受け取る権利ではないから，金融資産ではないと考えられる＊。（会計処理を行ううえで）棚卸資産に含めたとしても，物理的に保有している棚卸資産とは区分して管理する必要がある。

　　＊金融商品実務指針 4 項：現金，他の企業から現金若しくはその他の金融資産を
　　　受け取る契約上の権利，潜在的に有利な条件で他の企業とこれらの金融資産若
　　　しくは金融負債を交換する契約上の権利，又は他の企業の株式その他の出資証
　　　券。

　返品資産をどの単位で管理するか決定するうえでの検討事項は，客先に販売したときに，返品数量がどれだけ増え，製品の返品によってどれだけ返品資産が減ったのか，どう自動化するかである。

　通販事業などでは，商品が返品されても，その商品を当初の定価でまた販売できないことがある。もし，返品資産を評価減するならば，それはそれで管理が複雑になる。この場合，新たに必要となるデータは，「評価減の比率」や「評価減後の単価」といったものである。

③ 仕訳の起票のタイミングと本数

新収益基準で，返金負債や返品資産を算定する方法，頻度，それから残高管理をどう行うかによってシステムの対応に必要なレベルは大きく変わる。例えば，適用指針「[設例11] 返品権付き販売」の仕訳のように，収益の計上の都度，返金負債を算定するとなると，仕訳の生成のしくみに手を入れる必要がある。

ここで大きな問題がある。日々の取引において，「販売された商品等のうち返品が見込まれる部分については収益を認識」しないなら，客先に対する請求と計上する収益の金額が一致しなくなる。この問題は，「論点3 約束した財・サービスが別個のものか否かの判断」において，「請求管理システム」という解決策を提示している。こちらも合わせてお読みいただきたい。

④ 対応の考え方

どうか誤解しないでいただきたい。"返品権付き販売の業務とシステム対応"が必ず大変になるということではない。どう対応するかによって，シンプルにも複雑にもなる（可能性がある）。新収益基準の目的は，財・サービスと交換に企業が権利を得ると見込む対価の額を描写するように，収益を認識することである（会計基準16項を参照のこと）。どの業務対応がこの目的に照らしてベストなのか，業務負荷を意識しながら考えることが大事である（図表2-7-2）。

【図表2-7-2】　業務・システムの比較

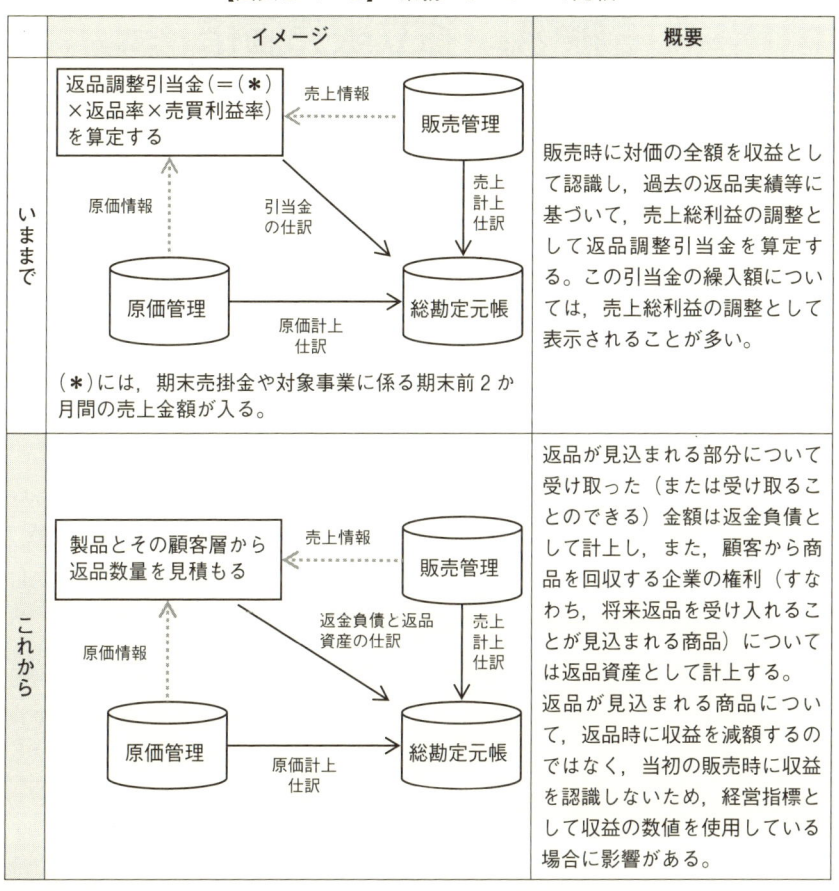

	イメージ	概要
いままで	返品調整引当金（＝（＊）×返品率×売買利益率）を算定する 原価情報　　引当金の仕訳 売上情報 ⟶ 販売管理 ⟶ 売上計上仕訳 原価管理 ⟶ 原価計上仕訳 ⟶ 総勘定元帳 （＊）には，期末売掛金や対象事業に係る期末前2か月間の売上金額が入る。	販売時に対価の全額を収益として認識し，過去の返品実績等に基づいて，売上総利益の調整として返品調整引当金を算定する。この引当金の繰入額については，売上総利益の調整として表示されることが多い。
これから	製品とその顧客層から返品数量を見積もる 原価情報　　返金負債と返品資産の仕訳 売上情報 ⟶ 販売管理 ⟶ 売上計上仕訳 原価管理 ⟶ 原価計上仕訳 ⟶ 総勘定元帳	返品が見込まれる部分について受け取った（または受け取ることのできる）金額は返金負債として計上し，また，顧客から商品を回収する企業の権利（すなわち，将来返品を受け入れることが見込まれる商品）については返品資産として計上する。 返品が見込まれる商品について，返品時に収益を減額するのではなく，当初の販売時に収益を認識しないため，経営指標として収益の数値を使用している場合に影響がある。

論点8 独立販売価格

(1) 会計処理の概要

　新収益基準の業務・システム対応を考えるうえで，重要な論点がある。それは，独立販売価格（それぞれの財・サービスを企業が独立に販売する時の価格）だ。新収益基準では，契約上の金額が必ずしも，売上金額となるわけではない。1つの契約のなかに複数の履行義務が含まれるならば，契約全体の取引価格を独立販売価格の比率で配分して各履行義務の価格を算定する。

　一方で，いままでの日本基準では，一部の基準を除いて，取引の会計処理単位への分割や取引価格の配分について，一般的な定めはない。

　工事契約については，取引の会計処理単位への分割について定めはあるが，取引価格の配分に関してルールを設けていない。ソフトウェア取引に関しては，サービスの提供や機器の販売のように異なる種類の取引を同一の契約書などで締結している場合，その内容や金額の内訳が客先との間で明らかにされているときは，適切に分解して収益認識を行うことが求められる（実務対応報告第17号「ソフトウェア取引の収益の会計処理に関する実務上の取扱い」3）。

　新収益基準の導入後は，独立販売価格に基づく会計処理によって，収益を認識する時期が変わる可能性がある。適切な収益認識を行うには，適切な対応が必要だ。では，対応をどう進めるべきか。業務とシステムの観点から考えてみたい（図表2-8-1）。

【図表 2 - 8 - 1 】　論点 8 への対応の概要

論点と関係する取引例 (意見募集文書15頁)	影響		対応の内容
	区分	程度	
【論点 3 】及び【論点 4 】と同様	業務	○	（独立販売価格の見積り） 独立販売価格が直接観察できるのならその価格，そうでない場合には独立販売価格の見積方法と適用対象についてルールを定め，業務プロセスに追加する。 （モニタリング・プロセス） 内部統制という観点から，取引価格の内訳価格が独立販売価格に基づいて決めているかどうか，モニタリングするというプロセスを構築する。
	システム	○	（独立販売価格の比率で配分する機能） 独立販売価格の比率で配分する機能を持ったしくみを会計システムとは別に作り込むか，（件数が少ない場合は）エクセルやアクセスを使って対応するという方法を検討する。

凡例（影響の程度）　◎：かなり大きい，○：大きい，△：少ない，×：ほとんどない

(2)　業務対応（影響の程度：大きい）

　業務をきちんと行うには，ルールを定めることである。すでに説明したように，いままでは，個々の契約に応じて個別に判断を行ってきた。この判断プロセスを見直す必要がある。

①　取引価格の設定

　業務の負担という観点から考えれば，履行義務が独立販売価格に基づいて決められていることが，最もよい。ムダな手間が省けるからだ。例えば，契約書

や見積書にその内訳として，それぞれの履行義務の金額が書かれているなら，それらの価格が独立販売価格の観点から妥当なものであれば，その内訳価格を会計処理に使うことができる。あらためて，契約全体の取引価格を独立販売価格によって配分する必要がなくなる。

②　独立販売価格の見積り

　1つの契約に複数の履行義務があるなら，それぞれの履行義務の独立販売価格の比率に基づいて契約全体の取引価格を配分する。独立販売価格が直接観察できるのなら，その価格を使えばよい。問題は，独立販売価格が直接観察できない場合だ。

　その場合は，市場の状況，企業固有の要因，顧客に関する情報など，合理的に入手できるすべての情報を考慮して，観察可能な入力数値をできる限り使って，独立販売価格を見積もることになる（会計基準69項）。

　適用指針によれば，見積方法として，3つの方法（調整後市場評価アプローチ，予想コストに利益相当額を加算するアプローチ，残余アプローチ）が例示されている（適用指針31項）。もちろん，この3つの見積方法に限定しているわけではない。ただし，性質が似たような財・サービスの独立販売価格を見積もるときは，同じ見積方法を一貫して適用する必要がある。したがって，その見積方法と適用対象については，ルールを定める必要がある（図表2-8-2）。

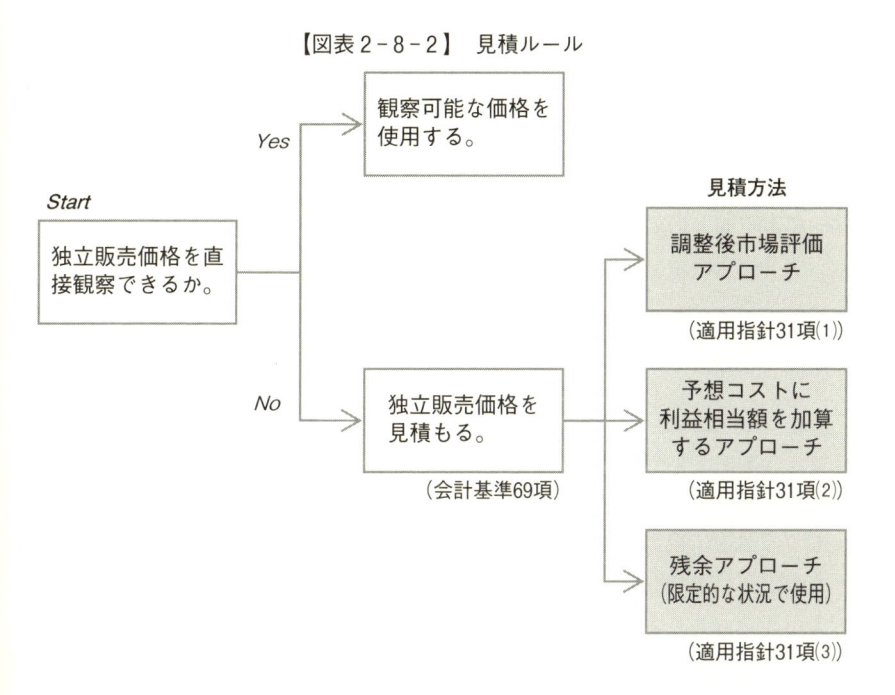

【図表 2-8-2】　見積ルール

③　見積業務プロセスの構築

　独立販売価格が直接観察できる場合でも，また，独立販売価格を見積もらなければならない場合であっても，独立販売価格の算定（もしくは見積り）にあたって，実際に収集した情報をすべて記録に残さなければならない。

　では，どうやって，この業務プロセスを構築するか。そのためには，必要な情報を定義することである。それは，以下のようなものである（IFRS 第15号 BC269項）。

　―合理的に入手可能なデータ要素

　　例：財・サービスの製造コストや提供のためにかかるコスト，利益，価格
　　　　表の裏づけになる文書，第三者価格や業界価格，契約や見積書に記載
　　　　されている価格

　―市場の状況

　　例：市場の需要動向，競合他社の状況，市場の制限，製品の認知度，市況
　—企業固有の要因
　　例：価格戦略や目標，市場シェア，契約に複数の財・サービスが含まれる
　　　　場合の価格づけの慣行
　—顧客や顧客層に関する情報
　　例：顧客の種類，地理的属性，販売チャネル

　収集すべき情報が決まれば，いつ（タイミング），どこから，どうやって入手し，どう分析し，どこに，どう保存するか，考える。これらをルールにまとめ，業務プロセスとして構築するのである。

④　モニタリング・プロセス

　1つの契約に複数の履行義務があって，内訳価格が設定されている場合でも，その内訳価格を独立販売価格に基づいて決めているかどうか，モニタリングするというプロセスも必要である。もちろん，これは内部統制という観点から行うものであって，すべての契約についてその内訳価格が妥当かどうか，確認するわけにはいかない。では，どうやってモニタリング・プロセスを構築すればよいだろうか。

　それには，モニタリングを効果的に行うために注目すべき2つの点を知る必要がある。1つ目は，"価格づけ"という点だ。会社の戦略として，価格の設定方針が打ち出されることがある。例えば，機器の販売を安くして，保守やメンテナンスでしっかりと利益を確保するといった方針である。こういう場合，機器と保守・メンテナンスの価格は，独立販売価格とは乖離する（可能性がある）。会社の戦略に注目することは，契約の内訳価格と独立販売価格の妥当性を検証する手がかりになる。

　1つひとつの取引においても，同じことが考えられる。新しい市場を開拓したり，新しい取引先と取引をしたりするとき，契約の内訳価格の設定が独立販売価格と異なる（ことがある）。この場合は，社内の意思決定プロセスに注目する。客先と取引価格やその内訳価格について交渉するならば，その裏で，価

格の設定について必ず承認プロセスがある。稟議書や上申書において，内訳価格が独立販売価格から大きく乖離するような事実が確認できるならば，この取引について適切に独立販売価格の算定（または見積り）を行っているかどうか確認することができる。

　2つ目は，"**利益**"という点だ。契約全体では利益が出ていても，その内訳価格をベースにコストを比較して，赤字の財・サービスがあれば，内訳価格の設定が独立販売価格と大きく乖離していないか，確認する余地がある。別に赤字だから問題だ，というつもりはない。企業によっては，ある財・サービスに限って生産性が他社と比べて相対的に低いことがある。大事なことは，"赤字"になる理由を確認することだ。それが，価格設定によるものであれば，独立販売価格に照らしてどうか，確認する余地はあるはずだ。

　契約の内訳価格の設定は，いろいろな要因によって決まる。これはしかたがないことである。問題なのは，その内訳価格を（何ら確認せずに）そのまま履行義務の価格として扱ってしまうことである。もともと，すべての財・サービスの内訳価格に独立販売価格があるというケースは少ない（だろう）。いかに適正に，そして効率的に，モニタリングを行えるようにするかが，新収益基準の業務対応では求められる。

(3)　システム対応（影響の程度：大きい）

　繰り返しになるが，1つの契約に複数の履行義務があっても，その内訳価格を独立販売価格に基づいて決めているならば，取引価格の配分についてシステム対応の必要はない。内訳価格に基づいて収益を計上し，また債権を管理する機能を持ったシステムがあれば十分である。

　だが，もし，独立販売価格が履行義務の内訳価格と異なるとしたら，どうなるだろうか。この場合は，契約全体の取引価格を独立販売価格の比率で配分するという機能が必要になる。

　もちろん，会計システムには，独立販売価格の投入口など存在しない。独立販売価格の比率で配分する機能を持ったしくみを会計システムとは別に作り込

むか，（件数が少ない場合は）エクセルやアクセスを使って対応するといった方法もあるだろう。

　なお，本書では，1つの契約に複数の履行義務が含まれる場合，客先に対する契約上の請求管理と会計上の債権管理を両立するために，請求管理システムというものを提案した（第3章参照）。**独立販売価格が履行義務の内訳価格と異なる場合は，このシステムに契約全体の取引価格を独立販売価格の比率で配分する機能を設ける必要がある**（図表2-8-3）。

【図表2-8-3】　システム対応の概要

	イメージ	概要
いままで		一部の基準を除いて，取引の会計処理単位への分割に関する一般的な定めはなく，また取引価格の配分についても一般的な定めはない。
これから	契約番号 X01 取引価格 XXX 履行義務番号 PO1　　履行義務番号 PO2 独立販売価格 XXX　　独立販売価格 XXX 配分された取引価格 XXX　　配分された取引価格 XXX 請求管理システム	履行義務に対して取引価格を配分するために，それぞれの財・サービスを独立に販売するとした場合の価格（独立販売価格）を入手する。また，独立販売価格の比でそれぞれの履行義務に取引価格が配分されるようにシステムを構築する必要がある。

論点9｜一定の期間にわたり充足される履行義務

　従来の日本基準でも，財・サービスについて一時点ではなく，一定の期間にわたり収益を認識することはある。ただ，新収益基準の導入で，この適用範囲が異なる可能性があり，その結果，収益の認識時期にも影響を与える（図表2-9-1）。

【図表2-9-1】　論点9への対応の概要

論点と関係する取引例 （意見募集文書15頁）	影響		対応の内容
	区分	程度	
一定期間にわたって継続的にサービスを提供する契約や一定期間で製品を製造する契約（例：輸送サービス，管理や事務代行等のサービス提供取引，ソフトウェア開発やビル建設等の長期の個別受注取引）	業務	△	（判断の業務） 進捗度を合理的に算定できるか，発生したコストが回収できるかどうかについてルールを整備し，判断の業務をプロセスに追加する。
	システム	△	（原価計算システム） 従前から，工事の進捗に合わせて原価を集計するシステムがある場合には，特段のシステム対応は必要ないと考える。

凡例（影響の程度）　◎：かなり大きい，○：大きい，△：少ない，×：ほとんどない

　例えば，工期が短い工事契約について，それぞれの契約ごとに工事予算や原価の管理を行っていないとしたら，どうだろうか。新収益基準の導入後は，これらの契約について，企業が財・サービスに対する支配を一定期間にわたって客先に移転するかどうか，（重要性にも留意しながら）個別に判断することになる（会計基準38項，適用指針95項）。この判断に必要なルールを定め，業務プロセスを追加する（図表2-9-2）。

【図表2-9-2】 業務ルールの設定

	イメージ	概要
いままで	工事契約 → 成果の確実性が認められる → Yes → 工事進行基準 / No → 工事完成基準	工事契約等に関して，工事の進捗部分について成果の確実性が認められない場合（工事収益総額，工事原価総額，決算日における工事進捗度を信頼性をもって見積もることができない場合）は，工事完成基準を適用する。
これから	工事契約 → 進捗度を合理的に算定できる → No → 発生したコストは回収できる → Yes → 原価回収基準 / No → 工事完成基準 ／ 進捗度を合理的に算定できる → Yes → 工事進行基準	履行の進捗度を合理的に測定することができないときであっても，工事原価を発生した期間に費用として認識しつつ，工事原価のうち回収可能性が高い部分についてのみ工事収益を計上する（原価回収基準）。

　従来は，一時点で収益を認識していたが，もし新収益基準の導入で，これらの契約を一定期間で収益認識することになったら，システム上の対応も必要になる。工事契約ごとに予算と実績を収集し，工事の進捗に応じて収益の認識ができるようにするためだ。

　工事の進捗に合わせて，収益を計上できるしくみがあるからといって，安心はできない。これからは，工事の進捗度を見積もることができなくても，工事原価を費用に計上する一方で，工事原価のうち回収可能性の高い部分について工事収益を計上することが求められる（原価回収基準：会計基準45項）。進捗度を合理的に測定できるようになったら，原価回収基準から通常どおり一定の期間にわたり充足される履行義務として，進捗度に基づいて収益認識することができるようにシステムの改修が必要になる。

論点10 本人か代理人かの検討

　新収益基準では，収益の金額を決定するために，客先への財・サービスの提供における企業の役割（本人か代理人か）を判断することが求められている。企業が自ら財・サービスを提供する（企業が本人）ならば，収益を総額で認識する。一方，企業が財・サービスを他の当事者によって提供されるように手配する（企業が代理人）であれば，純額で収益認識することになる（図表2-10-1）。

【図表2-10-1】　論点10への対応の概要

論点と関係する取引例 （意見募集文書15頁）	影響		対応の内容
	区分	程度	
企業間の取引を仲介するケース等 （例：卸売業における取引，小売業におけるいわゆる消化仕入や返品条件付買取仕入，メーカーの製造受託の取引や有償支給取引，電子商取引サイト運営に係る取引）	業務	△	（判断の業務） 顧客への財・サービスの提供における企業の役割（本人か代理人か）について判断ルールを整備し，必要な業務プロセスを追加する。 （業績評価ルール） 収益の経営指標としての位置づけや収益の金額を使って算定する業績指標（売上高利益率など）の管理のあり方についてルールを決める。
	システム	×	（会計システム） 会計システムまたはレポーティングシステムで損益計算書を出力している場合には，表示の変更への対応が必要になる。

凡例（影響の程度）　◎：かなり大きい，○：大きい，△：少ない，×：ほとんどない

百貨店や総合スーパーなどでは，商品の販売と同時に仕入先から商品を仕入れるという，消化仕入という取引形態がある。従来の日本基準の実務では，この取引の売上を総額で計上するケースと純額で計上するケースがあった。

新収益基準の導入後は，業務プロセスの観点からは，マーチャンダイジングに関与する度合い，価格の決定権，在庫リスクの負担などを考慮して，企業がこの商品を販売する前に支配している（企業が本人）かどうかを判断するルールを定める（図表2-10-2）。

【図表2-10-2】 業務ルールの変更

	イメージ	概要
い ま ま で	（総額処理） 収益を総額で表示する *or* （純額処理） 収益を純額で表示する	ソフトウェア取引を除き，収益に関連して売上と仕入を総額で表示するか純額で表示するかに関する一般的な定めはなく，企業や取引によって表示する収益の金額が異なる可能性がある。
こ れ か ら	（本人の場合） 取引 → 企業の役割（本人か代理人か） → 収益を総額で表示 → 収益を純額で表示 （代理人の場合）	顧客への財・サービスの提供における企業の役割（本人か代理人か）を判断する。企業の役割が自ら特定された財・サービスを提供する（企業が本人）場合は収益を総額で表示し，企業の役割が財・サービスを他の当事者によって提供されるように手配する（企業が代理人）場合は純額で表示する。

その結果，「企業が代理人」と判断したならば，経営管理上の観点から記帳上は従来どおり総額で処理したとしても，表示上で純額に修正する必要がある。もちろん，**その逆もある**。従来は，仕入元と卸売先の間に立って，仕入価格と

卸売価格の差額を手数料と計上していても，実質的に取引を支配しているとして「企業が本人」であると判断したら，表示上は総額に修正する。新収益基準の導入後は，システムの観点からは，会計システムまたはレポーティングシステムで損益計算書を出力している場合には，表示の変更への対応が必要になるだろう。

　もう1つ，気になるのが，経営上の業績管理という視点だ。従来は，総額で収益を認識している取引について，純額で認識することになれば，収益の金額が大きく減少するだけではない。収益の経営指標（例えば，売上高利益率など）の目標値の見直しや，経営指標自体を見直す必要が生じる。予算の設定や中期経営計画の策定にも影響する。

論点11 | 有償支給取引

　企業が，下請業者に加工する原材料等（支給品）を売却して，加工の終わった部品や半製品を再び下請けから買い取ることを有償支給取引という。新収益基準では，有償支給取引の会計上の処理について，企業が支給品を買い戻す義務を負っているかどうかで分けている（図表2-11-1）。

【図表2-11-1】　有償支給取引の会計上の取扱い

			取扱い	
			支給品	収益
買い戻す義務	負っている	原則	支給品の消滅を認識しない	収益を認識しない
		*できる	支給品の消滅を認識する	
	負っていない			

＊適用指針104項によると，「有償支給取引において，企業が支給品を買い戻す義務を負っている場合，企業は支給品の譲渡に係る収益を認識せず，当該支給品の消滅も認識しないこととなるが，個別財務諸表においては，支給品の譲渡時に当該支給品の消滅を認識することができる」とある。

　企業が支給品を買い戻す義務を負っていないならば，支給品の譲渡時に支給品の消滅を認識する。ただし，当該支給品の譲渡にあたって収益を認識しない。

一方，買い戻す義務を負っている場合は，支給品の消滅も収益も認識しない。なお，個別財務諸表に限って，支給品の消滅を認識することができるとされている（適用指針104項）。

　ここで気になるのが，支給品を支給したときの会計処理であるが，これについては（直接的な）規定もないし，設例もない。したがって，各企業は，新収益基準の考え方に留意したうえで，実態に合わせて対応することになる。

　なお，支給品を下請業者に支給する以上，支給品を買い戻す義務があろうとなかろうと，支給品に対する債権（未収入金）を管理する必要がある。「支給品に対する債権」の相手勘定＊も管理の対象だ。

>　＊　「収益認識に関する会計基準の適用指針（案）」（企業会計基準適用指針公開草案第61号平成29年7月20日）の設例32では，「有償支給取引に係る負債」とあった。

　また，支給品の買戻義務を負っていない場合には，支給品の消滅を認識する。もし，支給品の原価と下請けに販売する価格に差があるならば，この差額についても管理が必要だ。これらを業務・システムでどう対応するかが，有償支給取引の課題であろう。

論点12 | 開示への対応

　海外の IFRS 第15号の導入プロジェクトをみていると，開示の対応に多くの時間を使っている。IFRS 第15号では，収益の分解，契約残高，履行義務，重要な判断などに関する事項の注記が求められる。特に契約残高や残存履行義務に配分した取引価格などの一部の定量的な情報の注記は，導入後も実務上の負担となる可能性がある（図表 2-12-1）。

【図表 2-12-1】　IFRS 第15号における主な注記事項

	項　目	内　容
1	認識した収益の金額等	・顧客との契約から認識した収益 ・債権または契約資産について認識した減損損失
2	収益の分解	・顧客との契約から認識した収益を，性質，金額，時期および不確実性がどのように経済的要因の影響を受けるのかを描写する区分に分解する
3	契約残高	・顧客との契約から生じた債権，契約資産および契約負債の期首残高および期末残高 ・当報告期間に認識した収益のうち期首現在の契約負債残高に含まれていたもの ・当報告期間に，過去の期間に充足した履行義務から認識した収益，その他
4	履行義務	・企業が履行義務を充足する通常の時点 ・重大な支払条件，その他
5	残存履行義務に配分した取引価格	・報告期間末現在で未充足の履行義務に配分した取引価格の総額 ・上記の金額を企業がいつ収益として認識すると見込んでいるのかの説明，その他
6	重要な影響を与える判断	・収益の金額および時期の決定に重要な影響を与える判断および当該判断の変更

| 7 | 契約コスト | （新収益基準では適用範囲に含まれていないため省略） |

　そこで，新収益基準を早期適用する段階では，IFRS第15号の注記事項の有用性とコストの評価を十分に行うことができないという理由から，必要最低限の定めを除いて，基本的に注記事項は定めず，新収益基準の適用される時（2021年4月1日以後開始する連結会計年度および事業年度の期首）まで（準備期間を含む）に，注記事項の定めを検討することにしている（会計基準156項）。

　これは，**新収益基準の導入を進めるプロジェクト責任者の立場からみると，不安要素である**。"注記事項の定めがない"ということは，対応をまったくしなくてよいという意味ではない。少なくとも，「もし，IFRS第15号と同様の注記事項が求められることになったらどうなるのか」，「必要な業務・システム対応は」といったことを，"想定"しておく必要がある。

論点13 移行年度の対応

(1) 会計基準の概要

　新しい会計基準を適用するときは，過去のすべての期間に対してその基準を適用する。これによって，適用初年度だけでなく，その比較年度（適用初年度の前年度），さらには比較年度の期首剰余金までが，新しい会計基準に基づいて算定し直される。このことは，新収益基準の適用においても変わらない（会計基準84項）。新収益基準では，この方法を「原則的な取扱い」と呼んでいる。

① 84項ただし書きの方法

　原則的な取扱いがあるなら，"その他の扱い"もある。会計基準84項をみてみると，その下に「ただし」とある。それは，このようなものだ。

> ただし，適用初年度の期首より前に新たな会計方針を遡及適用した場合の適用初年度の累積的影響額を，適用初年度の期首の利益剰余金に加減し，当該期首残高から新たな会計方針を適用することができる。

　この規定の意味は，新収益基準を適用するときは，（過去のすべての期間に対してその基準を適用するが）比較年度の財務諸表について修正する必要はなく，その影響を適用初年度の期首利益剰余金に反映すればよいということだ。これを「84項ただし書きの方法」と呼ぶ。

　「84項ただし書きの方法」に従っても，過去のすべての期間に対して新収益基準を適用するから，適用初年度の期首剰余金は，「原則的な取扱い」の場合と一致する。しかし，比較年度の財務諸表について，新収益基準に基づいて修正する手間が省ける。

②　容認規定

実は,「原則的な取扱い」と「84項ただし書きの方法」には,それぞれ容認規定（できる規定）がある。会計基準85項(1)には,「原則的な取扱い」の容認規定の1つとして,次のように示している。

適用初年度の前連結会計年度及び前事業年度の期首より前までに従前の取扱いに従ってほとんどすべての収益の額を認識した契約について,適用初年度の前連結会計年度の連結財務諸表及び四半期（又は中間）連結財務諸表並びに適用初年度の前事業年度の個別財務諸表及び四半期（又は中間）個別財務諸表（以下合わせて「適用初年度の比較情報」という。）を遡及的に修正しないこと

この規定の狙いは,重要性の取扱いだろう。比較年度（適用初年度の前年度）よりも前に「ほとんど」収益を計上してしまったような取引は,いままで会計基準をそのまま適用してもよいというものである。

これと同じ趣旨の規定が,「84項ただし書きの方法」を採用する場合にもある。それは,このようなものだ（会計基準86項）。

第84項ただし書きの方法を選択する場合,適用初年度の期首より前までに従前の取扱いに従ってほとんどすべての収益の額を認識した契約に,新たな会計方針を遡及適用しないことができる。

これは,「84項ただし書きの方法」を採用する場合でも,適用初年度よりも前に「ほとんど」収益を計上してしまったような取引については,いままで会計基準をそのまま適用してもよいということである。

つまり,「原則的な取扱い」と「84項ただし書きの方法」のどちらを採用する場合でも,重要性の観点から同様の趣旨の扱いが認められている。この4つの規定の関係を視覚的に示すと,図表2-13-1のようになる。

【図表2-13-1】 4つの規定の関係

		容認規定	
		選択しない	選択する
84項ただし書きの方法	選択しない	**ケース1** 「原則的な取扱い」	**ケース2** 「原則的な取扱い」 ＋ 「85項⑴容認規定」
	選択する	**ケース3** 「84項ただし書きの方法」	**ケース4** 「84項ただし書きの方法」 ＋ 「86項容認規定」

⑵ 新収益基準の導入上の対応

　では，新収益基準の適用にあたって，これらの規定にどう対応すればよいだろうか。このことを考える前に，いま一度，規定の選択によって生じる違いを，"数値"で確認してみよう。

設例

　A社では，客先に対してライセンスの供与を行っている。従来は，ライセンス契約に基づき，ライセンス期間にわたって収益を計上していた。新収益基準にあたって，このライセンスを供与する約束の性質が，（企業の知的財産にアクセスする権利ではなく）企業の知的財産を使用する権利だと判断し，一時点で充足される履行義務として処理することにした。

　過去にライセンス契約を締結し，現在もライセンス期間にわたって収益計上を行っているものが1件あった。このライセンス期間は23年間であり，過去（比較年度より以前）に20年間にわたって，毎年10円の収益を計上している。なお，本

> 設例では，このライセンス契約を「ほとんどすべての収益の額を認識した契約」
> として扱う。

設例に基づいて考えると，このライセンス契約に関わる期首剰余金と収益は
どうなるだろうか。

①　従来の扱い

設例によると，比較年度の前年度までの20年間にわたって，ライセンス契約
に基づく収益を毎年10円計上していることから，期首剰余金は200円である。
比較年度と適用初年度も，従来と同じく収益を10円計上する。

②　ケース 1 （原則的な取扱い）

「原則的な取扱い」では，過去のすべての期間に対して新収益基準を適用す
る。このライセンスを供与する約束の性質が一時点で充足される履行義務とし
て処理するから，230円の収益はライセンス契約を締結したときに計上する。
したがって，比較年度の期首剰余金は230円となり，収益の認識は行わない。

③　ケース 2 （原則的な取扱い＋85項(1)の容認規定）

「原則的な取扱い」を採用する場合でも，設例のライセンス契約について会
計基準85項(1)の容認規定を適用する時は，従来の扱いと同じ結果（期首剰余金
は200円，比較年度と適用初年度も，従来と同じく収益を10円計上する）にな
る。

④　ケース 3 （84項ただし書きの方法）

「84項ただし書きの方法」では，（過去のすべての期間に対して新収益基準を
適用するが）比較年度の財務諸表は修正しない。このライセンスを供与する約
束の性質が一時点で充足される履行義務として処理するから，230円の収益は

ライセンス契約を締結したときに計上するが，比較年度の財務諸表は修正しないので，期首剰余金は200円，収益は10円のままである。一方，適用初年度の財務諸表は，過去のすべての期間に対して新収益基準を適用したうえで作成するので，期首剰余金は230円となり，収益の認識は行わない。

⑤ **ケース4（84項ただし書きの方法＋86項の容認規定）**

「84項ただし書きの方法」を採用する場合でも，設例のライセンス契約について会計基準86項の容認規定を適用する時は，従来の扱いと同じ結果（期首剰余金は200円，比較年度と適用初年度も，従来と同じく収益を10円計上する）になる。

以上の結果を一覧表にまとめると，図表2-13-2のようになる。

【図表2-13-2】　数値の比較

	比較年度（前年度）		適用初年度（当年度）	
	期首剰余金	収益	期首剰余金	収益
従来	200	10	210	10
ケース1	230	0	230	0
ケース2	200	10	210	10
ケース3	200	10	230（＋20）	0
ケース4	200	10	210	10

(3)　対応の考え方

　適正な財務諸表の作成という観点からは，「原則的な取扱い」（ケース1）が望ましいのは明白である。

　「84項ただし書きの方法」（ケース3）を採用するメリットは，比較年度の財務諸表について修正する（新収益基準に基づいて作成し直す）必要はないという点だ。過去のすべての期間に対してその基準を適用するのは，「原則的な取扱い」と変わらない。

　一方で，「84項ただし書きの方法」を採用する場合にも注意が必要だ。新収益基準の導入で，もし，（一定の期間にわたり充足される履行義務から）一時点で充足される履行義務として処理した取引に重要性があるなら，適用初年度と比較年度の収益の比較が難しくなる（可能性がある）。

　それでは，容認規定（ケース2やケース4）はどうだろう。もともと，「ほとんど」収益を計上してしまったような取引だから，いままで会計基準をそのまま適用して，期首剰余金に与えるインパクトは少ないともいえる。ただ，このような取引がたくさんあって，合計するとそれなりに重要性があるなら，やはり適用初年度と比較年度の収益の比較が難しくなる（可能性がある）。

　また，容認規定を適用するならば，首尾一貫して適用する。「ほとんど」収益を計上してしまったような取引とはどういうものか，具体的な判断基準を設定する必要があるだろう。

　企業によって，置かれている状況はさまざまである。財務諸表の作成に対する基本的な姿勢，適用初年度と比較年度の収益の状況，取引の件数，比較年度の財務諸表を修正する手間，具体的な判断基準の設定と該当する取引の抽出の手間などを考慮して，どう対応すべきか，決めることになると考える。

＊ ＊ ＊ ＊

　繰り返す。本章の目的は，新収益基準の導入にあたり，業務・システム対応をどう進めるべきか，留意すべき点は何か，を明らかにすることにある。そして，実際にどう対応するかは，4つのステップ（①会計基準を理解する，②企

業に与える影響を考える，③実現方法を考える，④検討方法を考える）で検討する。

　新収益基準の適用によって，企業に与えるインパクトは大きい。それは，単に，会計ルールや会計処理の変更だけではない。もっと広く，深く，大きなものである。業務プロセスの見直し，システムの構築，経営管理のあり方にも影響するかもしれない。

　私たちが考えるべきことは，この基準の導入のインパクトを過小評価しないことだ。4つのステップで，基準がもたらす業務とシステムに与えるインパクトを冷静に分析し，何に対処すべきか，何に対処すべきでないか見極めることが大切である。

第3章

請求管理と債権管理の
考え方と対応

【サマリ】
　新収益基準の導入で，従来，契約単位で売上計上をしていたものを，異なる「単位」，「金額」，「タイミング」で売上計上するならば，会計上の債権管理は契約上の請求管理と一致しなくなる。では，どうすればよいのか。
　本章では，その解決策として，請求管理システムを提案する。従来の契約単位での請求管理を行いつつ，履行義務単位で，売掛金，契約資産および契約負債の計上，振替え，消込み，回収可能性の評価をシステムで行うのである。

1 パラレル・アカウンティング

(1) 大きなインパクト

新たなパラレル・アカウンティングが必要になる。これが，新収益基準導入の最も大きなインパクトである。

パラレル・アカウンティングとは，一般的に2つの会計基準に基づいて，それぞれの会計帳簿に記録を残すというものだ。IFRS導入企業が，単体の会計帳簿をIFRSと日本基準の両方で作成するというのが，その典型例である。

しかし，本書でいう新たなパラレル・アカウンティングは，一般的なそれとは異なる目的で行うものだ。新収益基準への対応のためのパラレル・アカウンティングは，2つの会計基準に対応するためではない。

これから導入される新収益基準は，日本基準である。日本基準に基づいて売上を計上するだけであれば，パラレル・アカウンティングは必要ない。現在の会計処理を新収益基準に切り替えればよい。シングル・アカウンティングで十分である。

では，なぜパラレル・アカウンティングなのか。それは，"管理"で必要になるからだ。契約上の請求権を管理するなら，従来どおり契約に基づいて行う必要がある。**新収益基準の導入で，履行義務ごとに収益を認識するように変わっても，従来どおり契約上の債権について把握する必要がある（残る）。契約上の請求管理と新収益基準による会計上の債権管理の間に違いが生じるため，いずれもそれぞれ行うことになる。2つの管理を行うことができるように記帳するという意味において，**パラレル・アカウンティングが必要なのである。

① 会計上の債権管理が変わる

ここで，少し言葉を定義しておこう。まず，「会計上の債権管理」だ。これは，会計上で計上した売掛金（以降，本書では会計基準12項の「債権」を「売

掛金」と表記する）と契約資産，そして契約負債の管理を指す。つまり，売掛金，契約資産および契約負債の計上，振替え，消込み，回収可能性の評価である。そしてこれは，履行義務単位で行う。

　一方，「契約上の請求管理」とは，顧客に対する契約上の請求権の管理のことである。契約に基づいて客先に対して請求している金額がいくらあるか，また回収した金額はいくらで，前受けはいくらあるか。これらを契約単位で把握することである。新収益基準では，履行義務の単位で売上を認識し，売掛金や契約資産を計上する。だが，契約の定めに従って，顧客に対して代金を請求し回収することは変わらない。

　新収益基準の導入で，従来，契約単位で売上計上をしていたものを，異なる「単位」，「金額」，「タイミング」で売上計上するならば，会計上の債権管理は契約上の請求管理と一致しなくなる。

②　ビジネスを変える

　もちろん，会計上の債権管理と契約上の請求管理が必ず一致しないというわけではない。1つの契約に1つの履行義務しかない場合，契約の単位と履行義務単位は一致する。当然，会計上の債権管理と契約上の請求管理も一致する。

　であるならば，契約の内容を見直すというのも1つの解決策である。例えば，1つの契約に2つの履行義務があるなら，これを履行義務の単位に合わせて契約内容を見直すのである。1つの契約に対して1つの履行義務となるように契約内容を見直せば，めんどうな対応はなくなるはずだ。図表3-1-1をご覧いただきたい。

【図表3-1-1】 契約の検討ステップ

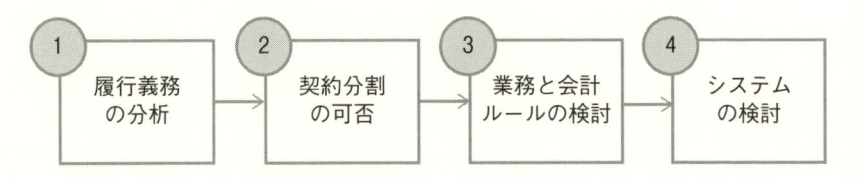

4つのステップは，新収益基準の導入にあたって，契約を検討するときの順番である。2番目に「契約分割の可否」というものが入っていることに注目いただきたい。履行義務の分析を行い，1つの契約に2つ以上の履行義務があったら，それをそのままシステム化する方法を考えるのではなく，その前に契約を分割できるかどうか検討する。1つの契約に2つ以上の履行義務が含まれる原因が，業界の慣行であったり，特別な理由もなく過去から行ってきたものであったりするならば，新収益基準の導入を機に，これを見直す余地もあるはずだ。

むしろ，そのほうが，ずっと簡単だし，効率的である。新収益基準の対応として，コストも抑えられるし，明快である。

③ 会計基準は手段

会計基準というものは，企業の実態を表現する道具（手段）である。そもそも，会計基準に合わせてビジネスを見直すという発想は“本末転倒”である。だが，新たな会計基準の導入によって業務の負担が増えるなら，なぜ，そうなるのか考えてみることも必要だ。

新たな会計基準の設定が行われるのには，何かの理由がある。いまの基準では企業の経営実態をうまく表現できないのかもしれない。もしかすると，企業が管理して開示すべき情報が不足しているのかもしれない。なぜ，企業会計が求める情報をすみやかに社会に提供できないのか。その反省を行うことで，企業の情報システムというものは発展していく。

新しい会計基準の適用によって業務が著しく増えるのはおかしい。しかし，

増える原因が，企業が自ら改善できるものであるならば，新しい会計基準の導入を機に，ビジネスのあり方を見直してみる。

　企業のパフォーマンスをより適切に表現するために，会計基準はある。業務プロセスの変更やシステムの構築にコストをかけることが目的ではない。新収益基準の対応は，現行のビジネスを変えるきっかけである。そう認識することが，真っ当な対応を行うためには大切である。

(2)　設例で考える

　「会計上の債権管理は契約上の請求管理と一致しなくなる」とはどういうことか。まだ，ピンとこないかもしれない。そこで，ここでは設例を使って説明をしてみたい。設例は3つだ。

　3つの設例に共通する点が，1つの契約に2つの履行義務が含まれるということだ。一方の履行義務は財の販売で，もう一方の履行義務はサービスの提供である。財の販売は，一時点で収益を認識するが，サービスの提供は，一定の期間で収益を認識するという設定である（図表3-1-2）。

【図表3-1-2】　3つの設例

		無条件の請求権を有するタイミング	
		履行義務Aの提供完了時	履行義務Bの提供完了時
前受金の取り決め	なし	設例1	設例2
	あり		設例3

　設例の違いの1つは，「無条件の請求権を有するタイミング」である。この「無条件」とは，対価を受け取る期限が到来する前に必要となるのが時の経過のみであるものをいう（会計基準150項）。対価に対する企業の権利が無条件であれば，「債権」だし，そうでなければ「契約資産」である。債権と契約資産

のどちらを認識するかを決めるうえで，企業が無条件の請求権を有するタイミングが重要になる。

　では，無条件の請求権を有するタイミングというのは"いつ"なのか。会計基準によれば，通常は，履行義務を充足して客先に請求した時だ。客先に対して約束を果たし，請求できる状態になった時に，対価に対する法的な請求権を得る（会計基準150項）。

　一方で，注意も必要である。それが2つ目の条件だ。それは「前受金」の取り決めである。この前受金とは，契約に定められた顧客の"前払い"のことだ。例えば，工事契約で，着手時に取引価格の3分の1を支払うとすれば，これが前受金である。だから，前受けの請求をしても，「対価に対する条件が無条件になる」とは限らない。履行義務を充足していなければ，客先に対して「支払スケジュールを通知する」といった程度の意味でしかない。しかし，（この契約が解約不能であれば）この前受金の取り決めがあるかないかで，会計処理は大きく変わる。このため，「前受金」という条件を設定した。

　それでは，さっそく設例をみてみよう。

(3)　設例1：履行義務を管理する

　設例1は，契約に履行義務AとBがあり，最初の履行義務の提供が完了したタイミングで顧客に対して売上代金を請求するというものである。

設例1

　1つの契約（100円）に2つの履行義務（財の販売Aとその後のサービスの提供B。ステップ4の配分後の金額は，Aが80円，Bは20円と仮定）が含まれている。現行実務では，履行義務Aの提供が完了した4月30日に売上100円を計上している。同日に代金を請求し，予定どおり5月31日に入金があった。なお，履行義務Bは履行義務Aの提供後2か月にわたり提供され，6月30日に提供を完了した。

　さて，会計上の債権管理と契約上の請求管理はどうなるだろうか。新収益基準の導入前（いままで）と新収益基準の導入後（これから）を比較してみよう。

①　いままで

　客先に対する請求や入金の確認など契約上の請求管理は，契約の定めに従って行う。設例1の場合でいうと，4月30日に売上代金として100円を請求した時から契約上の請求管理が始まる。対価に対する法的な請求権が生じるのはこのときだ。そして，この契約上の請求管理は100円を回収した時（5月31日）に終わる。

　それでは，会計上の債権管理はどうだろうか。これも，契約の単位で売上を認識しているならば，請求額と同じ売掛金100円の計上で始まり，5月31日の売掛金100円の消込みで終了する。つまり，契約上の請求管理と会計上の債権管理で扱う金額とタイミングに違いはない（図表3-1-3）。

【図表3-1-3】　設例1におけるいままでの管理

	項目	契約上の請求管理		会計上の債権管理
1	4/30	売上代金100円請求	=	売掛金100円計上
2	5/31	売上代金100円入金	=	売掛金100円消込み
3	6/30	なし	=	なし

②　これから

i　履行義務Aの売掛金80円の管理：4月30日

　新収益基準を導入すると，何が起きるだろうか。4月30日に履行義務Aの提供が完了すると，売掛金が80円計上される。会計上の債権管理がスタートする。

　一方で，契約上の請求管理は，従来どおり行う。契約の内容に違いはないからだ。設例1の場合，4月30日に請求した100円が契約どおり5月31日に入金されるかどうかを管理する。

　ところが，契約上の請求管理の対象であるこの100円は，会計帳簿には記帳

されない。4月30日に計上したのは，履行義務Aの売上に対する売掛金80円だからである。

ii 履行義務Bの売掛金10円の管理：5月1日〜5月31日

　履行義務Bは，サービスの提供であるため，企業がサービスを提供するにつれて，売上が徐々に計上される。このようなケース（履行義務を充足するときに，対価を受領する権利がまだ無条件でない場合）では，売上の相手勘定は「契約資産」である。だが，今回はすでに4月30日に客先に対して対価を請求している。だから，ここは収益の認識と同時に確定債権である売掛金を認識する必要がある。つまり，5月1日から5月31日にかけて，売上と売掛金がそれぞれ10円計上される。会計上の債権管理の対象が10円増加するわけだ。一方で，契約上の債権管理に動きはない。

　余談ではあるが，売掛金か契約資産かというような細かな勘定科目の選択は，ダイレクトに業務プロセスとシステムに影響する。企業の会計ルールを見直さず，伝票を起票する担当者がそれぞれ勝手に判断をすれば，ミスが発生する。たとえルールを決めても，システム化に失敗すれば，経理業務は爆発的に膨らむだろう。企業の契約実態に合わせて，会計ルールを見直し，業務プロセスとシステムを見直す必要がある。この点については，またあとで詳しく解説することにしよう。

iii 契約負債10円の管理開始：5月31日

　5月31日に客先から売上代金の100円が振り込まれた。計上しているのは履行義務Aの売掛金80円と履行義務Bの売掛金10円だから，これを超える部分は前受金（以降は，説明にあたって前受金を「契約負債」と表記する）である。会計上の債権管理としては，売掛金80円と売掛金10円の管理は終わったが，マイナスの債権である契約負債10円の管理が始まる。

　一方で，契約上の請求管理はどうだろう。4月30日に請求した100円は5月31日に全額回収できている。これ以上，客先に対して請求するものはない。し

たがって，契約上の請求管理はここで終わる。

iv　履行義務Ｂの売掛金10円の管理：6月1日〜6月30日

　ここは，ⅱと同じ説明になる。6月1日から6月30日にかけて，売上と売掛金がそれぞれ10円計上される。これに伴い，会計上の債権管理の対象は10円増加する。

　なお，会計上の仕訳としては，売掛金を計上せずに契約負債を直接取り崩すという考え方もあるだろう。仕訳で書けば，「（借方）契約負債10円（貸方）売上10円」である。この場合，ⅴの契約負債の取崩しと売掛金の消込みという処理はなくなる。会計上の債権管理は，契約負債の取崩しで終わる。

ⅴ　契約負債10円の管理終了：6月30日

　6月30日には，一定の期間にわたって提供してきた履行義務Ｂの提供が完了する。売上代金は5月31日にすでにもらっており，契約負債10円が計上されている。これを取り崩し，ⅳで計上した売掛金10円を消し込む。これで，ようやく会計上の債権管理は終了する。

　なお，契約上の請求管理はすでに5月31日に終了しているので，行うことは何もない。

＊＊＊＊

　このように，いままでは契約上の請求管理と会計上の債権管理は一致していた。だが，契約単位と履行義務の単位が異なると，契約上の請求管理と会計上の債権管理で扱う金額とタイミングが違ってくるのである（**図表3-1-4**）。

【図表3-1-4】 設例1におけるこれからの管理

	項目	契約上の請求管理		会計上の債権管理
1	4/30	売上代金100円請求	≠	売掛金80円計上
2	5/1〜5/31	なし	≠	売掛金10円計上
3	5/31	売上代金100円入金	≠	売掛金90円消込み 契約負債10円計上
4	6/1〜6/30	なし	≠	売掛金10円計上
5	6/30	なし	≠	売掛金10円消込み 契約負債10円取崩し

③ 視覚的に比較する

契約上の請求管理と会計上の債権管理の違いは，管理の対象となる金額の違い，そしてこの金額の違いが，管理のタイミングの違いにつながっている。では，この違いを視覚的に示してみよう。図表3-1-5をご覧いただきたい。

【図表3-1-5】 管理の対象を視覚的に示す

		イメージ					概要
いままで	（会計上の債権管理）						4月30日に請求を行い，売掛金を計上すると，5月31日の入金までの1か月間，契約上の請求管理と会計上の債権管理を行う。
	項目	4/30	5/31	6/30	7/31		
	契約	売掛金100					
	（契約上の請求管理）						
	請求	売上代金100					

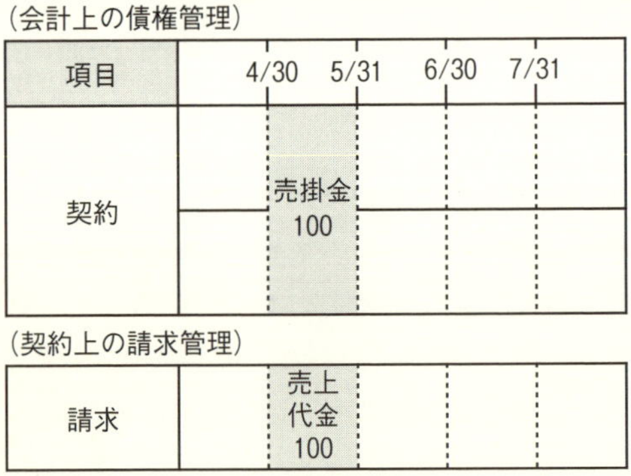

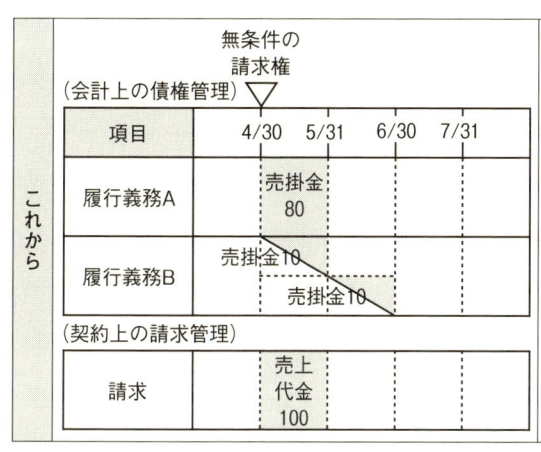

"いままで"では，売掛金と売上代金が同じ期間（4月30日から5月31日）に存在している。契約上の請求管理と会計上の債権管理が一致していたことがわかる。

"これから"はどうなるだろうか。契約上の請求管理の図表はまったく同じである。だが，会計上の債権管理の対象である売掛金は違う。履行義務ごとに発生する金額もタイミングも異なる。これが，契約上の請求管理と会計上の債権管理が一致しなくなる原因である。

(4)　設例2：契約資産を管理する

設例1は，契約に履行義務AとBがあり，履行義務Aの提供が完了した4月30日に売上代金を請求するというものであった。それでは，履行義務Bの提供の完了が，売上代金の支払条件だとしたら，どうなるだろうか。このことを簡単な設例で考えてみよう。

設例2

1つの契約（100円）に2つの履行義務（財の販売Aとその後のサービスの提供B。ステップ4の配分後の金額は，Aが60円，Bは40円と仮定）が含まれてい

> る。現行実務では，履行義務Aは4月30日に提供を完了し，履行義務Bの提供が完了した6月30日に売上100円を計上している（履行義務が完了するまで契約全体の代金を客先に請求できないため）。6月30日に代金を請求し，予定どおり7月31日に入金があった。

　さて，会計上の債権管理と契約上の請求管理はどうなるだろうか。新収益基準の導入前（いままで）と新収益基準の導入後（これから）を比較してみよう。

①　いままで

　契約上の請求管理は，契約の定めに従って行う。設例2の場合でいうと，6月30日に100円を売上代金として請求した時から契約上の請求管理が始まる。それでは，会計上の債権管理はどうだろうか。4月30日に履行義務Aの提供は行われているが，6月29日までは会計処理を行わない。履行義務Bの提供が完了するまで契約全体の代金を客先に請求できないからである。履行義務Bの売上は6月30日に計上するから，これが会計上の債権管理の始まりである。これは契約上の請求管理と一致する。

　7月31日に客先から売上代金が支払われると，売掛金の消込みが行われ，会計上の債権管理は終わる。契約上の請求管理も，これをもって終了する。つまり，設例2では，契約上の請求管理と会計上の債権管理に違いは生じない（図表3-1-6）。

【図表3-1-6】　設例2におけるいままでの管理

	項目	契約上の請求管理		会計上の債権管理
1	4/30	なし	≒	なし
2	6/30	売上代金100円請求	≒	売掛金100円計上
3	7/31	売上代金100円入金	≒	売掛金100円消込み

②　これから

i　契約資産60円の管理：4月30日

　新収益基準を導入すると，どう変わるだろうか。4月30日に履行義務Aの提供が完了しても，客先にはまだ請求できない。契約によると，履行義務Bの提供が完了するまで客先に請求できないからだ。契約上の請求管理はまだ始まらないのである。

　一方，新収益基準のもとでは，履行義務Aの提供が行われた段階で売上60円を計上する。この場合，代金の支払に期限以外の条件（設例2の場合だと，履行義務Bの提供）がついているから，この売上の相手勘定は「売掛金」ではなく「契約資産」である。会計上の債権管理はこの時から始まる。

ii　契約資産の管理：5月1日〜6月30日

　履行義務Bは，サービスの提供であるため，企業がサービスを提供するにつれて，売上が徐々に計上される。履行義務Bについても，客先に対して代金を請求することはできない。したがって，売上の相手勘定は契約資産である。つまり，5月1日から6月30日にかけて，売上と契約資産がそれぞれ40円計上される。

iii　売掛金100円の管理：6月30日

　それでは，履行義務Bの提供が完了する6月30日はどうだろうか。契約に基づいて客先に代金100円を請求する。ここで，ようやく契約上の請求管理が始まる。

　この100円という金額には，履行義務Aの売上60円と履行義務Bの売上40円が含まれている。これらは契約資産としてすでに計上しているが，履行義務Bの提供完了によって，代金の支払条件は「期限」だけになった。会計上は，契約資産を売掛金に振り替える。これも会計上の債権管理の1つである。

iv　売掛金100円の管理終了：7月31日

　7月31日はどうなるだろうか。6月30日に請求した100円が7月31日に全額回収できたのであるから，契約上の請求管理は終了する。会計上の債権管理はどうか。こちらも，売掛金100円を消し込むことで終了である。代金100円の入金という点において，契約上の請求管理と会計上の債権管理に違いはない。

　なお，細かいことではあるが，入金の消込みの単位という点で考えると，契約上の請求管理と会計上の債権管理は違ってくる。契約上の請求管理では100円という単位で管理すれば十分であるが，会計上の債権管理は違う。履行義務Aは60円，履行義務Bは40円という具合に，履行義務単位で管理する必要があるからだ。そうしないと，客先から（一部）入金があっても，どの履行義務に対する入金が完了したかわからなくなる。契約単位と履行義務の単位が異なると，やはり契約上の請求管理と会計上の債権管理で扱う金額（の細かさ）に違いが生じる。この点については，このあとでまた詳しく解説しよう。

　いずれにせよ，新収益基準の導入後は，会計上の債権管理として，契約資産を計上し，代金の支払について「期限」以外の条件がなくなった段階で契約資産を消し込み，売掛金に振り替えるという手間（管理）が新たに増える。これには，注意が必要である（図表3-1-7）。

【図表3-1-7】　設例2におけるこれからの管理

	項目	契約上の請求管理		会計上の債権管理
1	4/30	なし	≠	契約資産60円計上
2	5/1～6/30	なし	≠	契約資産40円計上
3	6/30	売上代金100円請求	≠	契約資産100円取崩し 売掛金100円計上
4	7/31	売上代金100円入金	＝	売掛金100円消込み

③　視覚的に比較する

　契約上の請求管理と会計上の債権管理の違いは，管理の対象となる金額の違

い，そしてこれが管理のタイミングの違いにつながっている。この点について視覚的に確認してみよう。図表3-1-8をご覧いただきたい。

【図表3-1-8】　管理の対象を視覚的に示す

	イメージ	概要
いままで	**（会計上の債権管理）** 	項目	4/30	5/31	6/30	7/31
契約			売掛金 100	| **（契約上の請求管理）** | 請求			売上 代金 100			6月30日に請求を行い，売掛金を計上すると，7月31日の入金までの1か月間，契約上の請求管理と会計上の債権管理を行う。
これから	無条件の 請求権　▽ **（会計上の債権管理）** 	項目	4/30	5/31	6/30	7/31
履行義務A	契約資産 60	売掛金 100
履行義務B	契約資産 20	契約資産 20	 **（契約上の請求管理）** 	請求			売上 代金 100			履行義務Aの60円と（時の経過に応じて認識された）履行義務Bの40円の2つの会計上の債権管理を行う。6月30日に客先に売上代金100円を請求したところで，会計上も契約資産から売掛金に振り替えて管理を行う。なお，契約上の請求管理はいままでと変わりはない。

　"いままで"では，売掛金と売上代金が同じ期間（6月30日から7月31日）に存在している。契約上の請求管理と会計上の債権管理が一致していたことがわかる。

　"これから"はどうなるだろうか。契約上の請求管理の図表は「いままで」

とまったく同じである。だが，会計上の債権管理は変わる。4月30日から6月30日まで契約資産が発生し，客先に請求した後は，これを売掛金に振り替えて管理する。これが，契約上の請求管理と会計上の債権管理が一致しなくなる原因である。

(5) 設例3：契約負債も管理する

契約の内容によっては，いわゆる"前払い"として，履行義務の提供の前に客先からの支払が行われるということがある。このような場合，問題となるのが，履行義務と前受金の関係だ。客先からの支払を，すでに履行義務を充足しているものから回収したとみなすか，それとも違う想定をするのか，あらかじめ考えておく必要があるからだ。そして，もう1つ。もし，客先がこの代金の支払を怠ったら，会計上の債権管理はとても複雑になるという点である。

このことを簡単な設例で考えてみよう。設例3は，契約に履行義務AとBがあり，履行義務Bの提供が完了した6月30日に売上代金を請求するという点では設例2と同じである。ただし，前受金として4月30日に請求ができる条件がついている。さて，どうなるだろうか。

設例3

1つの契約（100円）に2つの履行義務（財の販売Aとその後のサービスの提供B。ステップ4の配分後の金額は，Aが40円，Bは60円と仮定）が含まれている。現行実務では，履行義務Aは4月30日に提供を完了し，履行義務Bの提供が完了した6月30日に売上100円を計上している（履行義務が完了するまで契約全体の代金を客先に請求できないため）。なお代金は，5月31日に80円前受けし，7月31日に残金20円を受け取る契約だったが，客先からの支払はすべて遅れている。契約どおりに履行できない場合を除いて，客先はこの契約を解約する権利を有していない。

それでは，会計上の債権管理と契約上の請求管理について，新収益基準の導

入前（いままで）と新収益基準の導入後（これから）を比較してみよう。

①　いままで

　契約上の請求管理は，契約の定めに従って行う。設例3の場合で考えると，5月31日に前受80円を受け取るために，4月30日に請求する。ところが，5月31日に入金がない。客先からの入金遅れに対して督促を行う。また，6月30日に履行義務Bの提供が完了したところで，客先に対して残金20円を請求する。

　会計上の債権管理はどうだろうか。5月31日に前受けの入金がないので会計処理を行わない。このため，会計上の債権管理は始まらない。6月30日に履行義務Bの提供が完了したところで，売掛金100円を計上することになるから，ここでようやく会計上の債権管理が始まる（図表3-1-9）。

【図表3-1-9】　設例3におけるいままでの管理

	項目	契約上の請求管理	会計上の債権管理
1	4/30	前受80円請求	なし
2	5/31	入金なし	なし
3	6/30	残金20円請求	売掛金100円計上

②　これから

ⅰ　履行義務Aの契約資産40円の管理：4月30日

　契約上の請求管理としては，4月30日に前受80円の請求を行う。5月31日が入金期日である。これはいままでと変わらない。

　一方，会計上の債権管理はどうだろうか。履行義務Aの提供が行われた段階で売上40円を計上する。この場合，代金の支払に期限以外の条件（設例3の場合だと，履行義務Bの提供）がついているから，この売上の相手勘定は「売掛金」ではなく「契約資産」である。会計上の債権管理はこの時から始まる。

ii 履行義務Bの契約資産30円の管理：5月1日〜5月31日

履行義務Bは，サービスの提供であるため，企業がサービスを提供するにつれて，売上が徐々に計上される。つまり，5月1日から5月31日にかけて，売上と契約資産がそれぞれ30円計上される。

細かい点だが，重要なことので，説明を加えよう。今回のケース（設例3）では，5月1日から31日まで提供された履行義務Bの売上の相手勘定を「契約資産」とした。「設例1では『売掛金』だったのに，なぜ？」と思う方もいるだろう。確かに，設例1では「すでに4月30日に客先に対して対価を請求している」という理由で，本来は「契約資産」とすべきところを「売掛金」で処理している。

だが，今回は違う。履行義務Bという同じサービスの提供形態ではあるが，4月30日に行ったのは前受けの請求であり，提供した履行義務に関する無条件の請求権ではない。したがって，本来どおり「契約資産」で処理する必要があるのだ。

同じサービスの提供形態であっても，代金の支払に期限以外の条件がついているかどうかで，使う勘定科目は変わる。前受けを請求しているからといって，無条件の請求権があると決めつけてはいけない。

新収益基準を導入する際は，こういった点についても，自社が作成する契約文書をしっかりチェックする。そのうえで，実態に合わせて会計ルールを見直し，会計上の債権管理を行っていく必要があるのだ。

iii 売掛金，未収入金および契約負債の管理：5月31日

5月31日は，4月30日に請求した前受80円の入金日である。ところが，客先からの入金はない。契約上の請求管理としては，いままでと同じく，客先に80円を督促する。

会計上の債権管理を考えてみよう。いままでの日本基準では，財やサービスを提供する前に代金の支払期日が到来しても，客先から支払がない場合，資産（売掛金）と負債（前受金）は計上されない。ところが，新収益基準では，客

先から入金があるかどうかにかかわらず，入金期日が到来したら契約負債が計上される（会計基準11項）。

　設例3の場合，5月31日は未入金ではあるが，入金期日が到来している。この時点で履行義務Bについて30円の契約資産を計上しているため，履行義務Aの40円と合わせた契約資産70円を取り崩し，売掛金70円，未収入金10円と契約負債10円を計上する。

　この未収入金10円について，もう少し詳しく説明する。5月31日に前受80円を受け取る期日が到来したのだが，この80円のうち履行義務をすでに提供したのは70円（履行義務Aの40円と履行義務Bの30円）である。残り10円についてはまだ売上を計上していない。となると，この10円の性格は売上に対する債権（売掛金）というより，前受けの請求権である。このため，内部管理目的として5月31日は，前受80円に対して，売掛金70円と未収入金10円を分けて管理しているのである。ちなみに，財務諸表上は，売掛金も未収入金もともに「債権」として表示される。

　また，（客先からの前受けの入金がこのまま遅れても）履行義務Bの提供が進めば，この未収入金は売掛金に振り替えられる。提供した履行義務の対価について無条件の請求権を持つことになったからだ。この点については，このあとで，また説明しよう。いずれにせよ，前受けの相手勘定が売掛金となるか，未収入金となるかは，すでに提供した履行義務との関係によって決まる。この点に注意して，しっかり分けて管理する必要がある。

　さて，もう1つ大きな問題がある。前受部分を履行義務AとBのどの部分の回収と考えるかという点だ（詳しくは後述のコラム「回収可能性の評価」で解説する）。ここでは履行義務Aの契約資産の回収が優先されると仮定しよう（図表3-1-10）。

【図表 3 - 1 -10】 設例 3 におけるこれからの管理

	項目	契約上の請求管理		会計上の債権管理
1	4/30	前受80円請求	≠	契約資産40円計上
2	5/1〜5/31	なし	≠	契約資産30円計上
3	5/31	入金なし	≠	契約資産70円取崩し 売掛金70円計上 契約負債10円計上 未収入金10円計上
4	6/1〜6/30	なし	≠	契約資産30円計上
5	6/30	残金20円請求	≠	未収入金10円取崩し 契約負債10円取崩し 契約資産30円取崩し 売掛金30円計上
6	7/31	入金なし		なし

> **コラム**
>
> ### 回収可能性の評価
>
> 　債権の回収可能性の評価について少し考えてみよう。設例 3 では，5 月31日の前受80円を履行義務Ａの契約資産の回収が優先するもの（図表 3 - 1 -11の第 1 法）と考えて処理したが，このほかにも，前受80円を履行義務Ａと履行義務Ｂの両方に対する回収だとすれば，両者にその対価の比率で配分するという方法（図表 3 - 1 -11の第 2 法）も考えられる。履行義務Ａは40円，Ｂは60円だから，この比率で前受80円を分けて，履行義務Ａは32円，履行義務Ｂは48円だけ回収されたと考えて処理する。
>
> 　また，帳簿上は契約資産70円に加えて，売掛金80円と契約負債80円を計上しておいて，財務諸表の表示の段階で契約資産と契約負債を相殺すること（図表 3 - 1 -11の第 3 法）も考えられる。
>
> 　業務プロセスとシステムに与える影響度や実現可能性という点から考えると，第 2 法は少々煩雑であり，難しいと考える。第 1 法と第 3 法のどちらかといっ

たところだが，これは契約実態で判断するのがよい。前受けと履行義務の提供にあまり関連性が見つからないのであれば，契約上の債権管理という点では第3法がスッキリすると思われる。

　さて，もし，5月31日が期末だとすると，貸倒引当金はどう計算すべきだろうか。第1法のケースで考えると，債権80円全体（売掛金70円と未収入金10円）について貸倒引当金を計上する。ちなみに，第3法でも貸倒引当金の金額は同じである。それはなぜか。第3法の場合，契約資産70円（履行義務Aの分40円と履行義務Bの分30円）を計上する一方で，契約負債80円を計上している。財務諸表上は契約資産と契約負債を相殺して表示する。（債権80円は別途貸倒引当金の設定対象になる一方で）契約資産70円は契約負債と同額相殺されることで貸倒引当金の設定対象にならない。だから設定対象は債権80円であり，第1法と同じである。いずれにせよ，会計上の債権管理にあたっては，契約資産と契約負債の管理も重要になるのだ。

【図表3-1-11】　前受けの回収をどう記帳するか

			契約資産	回収区分	差引き	差引き後の勘定科目	
						契約資産	契約負債
第1法	履行義務Aの回収を優先する	履行義務A	40	40	0		
		履行義務B	30	30	0		
		未引当て		10	−10		10
		合計	70	80	−10		

			契約資産	回収区分	差引き	差引き後の勘定科目	
						契約資産	契約負債
第2法	履行義務AとBの両方から回収する	履行義務A	40	32	8	8	
		履行義務B	30	48	−18		18
		未引当て					
		合計	70	80	−10		

			契約資産	回収区分	差引き	差引き後の勘定科目	
						契約資産	契約負債
第3法	両建てで記録して表示で相殺する	履行義務A	40		40	40	
		履行義務B	30		30	30	
		未引当て		80	−80		80
		合計	70	80	−10		

＊どの方法で記帳しても，契約単位で契約資産と契約負債を相殺するので，財務諸表の表示レベルでは違いはない。

iv 履行義務Bの契約資産30円の管理：6月1日〜6月30日

履行義務Bについて，6月1日から6月30日にかけて，売上と契約資産がそれぞれ30円計上される。

v 売掛金100円の管理：6月30日

契約上の請求管理としては，契約どおり5月31日に入金されていない80円について客先に督促する。また，履行義務Bの提供が完了したので，客先に対して残金20円の請求を行う。

それでは，会計上の債権管理はどうだろうか。設例3の場合，履行義務Bの提供が完了したので，6月1日から30日までに提供した履行義務Bの契約資産30円を売掛金に振り替える。また，5月31日に計上した前受けの請求権である未収入金10円に対応する履行義務はもう提供されたから，5月31日に計上した契約負債と相殺する。この結果，合計100円の売掛金が会計上の債権管理の対象になる。

③ 視覚的に比較する

契約上の請求管理と会計上の債権管理の違いは，管理の対象となる金額の違い，そしてこれが管理のタイミングの違いにつながっている。この点について視覚的に確認してみよう。図表3-1-12をご覧いただきたい。

【図表3-1-12】　管理の対象を視覚的に示す

	イメージ	概要
いままで	**（会計上の債権管理）** 項目　4/30　5/31　6/30　7/31 契約　　　　　　　　　　売掛金 100 **（契約上の請求管理）** 請求　　前受請求 80　　売上代金 100	4月30日に前受80円の請求を行い，6月30日に残金20円の請求を行う。6月30日に売掛金100円を計上すると，入金までの間，契約上の請求管理と会計上の債権管理を行う。
これから	前受金の 支払期日　無条件の 請求権 ▽　　▽ **（会計上の債権管理）** 項目　4/30　5/31　6/30　7/31 履行義務A　契約資産 40　売掛金 70　売掛金 100 履行義務B　契約資産 30　契約資産 30 前受請求権　未収入金 10 **（契約上の請求管理）** 請求　　前受請求 80　　売上代金 100	履行義務Aの40円と（時の経過に応じて認識された）履行義務Bの60円の2つの会計上の債権管理を行う。このほかに，支払期日を経過した前受金80円について債権管理を行う。 なお，契約上の請求管理は今までと変わりはない。

　"いままで"では，売掛金と売上代金が同じ期間（6月30日以降）に存在している。契約上の請求管理と会計上の債権管理が一致していたことがわかる。

　"これから"はどうなるだろうか。契約上の請求管理の図表は「いままで」とまったく同じである。だが，会計上の債権管理は大きく変わる。4月30日から5月31日まで契約資産が70円発生する。前受80円の支払期日が経過した後は，

契約資産70円を売掛金に振り替えて管理する。加えて，前受80円と売掛金70円の差額を未収入金10円として管理する。これが，契約上の請求管理と会計上の債権管理が一致しなくなる原因である。

＊＊＊＊

　設例1から3は，1つの契約について2つの履行義務がある場合の説明である。だが，契約上の請求管理と会計上の債権管理が一致しなくなる（ことがある）という点は，履行義務が3つ以上になっても変わらない。

2 ｜ 請求管理と債権管理のハードル

(1)　2つの問題

　本章の最初に「1つの契約に2つ以上の履行義務があったら，それをそのまま システム化する方法を考えるのではなく，その前に契約を分割できるかどうか検討する」と書いた。では，もし，1つの契約に2つ以上の履行義務があって，これを履行義務の単位で分割できないとしたら，どういう問題が起きるだろうか。

　その前に，いままでの管理を見てみよう。従来，会計上の債権管理と契約上の請求管理はほぼ*一致していた。会計システム（債権管理システム）で請求を行うと，請求書が発行され，売上が計上される。売上代金が入金されれば，計上した売掛金の消込みが行われるから，会計上の債権管理と契約上の請求管理は同時に終了する。

> ＊貸倒懸念債権や破産更生債権等に振り替えた売掛金や，工事進行基準を適用して計上した売掛金の管理など，会計上の債権管理と契約上の請求管理が一致しないという例外はある。

　ところが，新収益基準の導入で，1つの契約に2つ以上の履行義務があったらどうだろう。認識する収益の「単位」，「金額」，「タイミング」が変われば，会計上の債権管理と契約上の請求管理は一致しなくなる（ことがある）。そして，この2つの管理は，どちらか一方だけを行えばよいというものではない。両方とも行う必要がある。

　ここで問題となるのは2つだ。1つは，契約上の請求管理をどうやって続けていくか。もう1つは，新収益基準に基づいて，新たに求められる会計上の債権管理をどうやって行うか，である。

⑵　契約上の請求管理を続ける難しさ

　なぜ，新収益基準にだけ対応したシステムでは，契約上の請求管理を継続するのが難しくなるのか。それは，会計システムの債権管理のやり方に理由がある。このことを確認するために，もう一度，設例1をみてみよう。

設例1（再掲）

　1つの契約（100円）に2つの履行義務（財の販売Aとその後のサービスの提供B。ステップ4の配分後の金額は，Aが80円，Bは20円と仮定）が含まれている。現行実務では，履行義務Aの提供が完了した4月30日に売上100円を計上している。同日に代金を請求し，予定どおり5月31日に入金があった。なお，履行義務Bは履行義務Aの提供後2か月にわたり提供され，6月30日に提供を完了した。

①　いままでの会計処理

　会計システム（販売管理システムと債権管理システム）の仕訳には，少し独特なものがある。一見すると冗長なのだ。学校の簿記で習う仕訳では一本で済むところを，わざわざ分けて書く。これには理由がある。その理由は後述のコラム「会計システムの仕訳の注意点」で説明するとして，設例1の取引を会計システムの仕訳で表すと図表3-2-1のようになる。

【図表3-2-1】　いままでの会計システムの仕訳

| | 日付 | イベント | 会計システムの仕訳 | |
			（借方）	（貸方）
1	4/30	売上　計上	ダミー勘定　100	売上　100
2	4/30	売掛金　計上	売掛金　100	ダミー勘定　100
3	5/31	売上代金　入金	現金預金　100	仮受金　100
4	5/31	売掛金　消込み	仮受金　100	売掛金　100

i　売上と売掛金の計上：4月30日

　もちろん，いままでは履行義務という概念はないが，説明の便宜上，ここでは「履行義務」という言葉を使おう。契約に従って履行義務Aの提供が完了したら，完成証明など証憑に基づいて販売管理システムに「販売」入力を行う。販売管理システムでは，契約単位で売上の計上仕訳（（借方）ダミー勘定100（貸方）売上100）を生成し，総勘定元帳に送る。

　同時に，販売管理システムは「請求情報」を債権管理システムに送る。債権管理システムでは，顧客マスタに登録されている回収条件から入金予定日をセットする。顧客ごとに，回収条件は異なるからだ。手作業で行う場合は，請求内容を確認し，債権管理システムで承認する。これを受けて，債権管理システムでは売掛金の計上仕訳（（借方）売掛金100（貸方）ダミー勘定100）を生成し，総勘定元帳に送る。

　ちなみに，このあと，債権管理システムから請求書を出力して，客先に送付する。また，当然ではあるが，5月1日から6月30日の期間における履行義務Bの提供については，会計システムに対して何ら登録も行わないし，仕訳も生成されない。

ii　売上代金の入金：5月31日

　5月31日に客先から売上代金が振り込まれると，債権管理システムは，ファームバンキングから入金情報を入手し，入金に係る仕訳（（借方）現金預金100（貸方）仮受金100）を生成し，総勘定元帳に送る。

　入金された売上代金をいったん仮受金で受ける。なぜ，仮受金で受けるのか。それは，入金情報を受け取った時は，まだどの売掛金に対する入金なのかマッチングを行っていないからである。

iii　売掛金の消込み：5月31日

　このあと自動消込みを行う。何を手がかりに自動消込みを行うかは，会計システムによって異なる。一般的には，日付（入金予定日），相手先（客先），金

額（入金予定金額）といった情報をキーにして売掛金の消込みを行う。うまく消込みができたら，債権管理システムは，売掛金の消込みに係る仕訳（（借方）仮受金100（貸方）売掛金100）を生成し，総勘定元帳に送る。

　このように，現行の会計システム（債権管理システム）は，会計上の債権管理と契約上の請求管理が連動していることを前提に作られている。現行の会計システムのデータを使えば，会計上の債権管理と契約上の請求管理の両方ができる。

　ところが，会計上の債権管理と契約上の請求管理が連動しなくなると，話が変わってくる。例えば，4月30日から5月31日まで企業としては客先に対して100円請求して債権を持っているという事実があるのに，新収益基準に従った会計システムをまわしても，80円という売掛金しか記録されないからだ。

　新収益基準の導入で，新たな会計上の債権管理のしくみを構築しても，いままでどおりの契約管理を行うならば，いまの会計システムのしくみをなくすわけにいかないのである。

②　新たに求められる会計処理

　それでは，新たに求められる新収益基準に基づく会計上の債権管理は，どうやって行えばよいのだろうか。その前に，新収益基準に基づくいわゆる会計上の仕訳を一覧表に表してみよう（図表3-2-2）。

【図表3-2-2】　設例1におけるいわゆる会計上の仕訳

	日付	イベント	会計上の仕訳	
			（借方）	（貸方）
1	4/30	履行義務A　売上	売掛金　80	売上　80
2	5/1-5/31	履行義務B　売上	売掛金　10	売上　10
3	5/31	売上代金　入金	現金預金　100	売掛金　90
				契約負債　10
4	6/1-6/30	履行義務B　売上	契約負債　10	売上　10

新たに求められる会計処理は図表3-2-2のとおりであるが，これでは会計システムを動かすのは少し難しい。人間の感覚としてはわかりやすいのだが，（手間をかけずに）機械的に処理させるには，少々問題があるのだ。

コラム

会計システムの仕訳の注意点

ここで，会計システムの仕訳を考えるうえで注意すべき点を3つ挙げよう。

① 単一仕訳にする

単一仕訳（単純仕訳ともいう）とは，勘定科目が1対1になる仕訳のことだ。一方，勘定科目をn対mにするのが複合仕訳である。会計システムによっては，複合仕訳の記帳も可能だが，相手勘定を特定できなくなるというデメリットが生じる。勘定科目ごとの残高分析が難しくなるのだ。もちろん，単一仕訳も万能ではない。場合によっては取引を分解することになるので，自然な記録とはいえない。仕訳だけみても取引の内容がわかりにくいし，取引を分解するから仕訳の件数も増える。

それにもかかわらず，単一仕訳にするのには理由がある。自動的に起票できるケースがはっきりするからだ。例えば，売掛金の入金があったとする。日付（入金予定日），相手先（客先），金額（入金予定金額）といった一定の条件が揃えば，自動消込みが可能だ。しかし，入金額の一部しか振り込まれなかったらどうだろう。不足額は振込手数料かもしれないし，客先のミス，もしかしたら資金不足かもしれない。これには人の判断が入る。その結果をそのまま仕訳に表せば，複合仕訳だ。では，どうやったら単一仕訳で起票できるのか，どういう条件が必要なのか考えることになる。もし，不足額が一定額以下なら"振込手数料"という可能性が高い。そう条件設定すれば，（借方）振込手数料XXX（貸方）売掛金XXXという仕訳（単一仕訳）を自動的に起票できる。このように，**単一仕訳かどうか整理するという行為は，自動的に仕訳を起票できるかどうか整理する行為でもある。**

② 仕訳パターンを揃える

仕訳パターンというと聞こえはいいが, **要は相手勘定を決めておくということ**だ。例えば, 前受金（契約負債）の相手勘定を売掛金だけにする。前受金の入金があっても, 預金を相手勘定にはせず, 売掛金を相手勘定にするのだ。こうすることで, 前受金の入金予定日に,（借方）売掛金 XXX（貸方）契約負債 XXX という仕訳を起票できる。前受金が入金されたら, 他の売上（前受金を伴わない売上）の入金と同様に,（借方）仮受金 XXX（貸方）売掛金 XXX を起票する。これで, 契約負債の計上という行為と入金消込みという行為に伴う仕訳パターンを揃えることができる。

仕訳パターンを揃えるのには, もう1つ理由がある。会計システムで仕訳を自動生成する以上, その仕訳パターンを減らしておく必要がある。先のケースでいうと, 前受金の入金があっても, いったん売掛金を計上（経由）する。こうすることで, 入金の処理は,（借方）仮受金 XXX（貸方）売掛金 XXX というように, 必ず売掛金の消込みを伴うようにする。売掛金の計上と消込み, 前受金の計上と充当という仕訳パターンを決め, その組み合わせで処理する。1つの勘定科目の相手勘定がいくつもあると, システムの設定が複雑になるからだ。

③ 履行義務単位で管理する

これは, 今回の新収益基準で求められるテーマである。**取引の管理が契約単位ではなく, 履行義務単位になるならば, 当然, 会計システムとしても履行義務単位での管理が必要になる。**例えば, 従来は, 売上が上がれば,（借方）売掛金 XXX（貸方）売上 XXX という仕訳が起票される。この売掛金には名前が付いていないが, その付帯情報として, 客先や契約が特定できるコードがついていた。ところが, これからは履行義務単位で売上が計上される。となると, 同じ（借方）売掛金 XXX（貸方）売上 XXX という仕訳が起票されても, その付帯情報として客先や契約が特定できるだけではなく, 履行義務も特定できるようにコードを設定する必要がある。もちろん, これは売掛金だけの話ではない。売掛金や契約資産の認識, 契約負債の計上, そして取崩し, 入金管理から回収可能性の評価まで, 契約単位だけでなく履行義務で管理できないと, 適切な会

計処理もおぼつかない。

　さて，本題に戻ろう。当たり前のことだが，情報がないと会計処理が行えないし，会計上の債権管理もムリである。本書において，人間が伝票を起こす仕訳（図表3-2-2の仕訳）だけでなく，会計システムの仕訳についても考える理由はそこにある。会計システムが生成する仕訳を考えることは，それらの仕訳を自動的に生成するにはどんな情報が必要なのかを知る手がかりになるのだ。

　それでは，どのような情報が必要になるのだろうか。設例1における新収益基準の導入後の会計システムの仕訳（図表3-2-3）をご覧いただきたい（この仕訳のパターンは，会計システムの種類によっても違うし，システムの組み方によっても変わってくる。ここに記載した仕訳パターンが唯一絶対的なものであるというわけではない）。

【図表3-2-3】　新収益基準の導入後の会計システムの仕訳

	日付	イベント	会計システムの仕訳	
			（借方）	（貸方）
1	4/30	履行義務A　売上　計上	ダミー勘定　80	売上　80
2	4/30	履行義務A　売掛金　計上	売掛金　80	ダミー勘定　80
3	5/1〜5/31	履行義務B　売上　計上	ダミー勘定　10	売上　10
4	5/1〜5/31	履行義務B　売掛金　計上	売掛金　10	ダミー勘定　10
5	5/31	売上代金　入金	現金預金　100	仮受金　100
6	5/31	履行義務A　売掛金消込み	仮受金　80	売掛金　80
7	5/31	履行義務B　売掛金消込み	仮受金　10	売掛金　10
8	5/31	履行義務B　前受け	ダミー勘定　10	契約負債　10
9	5/31	履行義務B　前受け	仮受金　10	ダミー勘定　10
10	6/1〜6/30	履行義務B　売上　計上	ダミー勘定　10	売上　10
11	6/1〜6/30	履行義務B　売掛金　計上	売掛金　10	ダミー勘定　10
12	6/30	履行義務B　前受充当	契約負債　10	売掛金　10

i 履行義務Aの売上計上：4月30日

　契約に従って履行義務Aの提供が完了したら，完成証明など証憑に基づいてシステムに「販売」入力を行う。販売管理システムでは，履行義務Aの売上の計上仕訳（（借方）ダミー勘定80（貸方）売上80）を生成し，総勘定元帳に送る。この仕訳をシステムで生成するためには，契約段階において契約管理システムに履行義務Aのコード，金額，提供予定日などが登録されている必要がある。

ii 履行義務Aの売掛金計上：4月30日

　同時に，販売管理システムは履行義務Aの「請求情報」を債権管理システムに送る。これを受けて，債権管理システムでは売掛金の計上仕訳（（借方）売掛金80（貸方）ダミー勘定80）を生成し，総勘定元帳に送る。

　販売管理システムから請求管理システムに送る「請求情報」を100円ではなく，80円にするにはどうしたらいいか，また，債権管理システムで計上する勘定科目の選択（契約資産か，それとも売掛金か）をどう自動化するかについては，このあと本節(5)「システムの基本構造」以降で詳しく解説する。

iii 履行義務Bの売上計上：5月1日〜5月31日

　履行義務Bは，サービスの提供であるため，企業がサービスを提供するにつれて，販売管理システムでは，履行義務Bの売上の計上仕訳（（借方）ダミー勘定10（貸方）売上10）を生成し，総勘定元帳に送る。この仕訳をシステムで生成するためには，契約段階において契約管理システムに履行義務Bのコード，金額，提供予定期間などを登録している必要がある。

iv 履行義務Bの売掛金計上：5月1日〜5月31日

　同時に，販売管理システムは履行義務Bの「請求情報」を債権管理システムに送る。これを受けて，債権管理システムでは売掛金の計上仕訳（（借方）売掛金10（貸方）ダミー勘定10）を生成し，総勘定元帳に送る。

　販売管理システムから請求管理システムに送る「請求情報」を10円生成する
にはどうしたらいいか，また，債権管理システムで計上する勘定科目の選択
（契約資産か，それとも売掛金か）をどう自動化するかについては，このあと
本節(5)「システムの基本構造」以降で詳しく解説する。

ⅴ　売上代金の入金：5月31日

　5月31日に客先にから売上代金が振り込まれると，債権管理システムは，
ファームバンキングから入金情報を入手し，入金に係る仕訳（（借方）現金預
金100（貸方）仮受金100）を生成し，総勘定元帳に送る。

ⅵ　売掛金の消込み：5月31日

　このあと自動消込みを行う。ここまでに計上されている売掛金は2つある。
履行義務Aに対する売掛金80円と履行義務Bの売掛金10円である。それぞれ消
込みができたら，債権管理システムは，履行義務Aの売掛金の消込みに係る仕
訳（（借方）仮受金80（貸方）売掛金80）と履行義務Bの仕訳（（借方）仮受金
10（貸方）売掛金10）を生成し，総勘定元帳に送る。
　これらを自動消込みするには，2つの売掛金を関連づけるコード（契約コー
ドなど）を使って合算し，金額が一致するのを確認したうえで消し込む方法
（もちろん，一連の作業を自動で行う）と，「関連づけるコード」を使わずに，
計上日の古い順に消込みを進め，入金額と同額になるまで消し込むといった自
動消込みロジックを使うという方法が考えられる。

ⅶ　契約負債の計上：5月31日

　なお，実際に客先から売上代金として振り込まれたのが100円だから，履行
義務Aの売掛金80円と履行義務Bの売掛金10円を超える部分は，消し込む債権
がない。これを前受金（契約負債）に振り替える仕訳（（借方）ダミー勘定10
（貸方）契約負債10と（借方）仮受金10（貸方）ダミー勘定10）を生成し，総
勘定元帳に送る。

ⅷ　履行義務Bの売上計上：6月1日〜6月30日

　履行義務Bは，サービスの提供であるため，企業がサービスを提供するにつれて，販売管理システムでは，履行義務Bの売上の計上仕訳（（借方）ダミー勘定10（貸方）売上10）を生成し，総勘定元帳に送る。

ⅸ　履行義務Bの売掛金計上：6月1日〜6月30日

　同時に，販売管理システムは履行義務Bの「請求情報」を債権管理システムに送る。これを受けて，債権管理システムでは売掛金の計上仕訳（（借方）売掛金10（貸方）ダミー勘定10）を生成し，総勘定元帳に送る。

ⅹ　履行義務Bの前受充当：6月30日

　履行義務Bの提供が完了したら，契約負債を消し込む必要がある。6月30日に（借方）売掛金10円（貸方）契約負債10円が計上されているから，契約負債の消込みは，この反対仕訳（（借方）契約負債10（貸方）売掛金10）である。この仕訳を自動で起票するには，契約段階において契約管理システムに履行義務Bのコード，金額，提供予定期間を登録しておく必要がある。

(3)　従来の契約上の請求管理

①　システムのしくみの前提

　2つの問題をもう少し視覚的に理解いただくために，従来の契約上の請求管理をシステムという観点からみてみよう。図表3−2−4をご覧いただきたい。

【図表３−２−４】　従来の契約上の請求管理

	イメージ	概要
請求データ＝収益データ	請求書 100円 契約管理　→　販売管理　→　債権管理 100円請求 （借方）ダミー勘定100 （貸方）売上100 （借方）売掛金100 （貸方）ダミー勘定100 総勘定元帳	販売すれば，顧客に請求し，債権が計上される。このことを前提に設計されているシステムでは，販売管理システムと債権管理システムから総勘定元帳に記帳されるデータ，そして請求書に記載される金額は一致する。

　図表３−２−４は，契約の受注から売上，請求，代金の回収とこれら一連の取引を会計帳簿に記帳する時に必要となるシステムである。ここで設例１を思い出していただきたい。履行義務Ａの提供が完了した４月30日に100円の売上を計上している。この売上という事実を販売管理システムに入力すると，客先に対して請求情報が債権管理システムに送られる。債権管理システムからは，100円の請求書が発行されて，客先に送られる。

　会計帳簿にはどう記帳されるだろうか。販売という事実に基づいて，販売管理システムから総勘定元帳に仕訳データ（（借方）ダミー勘定100（貸方）売上100）が送られる。債権に関する情報はどうか。これは，販売管理システムから債権管理システムを経由して総勘定元帳に送られてくる。その仕訳データは，（借方）売掛金100（貸方）ダミー勘定100というものである。

　総勘定元帳に送られてきた２つの仕訳データを合わせると，（借方）売掛金100（貸方）売上100となる。販売管理システムから債権管理システムを経由して総勘定元帳に送られてきたデータが，途中のインタフェースの不具合などで欠落したり，変更されたりしていなければ，借方と貸方のダミー勘定は一致する。もし，ダミー勘定が不一致であれば，差異の原因をチェックするというし

くみである。

　もちろん，こういったシステムのしくみは，会計パッケージによって多少は
違う。だが，基本的なしくみは同じである。システム上では，客先に請求でき
るようになったタイミングで売上を計上するし，その金額を客先に対して請求
書という形で請求する。つまり，システムのしくみの前提は，売上の計上＝客
先に対する請求ということである。

②　どちらに合わせるか

　「売上の計上＝客先に対する請求」という前提は，どんな問題を生じさせる
だろうか。それは，請求データと収益データのどちらに合わせたらいいか，と
いう問題である。図表3−2−5をご覧いただきたい。

【図表3-2-5】　どちらに合わせても問題が残る

	イメージ	概要
請求データに合わせると…	請求書100円 請求書を100円で作成できる。 契約管理 → 販売管理 →（100円請求）→ 債権管理 履行義務Aの売上80円だけ計上できない。 履行義務Aの売掛金80円だけを計上できない。 総勘定元帳	契約に基づく請求データを販売管理システムに入力すると，総勘定元帳には請求データをベースにした売上が計上されてしまう。
収益データに合わせると…	請求書80円 請求書を100円で作成できない。 契約管理 → 販売管理 →（80円請求）→ 債権管理 履行義務Aの売上80円だけ計上できる。 履行義務Aの売掛金80円だけを計上できる。 総勘定元帳	履行義務に基づく会計データを販売管理システムに入力すると，総勘定元帳には履行義務をベースにした売上を計上できるが，契約に基づく請求データで請求書を作成できない。

i　請求データに合わせると

　まず，請求データに合わせるケースを考えてみよう。設例1では，履行義務Aの提供が完了すると，客先に対して請求できる。請求書を発行するには，販売管理システムから債権管理システムに100円の請求情報を送らなければならない。ところが，これだと債権管理システムで生成する仕訳は，（借方）売掛金80（貸方）ダミー勘定80とはならない。販売管理システムから債権管理シス

テムに送られたデータは，100円だからである。

　同じ問題は，販売管理システムでも起きる。債権管理システムに100円の請求情報を送るということは，販売という事実を100円で認識していることである。となると，総勘定元帳に送られる仕訳も，（借方）ダミー勘定80（貸方）売上80とはならず，100円という情報をもとに作成される。

　請求データ100円に合わせると，総勘定元帳に記帳される仕訳も100円をベースにしたものになってしまうのだ。これでは，履行義務Aの売上だけを記帳する（（借方）売掛金80（貸方）売上80という状態にする）ことはできない。

ii　収益データに合わせると

　それでは，収益データに合わせるケースはどうなるだろうか。設例1によると，4月30日に履行義務Aの提供が完了すると，売上80円を計上する。この売上という事実を販売管理システムに入力すると，会計帳簿にはどう記帳されるだろうか。販売という事実に基づいて，販売管理システムから総勘定元帳に仕訳データ（（借方）ダミー勘定80（貸方）売上80）が送られる。債権に関する情報はどうか。これは，販売管理システムから債権管理システムを経由して総勘定元帳に送られてくる。その仕訳データは，（借方）売掛金80（貸方）ダミー勘定80というものである。総勘定元帳に記録される情報には問題はない。

　では，何が問題となるか。売上80円という事実を販売管理システムに入力すると，客先に対する請求情報として債権管理システムに送られる。つまり，債権管理システムからは，80円の請求書が発行されることになる。契約に基づいて，100円をベースに請求書を作成できないのである。

　繰り返しになるが，現行のシステムは，「売上の計上＝客先に対する請求」を前提にできている。1つの契約について2つ以上の履行義務があり，それぞれ売上のタイミングが異なるのであれば，客先に対する請求と，履行義務の提供に合わせて売上をどう計上するか，考える必要があるのだ。

⑷　どうしたらいいのか

　すでに説明したように，現行のシステムは「売上の計上＝客先に対する請求」を前提にして，作られている。もちろん，請求管理を行うために，このようなシステムは必要だ。契約に基づいて客先に請求している金額がいくらか，また回収した金額はいくらで，前受けはいくらあるのか，"契約単位"で把握する。そもそも，こういった請求管理は契約に基づいて行うのだから，新収益基準が導入されても，変わることはない。

　問題は，（この契約上の請求管理に加えて）どうやってシステムで会計上の債権管理を行うかだ。もっというと，履行義務単位で，売掛金，契約資産および契約負債の計上，振替え，消込み，回収可能性の評価をどうシステムで行うかである。

①　新しいシステムフロー

　その解決方法の1つが，従来のシステムフローに，契約上の請求管理と会計上の債権管理を連携できるシステムを追加するというものだ。本書では，それを"請求管理システム"と呼ぼう。図表3-2-6をご覧いただきたい。

【図表3-2-6】 システムフローの比較

	イメージ	概要
従来のシステムフロー		従来は，契約管理システムから契約情報をダイレクトに販売管理システムが入手して，売上データや請求データを作成していた。
これからのシステムフロー		請求管理システムを新設し，契約管理データをベースに履行義務単位で，履行義務の履行状況，請求状況，回収状況を管理できるようにする。一方で，契約単位でも請求と回収の状況を把握できるようにし，請求書の発行機能を備える。

　「従来のシステムフロー」と「これからのシステムフロー」を比べて欲しい。契約管理システムと販売管理システムの間に，1つシステムが追加されている。これが請求管理システムである。請求管理システムの詳しい機能は，あとで説明するとして，ここでは請求管理システムの2つの役割を説明しよう。

　1つの役割が，請求書発行である。請求書の発行といえば，従来は債権管理システムで行っていた。そのため，販売管理システムから債権管理システムに契約ベースの請求データを送った。しかし，これでは，総勘定元帳に履行義務単位で仕訳を記帳するのに都合が悪い。このことは，すでに説明したとおりである。では，どうするか。請求書発行という役割を債権管理システムから解放するのである。こうすることで，債権管理システムには履行義務単位での請求

データを送れば済む（ただし，契約上で定めた前受けを除く。この前受けは，通常，履行義務単位ではなく，契約に基づく単位で行うためである）。

　もう1つの役割は，契約単位と履行義務単位での3つの情報を管理することである。それは，①履行義務を充足したか，②客先に対して請求可能か，③実際に入金したか（または入金予定日を経過したか）の3つである。それはなぜか。そこで，ここでは請求管理システムの管理のしくみをもう少し詳しくみてみたい。

②　履行義務単位での管理

　図表3-2-7は，請求管理システムのなかの管理のイメージである。記載している数字は，設例1に基づくものである。図表3-2-7には，4月末，5月末，そして6月末の3つの状態が示されているが，実際は月末だけではない。日々，情報を収集し，状況の変化を管理する。

【図表3-2-7】 請求管理システムの管理データ

	イメージ			概要
4/30 履行義務A完了、請求	契約全体 履行完了 80 / 請求 100 / 回収 —	履行義務A 履行完了 80 / 請求 80 / 回収 —	履行義務B 履行完了 — / 請求 20 / 回収 —	履行義務Aは完了しているので売上を計上できる。請求していても，履行が完了していなければ，仕訳を起票しない。
5/31 履行義務B一部完了、入金	契約全体 履行完了 90 / 請求 100 / 回収 100	履行義務A 履行完了 80 / 請求 80 / 回収 80	履行義務B 履行完了 10 / 請求 20 / 回収 20	履行義務Bも一部完了しているので売上を計上する。履行義務Bの対価は回収しているが，まだ履行義務が残る。
6/30 履行義務B完了	契約全体 履行完了 100 / 請求 100 / 回収 100	履行義務A 履行完了 80 / 請求 80 / 回収 80	履行義務B 履行完了 20 / 請求 20 / 回収 20	履行義務単位，そしてこれらを合計した契約全体で，履行義務の完了，請求の有無，回収状況を確認できる。

　契約上の請求管理と会計上の債権管理は，目的そして管理の単位が異なる。だが，これらはバラバラに行うわけではない。履行義務は契約を構成する。そして，売掛金，契約資産および契約負債をいつ，いくらで計上すべきか，は契約に定められた条件によって決まる（ところが大きい）。契約上の請求管理から会計上の債権管理を切り離すことはできないのである。

　それでは，数字を使って，請求管理システム内のデータの遷移を確認してみよう。

ⅰ　履行義務Aの提供と客先への請求：4月30日

　契約データは，契約管理システムに格納される。設例1でいうと，契約全体の取引価格は100円である。この情報が契約番号に紐づけて管理される。ここで1つ注意したいのが，履行義務単位の情報だ。1つの契約に2つ以上の履行義務があるならば，契約管理システムにその情報を登録しておく必要がある。**契約管理という段階から，契約と履行義務を関連づける**のである。

　契約管理システムが保持する情報のうち，契約上の請求管理と会計上の債権管理に必要な情報は，請求管理システムにインタフェースされる。図表3-2-8の場合だと，契約単位と履行義務単位の金額情報が請求管理システムに送られている。

　ここで，履行義務Aの提供が完了した。担当者が履行義務Aの完了という事実を請求管理システムに入力すると，「履行義務Aの状態」と「契約全体の状態」の「履行完了」は80円になる。

　加えて，履行義務Aの提供が完了したという情報は，販売管理システムに送られる。売上を計上する仕訳（（借方）ダミー勘定80円（貸方）売上80円）を生成するためである。さらに販売管理システムから債権管理システムに送られた情報に基づいて，売掛金を計上する仕訳（（借方）売掛金80円（貸方）ダミー勘定80円）が生成される。

　さて，履行義務Aの提供完了は，客先に対する請求条件であった。このことは契約管理システムに契約情報として登録されており，請求管理システムでは，履行義務Aの提供完了と同時に，請求書が発行される。客先に対する請求（100円）は，契約全体（100円）として，その内訳は履行義務A（80円）と履行義務B（20円）であるから，そうなるように請求管理システムのデータ（状況）を更新する。

【図表 3-2-8】　履行義務Ａの提供と客先への請求のデータフロー：4月30日

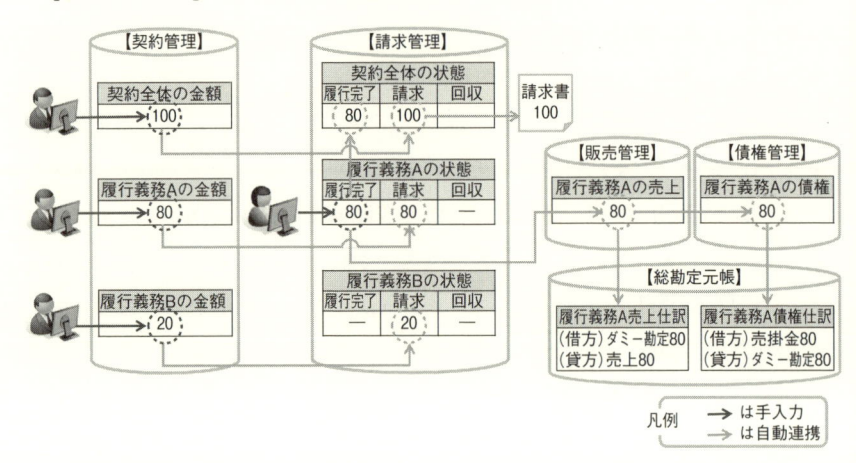

ⅱ　履行義務Ｂの提供：5月31日

　履行義務Ｂは，サービスの提供であるため，企業がサービスを提供するにつれて，売上が徐々に計上される。設例１では，5月1日から6月30日までの期間で均等に（月割りか，日割りで）売上が計上される。販売事実の入力は，（もちろん手作業でも可能だが）通常は，契約条件に基づいて，あらかじめ計算しておいて，スケジューラで自動的に請求管理システムに登録する。

　今回のケースでいうと，5月1日から1か月分の履行義務Ｂの売上が，請求管理システムの「履行義務Ｂの状態」のところに10円と反映される。履行義務Ａはすでに履行義務の提供が完了しているから，「契約全体の状態」の「履行完了」は合計90円となる。

　また，履行義務Ｂの売上（5月1日から1か月分）という情報は，販売管理システムに送られる。売上を計上する仕訳（（借方）ダミー勘定10円（貸方）売上10円）を生成するためである。さらに販売管理システムから債権管理システムに送られた情報に基づいて，売掛金を計上する仕訳（（借方）売掛金10円（貸方）ダミー勘定10円）が生成される（図表3-2-9）。

　ここで注意いただきたいのが，このイベントで客先に対する請求行為は行わ

ないという点である。客先に対しては，契約条件に基づいてすでに4月30日に請求を行っているからだ。

【図表3-2-9】 履行義務Bの提供のデータフロー：5月31日

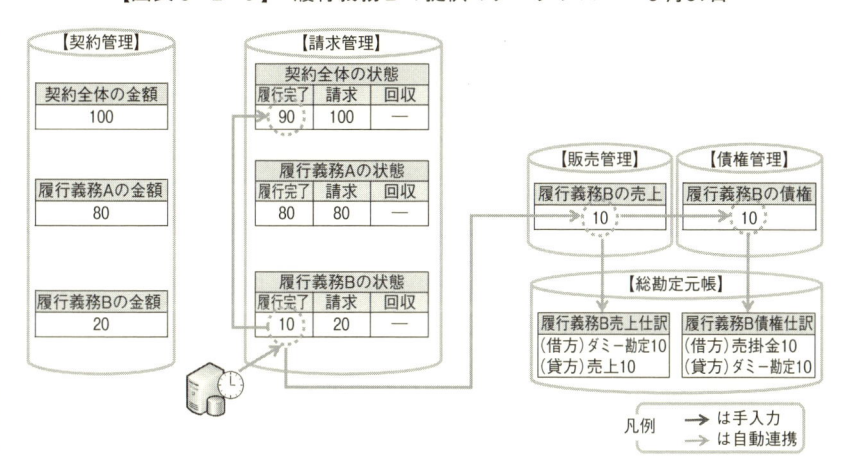

iii 客先からの入金と売掛金の消込み：5月31日

　4月30日の請求に対して，客先から100円の入金があった。入金担当者は，ファームバンキングにアクセスし，入金情報に問題がなければ「承認」し，情報を債権管理システムに取り込む。債権管理システムでは，この情報に基づいて，入金に係る仕訳（（借方）現金預金100円（貸方）仮受金100円）を生成し，総勘定元帳に送る。

　問題は，売掛金の消込みである。すでに，4月30日に履行義務Aの80円，5月31日に履行義務Bの10円を債権管理システムには登録してある。また，このことは，請求管理システムでもわかる。消込担当者は，客先からの100円という入金情報をみて，どれをどう消し込むか（今回だと，履行義務Aの80円と履行義務Bの10円）を確認し，**債権管理システム**でこの消込みを実行する。なぜ，債権管理システムか。それは，この消込みに係る仕訳（履行義務A：（借方）仮受金80（貸方）売掛金80と履行義務B：（借方）仮受金10（貸方）売掛金10）

を生成するのが債権管理システムだからだ。

　まだ問題が残る。入金100円に対して，消し込まれた売掛金は合計90円だ。10円残っているのである。実は，客先からの100円という入金情報をみて，どれをどう消し込むか，請求管理システムで確認するとき，この10円が履行義務Bに対する前受けであることも，消込担当者は把握できる。

　この情報に従って，債権管理システムで，履行義務Bの前受処理を行い，仕訳（正確には，（借方）ダミー勘定10（貸方）契約負債10と（借方）仮受金10（貸方）ダミー勘定10）を生成する（図表3-2-10）。

　履行義務Aの売掛金の消込み，履行義務Bの売掛金の消込みと前受処理の結果は，債権管理システムから請求管理システムに送られる。つまり，請求管理システムを覗いて，どれをどう消し込むべきか確認し，債権管理システムで処理を行ったら，その結果を請求管理システムに返すのである。この結果，**請求管理システムと債権管理システムの消込結果の一致を確認することができるとともに，請求管理システムの情報は，最新の状態が保たれる。**

【図表3-2-10】　客先からの入金と売掛金の消込みのデータフロー：5月31日

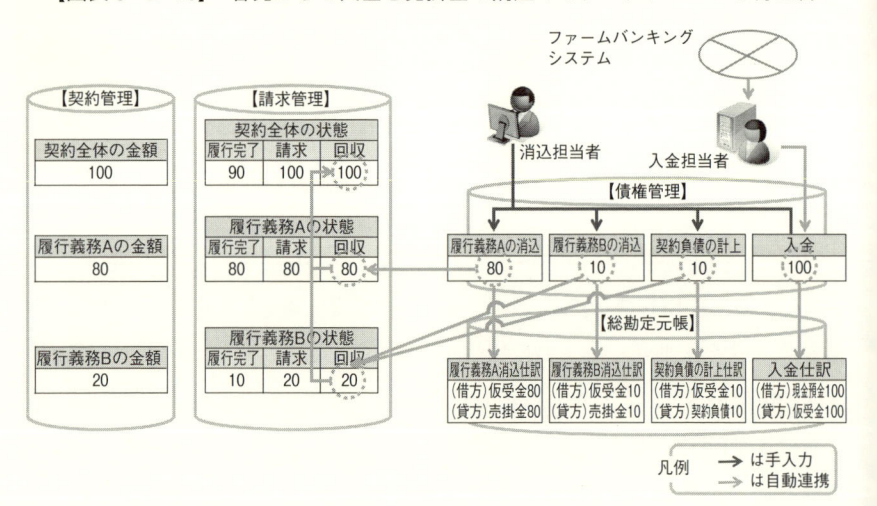

iv　履行義務Bの提供完了：6月30日

　履行義務Bの6月1日から6月30日までの売上についても，スケジューラで自動的に請求管理システムに登録する。請求管理システムの「履行義務Bの状態」のところが10円から20円に変わり，「契約全体の状態」の「履行完了」は合計100円となる。

　また，履行義務Bの6月分の売上の情報も販売管理システムに送られる。売上を計上する仕訳（（借方）ダミー勘定10円（貸方）売上10円）を生成するためである。さらに販売管理システムから債権管理システムに送られた情報に基づいて，売掛金を計上する仕訳（（借方）売掛金10円（貸方）ダミー勘定10円）が生成される。

　ここで，もう1つ対応がある。契約負債10円の取崩しである。5月31日に，入金100円に対して，売掛金を合計で90円消し込み，残りの10円を履行義務Bの前受けとして処理した。この事実は，（最新の情報がアップデートされているので）請求管理システムでも確認できる。債権管理システムで，まだ残っている契約負債10円を取り崩す処理を行い，仕訳（（借方）契約負債10（貸方）売掛金10）を生成する（図表3-2-11）。

　履行義務Bの売掛金の計上と，履行義務の取崩しによる売掛金の消込処理の結果は，債権管理システムから請求管理システムに送られる。もちろん，これも請求管理システムの情報を最新の状態に保つためである。

【図表3-2-11】　履行義務Bの提供完了のデータフロー：6月30日

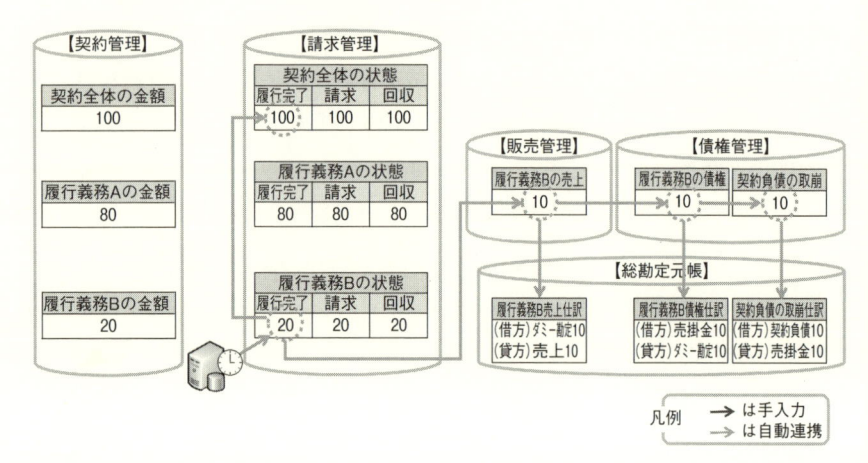

(5)　システムの基本構造

①　3つの勘定科目の関係

　それでは，システムの基本構造はどうなっているのだろうか。請求管理システムで，新しく登場した，しかもキーとなる管理は，履行義務単位で3つの勘定科目（売掛金，契約資産，契約負債）の管理である。システムの基本構造を理解するためには，まず3つの勘定科目の関係を知る必要がある。

　では，いま一度，3つの勘定科目の定義を確認してみよう。

【債権】（会計基準12項）

企業が顧客に移転した財又はサービスと交換に受け取る対価に対する企業の権利のうち無条件のもの(すなわち，対価に対する法的な請求権)をいう。

【契約資産】（会計基準10項）

企業が顧客に移転した財又はサービスと交換に受け取る対価に対する企業の権利(ただし，債権を除く)をいう。

【契約負債】（会計基準11項）

財又はサービスを顧客に移転する企業の義務に対して，企業が顧客から対価を受け取ったもの又は対価を受け取る期限が到来しているものをいう。

　新収益基準によると，売掛金（債権），契約資産，契約負債の定義は，このようなものだが，これだけだと，なかなかピンとこない。そこで，（履行義務単位について）この 3 つの勘定科目がどういう関係にあるのか，視覚的に表してみよう。

　図表 3 - 2 -12をご覧いただきたい。マトリクス図の縦軸は客先に対して「請求」できるかどうかという観点，横軸は「履行義務」が充足したどうかという観点からの区分である。

　まず，マトリクス図の「売掛金」をみてほしい。履行義務を充足すれば，売上を計上できる。客先に対して請求できるなら，代金を受け取る期限が到来する前に必要となる条件が“時の経過”のみということだ（会計基準150項）。履行義務を充足し，客先に対して請求できるという 2 つの条件を満たすものが売掛金である。

　では，「契約資産」はどうか。こちらは，履行義務を充足してはいるけれども，客先に対して請求することができない。客先に対して請求するには，（時の経過以外の）何らかの条件があるからだ。

　「契約負債」をみてみよう。契約負債の場合，まだ履行義務を充足していない。それにもかかわらず，客先に対して請求できる，という状態である。

　実は，契約負債の場合は，もう 1 つ条件が必要だ。客先に請求できるからといって，自動的に契約負債を計上するわけではないという点である。契約負債を計上するのは，前受けの支払期日を経過した時（（借方）売掛金 XXX（貸方）契約負債 XXX）か，客先からの支払があった時（（借方）現金預金 XXX（貸方）契約負債 XXX）だ。したがって，前受けの支払期日と前受けの入金事実（正確には，いずれか早いほう）という情報（条件）を把握しないと，契約負債を計上することはできない。

【図表3-2-12】　3つの勘定科目の関係

		履行義務	
		充足	未充足
請求	できる	売掛金	契約負債※
	できない	契約資産	

※　ただし，客先に対して請求可能でも，実際に入金する（または入金予定日を経過する）までは「契約負債」を認識しない。したがって，売掛金，契約資産，契約負債の管理には，①履行義務の充足，②請求可否，③入金日（または入金予定日）の3つが必要である。

このマトリクスから何がわかるだろうか。それは，履行義務ベースで3つの勘定科目（売掛金，契約資産，契約負債）の残高を把握するには，3つの情報が必要だという点である。その3つの情報とは，①履行義務を充足したか，②客先に対して請求可能か，③実際に入金したか（または入金予定日を経過したか）だ。3つの情報を把握すれば，3つの勘定科目の処理が可能になる。

②　3つの勘定科目の残高

さて，いままでは3つの勘定科目の関係（マトリクス図）を手がかりに，新たに必要となる情報がどういうものかを説明した。それは，3つの情報（①履行義務の充足，②客先に対する請求，③入金（または，入金予定））があれば，3つの勘定科目（売掛金，契約資産，契約負債）の残高がわかるというものである。それでは，設例1を使って，このことを確認してみよう。

その前に，図表3-2-13の意味を説明する。「独立販売価格で配分後の取引価格」とは，新収益基準の（いわゆる）ステップ4で算定した履行義務ごとの取引価格である。設例1の場合，履行義務A80円と履行義務B20円である。「収益計上額(a)」は提供が完了した履行義務の金額，「請求額(b)」は客先に対して請求している金額，「入金額(c)」は実際に入金された金額である。

【図表 3 - 2 -13】　4 月30日の勘定残高：履行義務 A の提供完了時

	独立販売価格で配分後の取引価格	収益計上額(a)	請求額(b)	入金額(c)	売掛金 min((b-c),a)	契約資産 max((a-b),0)	契約負債 max((c-a),0)
履行義務 A	80	80	80	0	80	0	0
履行義務 B	20	0	20	0	0	0	0
合計	100	80	100	0	80	0	0

　それでは，4 月から 6 月までの各月末の 3 つの勘定科目の残高をどう計算するのだろうか。それぞれ確認してみよう。

i　4 月30日の勘定残高

　まず，4 月30日の勘定科目の残高である。この日は，履行義務 A の提供が完了して，客先に対し100円の請求を行った。あらかじめ，システムには履行義務ごとの取引価格（正確には，独立販売価格で配分後の取引価格）が登録されている。ここで履行義務 A の提供という情報（"販売"という事実）を入力すれば，履行義務 A の「収益計上額(a)」は80円となる。同時に，客先に対して100円の請求を行うから，「請求額(b)」の合計欄は100円になる。この100円の請求の内訳は，履行義務ごとの取引価格から，履行義務 A が80円，履行義務 B が20円である（図表 3 - 2 -13）。

　ここで，売掛金を計上するための条件を思い出していただきたい。①履行義務を充足し，②客先に対して請求できる，という 2 つの条件を満たすものが売掛金だ。そして，もちろん，入金があれば，売掛金は消し込まれる。ということは，売掛金の残高は，こう表される。

$$売掛金の残高 = Min （請求額(b) - 入金額(c)，収益計上額(a)）$$

　この算式に従って 4 月末の履行義務 A の売掛金の残高を算出すると，80円（＝ Min （請求額80円 - 入金額 0 円，収益計上額80円））となる。

　では，履行義務 B はどうなるだろう。4 月30日の段階で，履行義務 B の取引

価格20円についても請求されているが，売上の計上はまだである。したがって，売掛金の残高の算式で計算すると，0円（＝Min（請求額20円－入金額0円，収益計上額0円））となる。

ii　5月31日の勘定残高

　5月31日に100円の入金がある。これは，4月30日の請求に対するものであり，その内訳は，履行義務Aが80円で，履行義務Bが20円である。

　まず，履行義務Aの売掛金の残高を計算してみよう。履行義務Aの「入金額(c)」は80円だから，売掛金の残高の算式で計算すると，0円（＝Min（請求額80円－入金額80円，収益計上額80円））となる。

　履行義務Bはどうなるだろうか。すでに説明したように，履行義務Bは，サービスの提供であるため，企業がサービスを提供するにつれて，売上が徐々に計上される。本来は，このようなケースでは売上の相手勘定は「契約資産」である。

　では，契約資産を計上するための条件は何だっただろう。それは，①履行義務を充足しているが，②客先に対して請求はできない，という2つの条件を満たすものだ。ならば，契約資産の残高の算式はこうなる。

契約資産の残高＝Max（収益計上額(a)－請求額(b)，0）

　履行義務Bの契約資産の残高を，この算式で計算すると，0円（＝Max（収益計上額10円－請求額20円，収益計上額0円））となる。つまり，契約資産で計上すべきものはない。では，5月1日から1か月分の履行義務Bの売上の相手勘定は何なのか。実は，履行義務Bの対価については，4月30日に客先に請求している。対価を客先に請求できるなら，売上の相手勘定は「契約資産」ではなく「売掛金」である。

　このことを，売掛金の残高の算式で確認してみよう。説明のため，ちょっ

と細かく時点を分けて話をする。まず，5月31日の入金直前の売掛金の残高
だ。算式で計算すると，10円（= Min（請求額20円 - 入金額 0 円，収益計
上額10円））である。ところが，その直後に入金があると，どうなるか。0
円（= Min（請求額20円 - 入金額20円，収益計上額10円））に変わる。では，
履行義務 B の収益計上額と入金額の差額はどこにいったのか。契約負債であ
る。

　ここで，契約負債を計上するための条件を思い出してみよう。①履行義務
を充足しておらず，②客先に対して請求でき，そして③実際に入金したか
（それとも，入金予定日を経過したか）という 3 つ条件を満たすものが契約
負債だ。この条件に従うと，（まだ履行義務を充足していない）契約負債の
残高の算式はこうなる。

$$契約負債の残高 = Max（入金額(c) - 収益計上額(a)，0）$$

　この算式に従って 5 月末の履行義務 B の契約負債の残高を算出すると，10
円（= Max（入金額20円 - 収益計上額10円，0））である（図表 3 - 2 -14）。

【図表 3 - 2 -14】　5 月31日の勘定残高：入金日

	独立販売価格で配分後の取引価格	収益計上額(a)	請求額(b)	入金額(c)	売掛金 min((b-c),a)	契約資産 max((a-b),0)	契約負債 max((c-a),0)
履行義務 A	80	80	80	80	0	0	0
履行義務 B	20	10	20	20	0	0	10
合計	100	90	100	100	0	0	10

iii　6 月30日の勘定残高

　6 月30日に履行義務 B の提供が完了する。履行義務 B はサービスだから，5
月の時と同じように徐々に収益を認識する。6 月 1 日から30日までの期間でさ
らに売上10円を計上するから，「収益計上額(a)」は20円になる。
　さて，契約負債の残高の算式を使って算出すると，6 月末の履行義務 B の契

約負債は 0 円（＝ Max（入金額20円 − 収益計上額20円，0））となる。

　6 月30日に履行義務Ｂの提供が完了したところで，履行義務Ａも含めて，この契約に関係する 3 つの勘定科目（売掛金，契約資産，契約負債）がすべてゼロになったことを確認いただけただろう。これで，すべての処理が終了した（図表 3 - 2 -15）。

【図表 3 - 2 -15】　6 月30日の勘定残高：履行義務Ｂの提供完了時

	独立販売価格で配分後の取引価格	収益計上額(a)	請求額(b)	入金額(c)	売掛金 min((b-c),a)	契約資産 max((a-b),0)	契約負債 max((c-a),0)
履行義務Ａ	80	80	80	80	0	0	0
履行義務Ｂ	20	20	20	20	0	0	0
合計	100	100	100	100	0	0	0

　3 つの勘定科目の算出プロセスは，契約資産が生じる場合（本書では，設例 2 に当たる）でも，基本的には同じ原理である。問題は，客先からの入金が遅れた場合や，契約上で前受けの取り決めがある場合だ。これらに対応するには，もう少し仕掛けに工夫が必要になる。この点については，あとで解説しよう。

3 ｜ 契約管理システム

(1)　契約管理システムの役割

　契約管理システムについて考えてみよう。このシステムは，契約情報を管理するシステムである。受注管理システム，案件管理システムなど呼び名はさまざまだが，販売プロセスの玄関口を守り，客先の契約情報を一手に引き受ける役割を持つ。

　建設業を例に見てみよう。案件の引合いから受注まで短いものもあれば，長いものもある。同じ種類の工事であっても，契約の内容はいろいろだ。工事完成日，引渡日，請負金額，請負種別（元請・下請）など管理が必要になる。そして，契約には，これに付随する書類がある。工事請負書，注文書，注文請書，見積書，納品書，請求書などだ。ひと口に"契約"といっても，管理するデータは多い。

　実は，こういったことは，法令（例えば，建設業法第40条の３）でも求められる。契約に関係する情報を一元的に集め，契約内容や契約の進行状況をコントロールするには，それ専用のシステムが必要である。契約管理システムを使うことで，契約に関係する業務を効率的に進めることができる。

①　契約管理システムの位置づけ

　どういったメンバーが契約管理システムを利用するのだろうか。まずは，営業担当者（営業部門）だ。客先と受注に至るまでに詰めてきた情報をシステムに登録する。このほかにも，このシステムを利用する者はいる。それは，製造管理者（管理部門），製造担当者（製造部門），調達担当者（調達部門）である。契約内容だけを管理するのが契約管理システムの目的ではない。契約に紐づいているさまざまな情報，例えば，製造の内容や仕様，調達する材料，製造の進捗状況などを管理する。１つの契約に関係する部署は，実にさまざまだ。特に

大きな契約になると，主管部署と関係部署が連携して対応することが求められる。こんな時に，契約管理システムは力を発揮する。図表3-3-1をご覧いただきたい。

【図表3-3-1】 契約管理システムの業務的な位置づけ

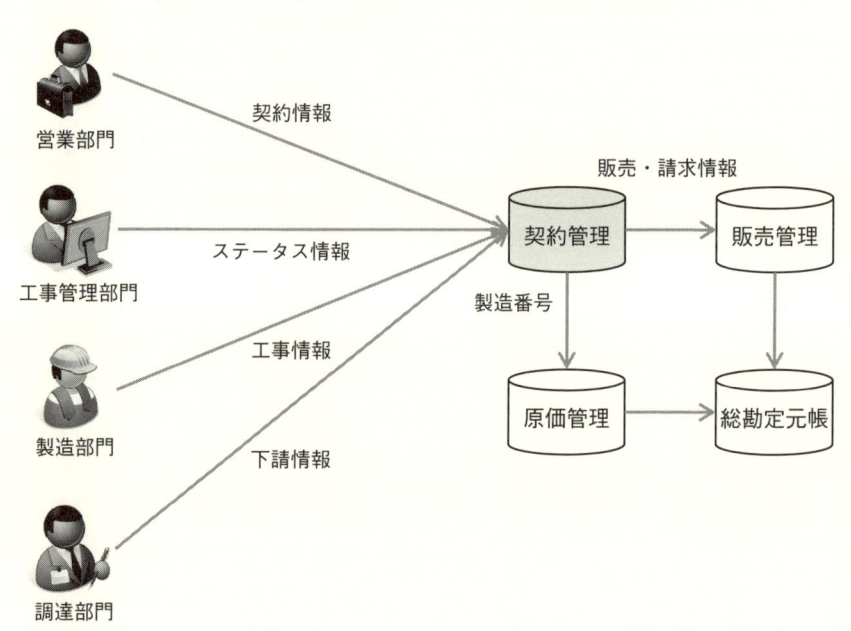

契約管理システムが関係するシステムは2つある。1つは，販売管理システム，そしてもう1つが原価管理システムだ。契約に基づいて，実際に財・サービスを客先に提供すれば，収益を計上する。契約に定められた条件に基づいて，客先には請求を行い，回収する。このため，収益の計上に必要な情報は，契約管理システムから販売管理システムに送られる。

では，原価管理システムにはどういう情報が送られるのか。これは，製造や工事に関する情報である。契約に基づいて，製造の着手（または工事の開始）を行うには，製造番号（または工事番号）が必要だ。この番号は，契約情報と紐づけられる。製造や工事は，契約の内容によって決まるのだから，これは当

然である。

②　契約管理システムのデータ項目

　契約管理システムを利用する関係部署は多い。では，いったいどういうデータが格納されているのだろうか。それは，契約までの情報ではない。契約したあと，材料の手配や調達に関係する契約，製造や工事の実施結果など，契約の終結まで続く。それでは，契約管理システムに登録される主なデータを紹介しよう。図表3-3-2をご覧いただきたい。

【図表3-3-2】　契約管理システムのデータ項目

No	契約番号	契約名称	発番日	注文者名	営業部門	製造部門	契約締結日	履行開始日	履行完了日	完成日(検査完了日)	引渡日(検収日)	取引価格	添付資料					
													契約書	注文書	注文請書	見積書	納品書	請求書
1	X01	機器Aに係る契約	3/31	XXX	XXX	XXX	4/10	4/30	4/30	4/30	4/30	100	入	入	入	入	入	入
2	X02																	

　1つの契約につき，契約番号が付される。そして，この契約番号に紐づけて，データは格納される。それは，契約名称，発番日，注文者名（客先），営業部門，製造部門，契約締結日，履行開始日，履行完了日，完成日（検査完了日），引渡日（検収日），取引価格などである。関係書類も含まれる。例えば，契約書，注文書，注文請書，見積書，納品書，請求書などはPDFで添付される。

(2)　新収益基準が入るとどう変わるか

　では，新収益基準が入ると，契約管理システムはどう変わるだろうか。すでに説明したとおり，契約管理システムは，販売管理システムと原価管理システムと結びついている。

　新収益基準が導入されると，履行義務単位で会計上の債権管理を行うために，請求管理システムが追加されるということは，すでに説明した。このシステムは，契約に基づいて，履行義務単位での履行義務の提供状況や，請求，入金状

況を把握し，売掛金，契約資産および契約負債の計上，振替え，消込み，回収可能性の評価を管理するものだ。この情報に基づいて，販売管理システムにデータが登録される。ということは，契約管理システムは，販売管理システムではなく，請求管理システムに対して，契約情報を渡すことになる。

　では，原価管理システムとの関係は，どうなるのか。収益の計上単位が履行義務をベースに変わるのだから，これに対応する原価の計上も当然，履行義務がベースになる。契約管理システムは，履行義務という単位で，契約に関係する情報を原価管理システムに渡すことになる。図表3-3-3をご覧いただきたい。

【図表3-3-3】 契約管理システムのシステム上の位置づけ

	イメージ	概要
いままで	契約単位での債権管理 契約管理 → 販売管理 契約単位での製造管理 原価管理 → 総勘定元帳	契約に関する情報を契約単位をベースに，契約管理システムに入力する。受注番号や製造番号も，基本的には契約の単位と一致する。
これから	契約単位と履行義務単位での債権管理 契約管理 → 請求管理 → 販売管理 契約単位と履行義務単位での製造管理 原価管理 → 総勘定元帳	新収益基準のもとでは，契約単位に加えて，履行義務の単位でも情報を把握する。受注においても，製造においても契約単位と履行義務との関係がわかるようにする必要がある。

①　経理担当のバックアップ

　もう1つ，大事な点がある。それは，契約管理システムにデータを入れるときだ。この節の冒頭でも説明したが，契約管理システムには多くの利用者がいる。それは，営業担当者（営業部門），製造管理者（管理部門），製造担当者（製造部門），調達担当者（調達部門）といったものだ。彼ら（彼女ら）は，契約に関してそれぞれ自分たちが関係する情報を登録したり，変更したり，参照したりしながら，それぞれの業務を行う。では，新収益基準が導入されると，どうなるのか。従来どおり契約情報の管理は行うだろう。そして，もう1つ，履行義務単位での管理も必要になるはずだ。

　問題は，誰が，契約管理システムに履行義務単位の情報を登録するかだ。1つの契約にいくつ履行義務があるのか，履行義務をどう捉えればいいのか，こういったことは，営業担当者や製造管理者は必ずしも詳しくはない。彼らに「新収益基準を読んで勉強してくれ」というのは，現実的ではない。

　では，この役割は経理担当者（経理・財務部門）が果たすべきか。いや，それもムズカシイだろう。1つひとつの契約はユニークだ。契約の内容を読み解き，どれが履行義務に当たるのか，また履行義務を分けるには，契約の内容について正しい理解が必要だからだ。

　結局，契約管理システムに情報を登録するときに，営業担当者が経理担当者のサポートを借りて，履行義務単位を決めるというのが合理的な対応方法だろう。つまり，最初の段階から経理担当者が関わるのだ。こうすることで，営業担当者や製造管理者も，履行義務単位の情報を適切に登録できるし，経理担当者も契約に関する正しい知識を得ることができる。図表3-3-4をご覧いただきたい。

【図表 3 - 3 - 4】　新収益基準の導入後の契約管理システムの業務的な位置づけ

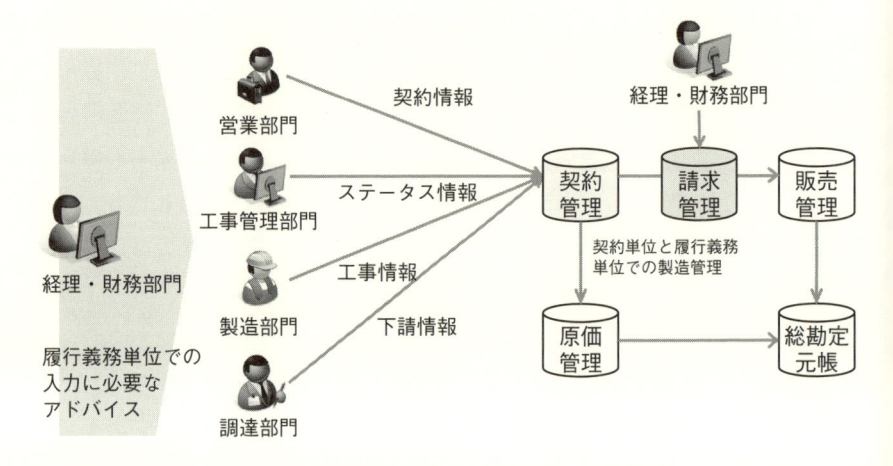

②　新収益基準導入後の契約管理システムのデータ項目

　新収益基準を導入した後に，契約管理システムで保持すべきデータ項目について考えてみよう。エンティティ（実体）とは，システム上で扱うデータのかたまり（グループ）のことだ。システムで扱うデータは，実に多い。それをただ並べても，何のことかわからない。似た者同士，グループに分けて表現したほうがわかりやすい。といっても，それぞれのグループがバラバラに存在するわけではない。だから，グループとグループがどういう関係にあるかを示すのである。図表 3 - 3 - 5をご覧いただきたい。

【図表3-3-5】　契約管理システムのデータ項目

エンティティX

	データ項目		内容
1	契約番号		X01
2	契約名称		機器Aに係る契約
3	発番日		3/31
4	注文者名		XXXX
5	営業部門		XXXX
6	製造部門		XXXX
7	契約締結日		4/10
8	工事開始日		4/30
9	工事完了日		4/30
10	完成日（検査完了日）		4/30
11	取引価格		100
12	添付資料	契約書	📄
13		注文書	📄
14		注文請書	📄
15		見積書	📄
16		納品書	📄
17		請求書	📄

1 ⊢○＜ 1
n
（ゼロあり）

エンティティY

	データ項目	内容		
1	履行義務番号	PO1	PO2	POX
2	履行義務の名称	機器A	保守B	合計
3	履行開始日（予定）	4/30	5/1	
4	履行完了日（予定）	4/30	6/30	
5	請求日（予定）	4/30	4/30	
6	入金日（予定）	5/31	5/31	
7	収益認識の種別	一時点	期間	
8	取引価格	70	30	100

＊1対nとは，1つの契約番号に対して複数の履行義務番号があるという意味。n（ゼロあり）とは，契約情報（エンティティX）を作成する時点では履行義務の情報（エンティティY）を作成せずに，あとで作成が可能という意味である。

　エンティティXは，従来の契約管理システムが保持しているデータのグループである。それぞれのデータを見て欲しい。すべて契約という単位をベースにしていることがわかるだろう。

　これに対して，エンティティYは，新しいグループだ。中身は，履行義務番号，履行義務の名称，履行義務の提供の開始日や完了日（予定），請求日（予定），入金日（予定），収益認識の種別（一時点で収益を認識するか，それとも一定の期間にわたって収益を認識するのか），履行義務ごとの取引価格などである。そう。エンティティYのデータ項目は，履行義務をベースにしたものである。

　では，この2つのエンティティはどういう関係にあるか。そのキーとなるの

が，「契約番号」である。履行義務番号は契約番号に結びつくのだ。1つの契約について，少なくとも1つの履行義務がある。もちろん，複数の履行義務が存在することもある。だから，契約番号と履行義務番号は1対nという関係で紐づいている。

　ちなみに，図表3-3-5のnには，（ゼロあり）という表記がある。これは，1つの契約について履行義務がない場合（ゼロの場合）があるという意味ではない。契約管理システムにデータを登録するときを想像して欲しい。まず，最初にどんな情報を登録するだろうか。それは，契約情報（エンティティXに格納される情報）である。履行義務に関する情報（エンティティYに格納される情報）から登録することはない。

　だが，契約情報の登録が終わっても，すぐに履行義務ごとの情報が登録できるとは限らない。どう履行義務を分けるのか，わからないことだってあるはずだ。そういう場合，契約情報の登録が終わったところで，（経理担当者に問い合わせをするまで）いったん情報を保存するのである。これが，n＝ゼロの状態である。契約管理システムの改修にあたっては，このような実際の業務プロセスも想定しながら，行うことが望ましい。

4 請求管理システムの機能

(1) 新たなシステム

新収益基準の導入で必要になるのが"請求管理システム"である。契約上の請求管理と履行義務単位で会計上の債権管理を行うためだ。契約に基づいて，履行義務単位での履行義務の提供状況や，請求，入金状況を把握し，売掛金，契約資産および契約負債の計上，振替え，消込み，回収可能性の評価を管理する。これは，経理・財務部門の財務担当や会計担当の業務であろう。

① 請求管理システムの機能

では，これらの管理のために，請求管理システムはどういう機能を備えるべきか。請求管理システムの機能は5つある。

i 契約上の請求管理

「契約上の請求管理」とは，契約の定める顧客に対する請求権の管理のことである。契約に基づいて客先に対して請求している金額がいくらあるか，また回収した金額はいくらで，前受けはいくらあるか。これらを契約単位で把握することである。新収益基準が入っても，この管理は変わらない。このため，請求管理システムは，契約管理システムから契約情報を入手し，**契約単位**で，客先に対する請求状況や，（債権管理システムでの入金消込みの結果を受けて）債権の消込状況が把握できる必要がある。

ii 会計上の債権管理

「会計上の債権管理」とは，会計上で計上した3つの勘定科目（売掛金，契約資産，契約負債）の管理のことだ。請求管理システムでは，履行義務単位で，売掛金，契約資産および契約負債の計上，振替え，消込み*に必要な情報を管

理できる必要がある。このため，請求管理システムは，契約管理システムに登録された契約情報と履行義務の情報に基づいて，**履行義務単位**で，その履行状況（履行義務の提供開始日や提供完了日など）や（履行義務単位での）請求状況，（債権管理システムでの入金消込みの結果を受けて）履行義務単位での債権の消込状況が把握できる必要がある。つまり，履行義務単位での売掛金，契約資産，契約負債を把握できるようするのである。

　＊「回収可能性の評価」についての記載がない理由は，「（コラム）「回収可能性の評価」のムズカシさ」（184頁）を参照いただきたい。

iii　ギャップ管理

　ここでいう"ギャップ"とは，**履行義務単位で把握した売掛金の合計と契約上の請求管理で把握している債権との差異である**。会計上の債権管理の中心は，3つの勘定科目の管理だ。だが，実は履行義務単位で売掛金，契約資産，契約負債を把握するだけでは十分ではない。履行義務単位で把握した売掛金を契約単位で合計しても，契約上の債権と一致しないことがあるからだ。その理由は，「未収入金」（契約に基づいて客先に前受けの請求を行い，入金予定日を過ぎている債権で，履行義務の提供が行われていないもの。なお，財務諸表上は売掛金と一緒に「債権」として表示される）の存在である。これが何か，という点については198頁で詳しく説明する。

iv　データ連携

　契約上の請求管理を行うにも，会計上の債権管理を行うにしても，"情報"が必要である。請求管理システムは，契約管理システムと連携して契約情報を入手する。また，請求管理システムは会計処理に必要な情報（履行義務単位での収益計上）を販売管理システムに連携する（なお，売掛金・契約資産・契約負債の振替えと消込みは，請求管理システムの内容をみて，債権管理システムで行う）。データ連携が必要なのだ。ただし，請求管理システムで債権の消込みを行うわけではないから，ファームバンキングからの入金情報を入手（連

携）する必要はない。いままでどおり，債権管理システムで行うことになる。

　現在，販売に関係する会計処理や債権の計上や消込みを（ほぼ）自動で行っているならば，新収益基準の導入後でも，そうすることが理想的だ。もちろん，実際は，契約管理システムの情報だけではとても自動的に仕訳を起票できないケースもあるだろう。履行義務の提供予定期間と実際の提供期間が異なったり，当初予定していた進捗よりも履行義務の提供のスピードが早かったりすることもある。新収益基準の導入で業務の負担が大幅に増えることは避けなければならない。そのためには，新収益基準に基づく仕訳はどういうものか，債権の計上と消込みはどうあるべきかを整理し，いつどういうデータをどのシステムに連携すべきか考える必要がある。

v　データ抽出とドキュメントの出力

　すでに説明したように，いままで債権管理システムで客先に対する請求書を作成した。しかし，これだと，1つの契約に2つ以上の履行義務がある場合は都合が悪い。請求書が履行義務単位で作成されてしまうからだ。請求書は，契約で定める単位で作成したい。そこで，請求書を請求管理システムで作成するのだ。このため，請求管理システムには請求書の作成と出力機能が必要になる。

　このほかにも，データの抽出やドキュメントの出力機能は必要だ。請求管理システムに格納されている情報は，契約上の請求管理や会計上の債権管理を行ううえで必要なものばかりである。データを抽出して，請求状況を分析したり，会計上の債権管理の情報を使って，業績評価や財務諸表の注記に必要な情報を入手したりする。そのためには，請求管理システムにデータ抽出とドキュメントの出力機能が必要になる。

②　必要なデータ項目

　新収益基準を導入したあとに，請求管理システムで保持すべきデータ項目について考えてみよう。契約管理システムの時と同じように，ここでも，エンティティ（実体）を使って説明する。図表3-4-1をご覧いただきたい。

【図表３－４－１】　請求管理システムで必要なデータ項目

エンティティＡ

	データ項目	内容	
1	契約番号	—	
2	契約名称	—	
3	履行義務番号	POX	合計
4	請求番号		—
5	請求内容		—
6	請求日（予定）		—
7	請求日（実際）		—
8	入金日（予定）		—
9	入金日（実際）		—
10	取引価格		—
11	請求額		—
12	入金額		—
13	入金期日経過後の要入金額		—
14	履行義務に引当て	—	
15	未引当残高（13－14）	—	
16	売掛金		—
17	契約資産		—
18	契約負債		—
19	相殺		—
20	未収入金（15－16）		—

1

（ゼロあり）

エンティティＢ

	データ項目	内容		
		PO1	PO2	POX
1	履行義務番号	PO1	PO2	POX
2	履行義務の名称	—	—	合計
3	履行開始日（予定）	—	—	
4	履行完了日（予定）	—	—	
5	履行開始日（実際）	—	—	
6	履行完了日（実際）	—	—	
7	請求日（実際）	—	—	
8	入金日（予定）	—	—	
9	入金日（実際）	—	—	
10	収益認識の種別	—	—	
11	取引価格	—	—	
12	独立販売価格	—	—	
13	配分後の取引価格	—	—	
14	収益計上額	—	—	
15	請求額	—	—	
16	入金額	—	—	
17	売掛金	—	—	
18	契約資産	—	—	
19	契約負債	—	—	
20	相殺（18－19）	—	—	

＊１対ｎとは，１つの契約番号に対して複数の履行義務番号があるという意味。ｎ（ゼロあり）とは，契約情報（エンティティＸ）を作成する時点では履行義務の情報（エンティティＹ）を作成せずに，あとで作成が可能という意味である。

　エンティティＡは，契約上の請求管理を行うために必要なデータのグループである。契約番号，契約名称，請求番号，請求内容，請求日など，（ほぼ）すべて契約という単位をベースにしていることがわかるだろう。

　これに対して，エンティティＢのほうはどうだろう。エンティティＢの中身は，履行義務番号，履行義務の名称，履行義務の提供の開始日や完了日，請求日，入金日，収益認識の種別（一時点で収益を認識するか，それとも一定の期間にわたって収益を認識するのか），履行義務ごとの取引価格，収益計上額，

請求額，入金額，売掛金，契約資産，契約負債などである。そう，エンティティBのデータ項目は，履行義務をベースにしたものである。

　では，この2つのエンティティはどういう関係にあるか。契約管理システムと同じく，この場合も重要となるのが，「契約番号」である。履行義務番号は契約番号に結びつく。1つの契約について，少なくとも1つの履行義務がある。もちろん，複数の履行義務が存在することもある。だから，契約番号と履行義務番号は1対nという関係で紐づいている。

　さて，請求日や入金日，履行開始日や完了日を「予定」と「実際」に分けて管理する。契約管理システムでは「予定」だけであった。これは，データを登録するタイミングと管理の目的の違いである。契約管理システムに契約情報を登録するタイミングでは，請求日や入金日，履行開始日や完了日は，すべて「予定」である。もちろん，その後，データと追加登録を行えばいいのであるが，そもそも契約管理システムの目的が，契約内容とそれに関係する情報の管理にあるため，何でもすべて取り込むわけにはいかない。請求管理システムを見れば，請求日や入金日，履行開始日や完了日の「実際」のデータがわかるなら，わざわざ契約管理システムに保持する必要はない。これが理由である。

　もう1つ大事なことがある。それは，「ほぼ」という点だ。先ほど，エンティティAのデータは，「（ほぼ）すべて契約という単位をベースにしている」と説明した。つまり，一部のデータは違うのだ。それは，売掛金（エンティティAの16番目の項目。以下，同じ），契約資産（17番目の項目），契約負債（18番目の項目），相殺（19番目の項目）のデータである。

　これらのデータは，履行義務単位のデータの合計である。もっというと，エンティティBから連携されたものである。エンティティBは主として会計上の債権管理に必要な情報が格納され，エンティティAは主として契約管理に必要な情報が格納される。だが，先ほども触れたが，**会計上の債権管理を行うには，エンティティBの情報だけでは不十分である。「未収入金」があるからだ。**そこで，エンティティAの20番目の項目で「未収入金」を算定するのである。

　このように，契約上の請求管理と会計上の債権管理は連動しなければならな

い。では，どうやって連動させるのか。1つは，履行義務単位で3つの勘定科目（売掛金，契約資産，契約負債）を把握すること。もう1つは，契約単位で債権・債務を把握すること。そして，これらの差異を請求管理システムで管理できるようにすることである。

> #### コラム
>
> ### 「回収可能性の評価」のムズカシさ
>
> 　会計上の債権管理の中には，「回収可能性の評価」が含まれる。現行では，この役割を債権管理システムが担うべきだが，そうはうまくいかない。その理由は，"請求→入金→消込み"という定型的な回収プロセスから外れているからだ。
>
> 　例えば，売掛金100円の回収可能性を20%だと判断したとしよう。だが，相手先に対してはまだ売掛金の減免はしていない。となると，債権管理システムの中には，売掛金100円が残ったままだ。売掛金が100円残っていれば，この相手先に対して請求が続く。入金予定日に支払がなければ，入金予定日を更新しなければならない。実際は，20%しか回収できないし，相手先と回収スケジュールについて再交渉中かもしれない。このようなことは，相手先によって，そして1つひとつの滞留債権でも変わる。こういった状況を債権管理システムにはうまく登録（というか，表現）することができないのだ。
>
> 　結局，**実務では，このような滞留債権は債権管理システムでは管理しない。**いったん，債権管理システムから別の勘定科目に振り替えて，総勘定元帳で残高を，エクセルなどでその内訳と交渉履歴を管理する。
>
> 　この状況は，「請求管理システム」を導入しても変わらないだろう。だから，（請求管理システムに求められる）会計上の債権管理の機能から，「回収可能性の評価」を外したのである。

(2)　設例1のデータの状態遷移

　さて，いままで，請求管理システムで保持すべきデータ項目について考えてきた。請求管理システムで中心となるエンティティ（システム上で扱うデータ

のかたまり（グループ）のこと）は2つある。契約上の請求管理を行うために必要なデータのグループであるエンティティＡと，履行義務をベースにしたものであるエンティティＢだ。それぞれの項目と2つのエンティティの関係については，簡単に説明したが，まだピンとこないかもしれない。そこで，ここでは前にも登場した設例1を使って，データの状態遷移を解説したい。

　その前に，「状態遷移」について少し説明しよう。**状態遷移とは，まさに読んで字のごとく，「状態」がどう「遷移」するか，状態の移り変わりのことだ。**システムにはいろいろなデータが登録され，プログラムに従って処理（計算など）され，その結果を格納したり，他のシステムに送ったりする。データがどういうイベント（行為）によって変化するかを，図形や数値，矢印などを使って表現したのが状態遷移図である。

　状態遷移図の説明の都合上，請求管理システムのエンティティのデータ項目の状態がわかるように，6つ（入力不可，未入力，データ連携，計算結果，新規入力項目，既入力項目）の状態を網掛けの濃淡や模様の違いでわかるように凡例に記載した。入力不可とは，現在も，そしてこれからも入力できない項目である。未入力は，現在はデータが登録されていないが，これから登録されるもの。データ連携は，他のシステム（契約管理システムや債権管理システムなど）や他のエンティティ（例えば，エンティティＢ）からデータが送られる項目。計算結果は，請求管理システムが保持するデータで処理した結果を入力する項目。新規入力項目は「未入力」だった項目に新たにデータを入力したもの。そして，既入力項目は，それ以前に，入力したか，データ連携したか，計算されたか，によってデータが登録されている項目を指す。**図表3-4-2**をご覧いただきたい。

186

【図表 3-4-2】 データ項目の状態の凡例

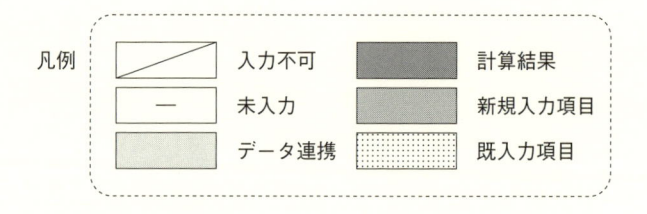

① 状態遷移の確認

では，さっそく状態遷移を確認して見たい。その前に，もう一度，設例1を確認することから始めよう。

設例1（再々掲）

> 1つの契約（100円）に2つの履行義務（財の販売Aとその後のサービスの提供B。ステップ4の配分後の金額は，Aが80円，Bは20円と仮定）が含まれている。現行実務では，履行義務Aの提供が完了した4月30日に売上100円を計上している。同日に代金を請求し，予定どおり5月31日に入金があった。なお，履行義務Bは履行義務Aの提供後2か月にわたり提供され，6月30日に提供を完了した。

それでは，まず契約を締結した直後のデータの状況からだ。

i　契約当初

（i）データ連携

契約の内容は，契約管理システムに登録されている。だから，基本となる情報は契約管理システムから送られる。エンティティAの契約番号や契約名称，エンティティBの履行義務番号，履行義務の名称，履行開始日（予定），履行完了日（予定），取引価格といった情報がそうだ。

(ii)　契約内容について新規入力

請求管理システムに登録するデータもある。エンティティAにこの契約の請求に関する基本情報を登録する。請求番号，請求内容，請求日（予定），入金日（予定），請求額である。

(iii)　履行義務単位での請求情報の入力

請求に関する情報は，履行義務単位でも登録する。**「契約書に履行義務のことは書かれていないでしょ？」**と思う方もいるかもしれない。確かに，契約書には，履行義務単位で請求のことまで書かれてはいないだろう。それでも，契約書に基づく，どの請求がどの履行義務に対するものなのか，整理する必要がある。なぜか。そうしないと，入金があったときに，会計上の債権を消し込むことができないからだ。

図表3-4-3のエンティティBをご覧いただきたい。入金日（予定）は5月31日だ。この契約は，履行義務Aの提供が完了した4月30日に客先に代金を請求し，翌月の5月31日に入金を予定している。この代金は，履行義務Aだけでなく，履行義務Bの分も含まれる。

(iv)　取引価格の配分

エンティティBの取引価格についてご覧いただきたい。財A（履行義務A）が70円で，サービスB（履行義務B）が30円となっている。今回，（設例1には書かれていないが）説明の都合上，こう設定をした。それは，契約書に，この100円の取引価格の内訳として，財Aが70円，サービスBが30円という記載がある，というものだ。

ここで，独立販売価格を入力する。独立販売価格とは，それぞれの財またはサービスを独立に販売するとした場合の価格のことだ。実際に，個別で販売している場合はその金額を入力する。もし，そうでなければ，見積もる必要がある。いずれにせよ，ここでは財AとサービスBの独立販売価格を請求管理システムに入力する。

188

この契約の取引価格は100円である。契約書に取引価格の内訳として書かれた金額は、財Aが70円、サービスBが30円だったが、この合計を独立販売価格で按分すると、その価格（配分後の取引価格）は、財Aが80円、サービスBが20円となる。この計算は、取引価格とそれぞれの履行義務の独立販売価格が入力されると、自動的に計算される。

【図表図表3-4-3】 契約当初の状態遷移図

エンティティA

	データ項目	内容		
1	契約番号	X01		
2	契約名称	財Aに係る契約		
3	履行義務番号		POX	合計
4	請求番号	B1		
5	請求内容	第1回		
6	請求日（予定）	4/30		
7	請求日（実際）	—		
8	入金日（予定）	5/31		
9	入金日（実際）	—		
10	取引価格			100
11	請求額	100		100
12	入金額	—		—
13	入金期日経過後の要入金額	—		—
14	履行義務に引当て	—		—
15	未引当残高(13-14)	—		—
16	売掛金		—	
17	契約資産		—	
18	契約負債		—	
19	相殺		—	
20	未収入金(15-16)		—	

（契約管理システムより／エンティティBより）

エンティティB

	データ項目	内容		
1	履行義務番号	PO1	PO2	POX
2	履行義務の名称	財A	サービスB	合計
3	履行開始日（予定）	4/30	5/1	
4	履行完了日（予定）	4/30	6/30	
5	履行開始日（実際）	—		
6	履行完了日（実際）	—		
7	請求日（実際）	—		
8	入金日（予定）	5/31	5/31	
9	入金日（実際）	—		
10	収益認識の種別	時点	期間	
11	取引価格	70	30	100
12	独立販売価格	80	20	100
13	配分後の取引価格	80	20	100
14	収益計上額	—	—	—
15	請求額			
16	入金額			
17	売掛金			
18	契約資産			
19	契約負債			
20	相殺(18-19)			

（契約管理システムより／契約管理システムより）

契約によっては履行義務単位の金額の内訳が決まっていないケースもある。この金額は必須データではない。

ⅱ 財A（履行義務A）の提供完了：4月30日

（ⅰ）履行義務Aについて新規入力

4月30日に履行義務Aの提供が完了したら、完成証明など証憑に基づいて請求管理システムに「販売」入力を行う。すると、エンティティBの履行完了日（実際）の項目に「4/30」というデータが登録される。また、履行義務Aの提

供が完了した4月30日に売上100円を計上し代金を請求しているから，エンティティBの請求日（実際）の項目も「4/30」というデータが登録される。

(ⅱ)　履行義務単位での請求額の判断

「ⅰ　契約当初」で説明したように，履行義務単位で請求に関する情報を登録した。また，独立販売価格を使って履行義務ごとの取引価格（より正確には，配分された取引価格）を算定もした。会計上の債権管理の対象を明らかにするためである。

　次は，客先からの入金を，どの（履行義務の）売掛金から回収するかを判断する。といっても，今回のケース（設例1）の場合は，シンプルだ（迷う余地はない）。入金は5月31日の一度きりだし，入金は100円で消込対象と一致する。

　100円の入金があったら，履行義務Aの売掛金から80円回収し，履行義務Bの売掛金から20円を回収する。入金額をどの売掛金から回収するかを決めたら，エンティティBの請求額の欄に「80」と「20」というデータを登録する。

(ⅲ)　履行義務Aの計算結果

　さて，3つの勘定科目の関係を説明するために，縦軸は客先に対して「請求」できるかどうかという観点，横軸は「履行義務」が充足したどうかという観点からの区分した図表3-2-12を思い出していただきたい。履行完了日と請求日という2つの条件が満たされると，何が起きるだろうか。

　そう，収益と売掛金の計上である。履行の完了という情報に基づいて，エンティティBの収益計上額の項目に「80」というデータが登録される。また，①履行義務を充足し，②客先に対して請求できる，という2つの条件を満たすものが売掛金だ。履行完了日（実際）が「4/30」で，請求日（実際）が「4/30」だから，売掛金は「80」と登録される。

(ⅳ)　履行義務Bに変化はない

　ここで履行義務Bについて考えてみよう。エンティティBのサービスB（履

行義務B）の情報によると，4月30日に配分後の取引価格に相当する20円の請求を行っている（ことになっている）。しかし，まだ履行義務Bの提供が完了したわけではないし，20円の入金予定日を経過したわけでもない。だから，3つの勘定科目（売掛金，契約資産，契約負債）のどの数値にも変化がないのである。

(v) エンティティAとエンティティBの連携

エンティティBで把握した3つの勘定科目の残高と相殺データ（契約資産と契約負債を相殺したもの）をエンティティAに戻す。これは，履行義務単位ではない。契約単位に足し上げたものである。4月30日の時点では，履行義務Aの売掛金80円だけだから，契約単位で合計すると3つの勘定科目の残高は売掛金80円だけだ。このデータをエンティティAの16番目の項目に連携する（図表3-4-4）。

【図表3-4-4】　財A（履行義務A）の提供完了：4月30日の状態遷移図

エンティティA

	データ項目	内容		
1	契約番号	X01		
2	契約名称	財Aに係る契約		
3	履行義務番号		POX	合計
4	請求番号	B1		
5	請求内容	第1回		
6	請求日（予定）	4/30		
7	請求日（実際）	4/30		
8	入金日（予定）	5/31		
9	入金日（実際）	—		
10	取引価格			100
11	請求額	100		100
12	入金額			
13	入金期日経過後の要入金額	—		
14	履行義務に引当て	—		
15	未引当残高（13—14）	—		
16	売掛金		80	80
17	契約資産	—	—	
18	契約負債			エンティティBより
19	相殺	—	—	
20	未収入金（15—16）	—	—	

エンティティB

	データ項目	内容		
		PO1	PO2	POX
1	履行義務番号	PO1	PO2	POX
2	履行義務の名称	財A	サービスB	合計
3	履行開始日（予定）	4/30	5/1	
4	履行完了日（予定）	4/30	6/30	
5	履行開始日（実際）	4/30	—	
6	履行完了日（実際）	4/30	—	
7	請求日（実際）	4/30	4/30	
8	入金日（予定）	5/31	5/31	
9	入金日（実際）	—	—	
10	収益認識の種別	一時点	期間	
11	取引価格	70	30	100
12	独立販売価格	80	20	100
13	配分後の取引価格	80	20	100
14	収益計上額	80		← 履行義務を充足したため
15	請求額	80	20	100
16	入金額			
17	売掛金	80		80
18	契約資産			
19	契約負債			
20	相殺（18—19）			

（14行目右）履行義務を充足したため

（17行目 PO2）無条件に顧客に請求できるため

（右欄外）この請求内訳は，請求書の明細ではない。請求を行う場合に，どの履行義務に対する請求かを入力する＊。これによって消し込む債権を明らかにする。

＊どの履行義務に対する請求かは，一定のルール（履行義務の完了した順か，配分後の取引価格や契約資産の金額の比率など）で決める。

ⅲ　履行義務Bの一部提供と客先からの入金：5月31日

（ⅰ）　履行義務Bについて新規入力

　5月1日から履行義務Bのサービスの提供が始まる。すると，エンティティBの履行開始日（実際）の項目に「5/1」というデータが登録される。

（ⅱ）　履行義務Bについて計算結果

　履行義務Bは，サービスの提供であるため，企業がサービスを提供するにつれて，売上が徐々に計上される。契約条件に基づいて，あらかじめ計算しておいて，スケジューラで自動的に請求管理システムに登録する。今回は，5月1

日から6月30日までの期間の売上なので，エンティティBの履行義務Bの収益計上額の項目に「10」というデータが登録される。

　履行義務Bは，本来は，このようなケースでは売上の相手勘定は「契約資産」である。だが，エンティティBの情報によると，請求日（実際）は「4/30」である。①履行義務を充足し，②客先に対して請求できる，という2つの条件を満たすから，エンティティBの履行義務Bの売掛金の項目に「10」というデータが登録される（本書の169頁ですでに説明したが，これは5月31日の入金直前の売掛金残高である。入金後の状態は図表3-4-5を参照のこと）。

(iii)　客先からの入金

　5月31日に客先から100円の入金があった。この情報は，入金担当者が，ファームバンキングにアクセスし債権管理システムに取り込んでいる（ここで（借方）現金預金100/（貸方）仮受金100という仕訳が生成される）。この情報を請求管理システムに連携するのである（と言っても，これはそう簡単なことではない。入金情報に契約番号を特定するためのキー情報を付与するとか，客先が入金する際に契約番号も入力してもらうなどの工夫が必要になる）。この結果，エンティティAの入金日（実際）の項目に「5/31」，入金額の項目に「100」というデータが登録される。

(iv)　売掛金の消込み

　さて，前に（161頁で），「問題は，売掛金の消込みである。すでに，4月30日に履行義務Aの80円，5月31日に履行義務Bの10円を債権管理システムには登録してある。また，このことは，請求管理システムでもわかる。消込担当者は，客先からの100円という入金情報をみて，どれをどう消し込むか（今回だと，履行義務Aの80円と履行義務Bの10円）を確認し，**債権管理システム**でこの消込みを実行する」と説明した。そう，問題は消込みである。

　では，どうやるのか。エンティティBの情報をみて，100円の入金がどの履

行義務の売掛金に対するものかを考える。といっても，今回のケース（設例1）は，選択の余地はない。すでに，独立販売価格で，履行義務Aと履行義務Bの配分後の取引価格は80円と20円と決まっている。100円の入金があるならば，履行義務Aの売掛金80円，履行義務Bの売掛金20円と入力する。エンティティBの16番目の項目である。

　重要な点なので，もう一度，繰り返す。**入金された金額が，どの履行義務に対するものか，自動的には決まらないケースがある。**契約書に，どの履行義務に対する支払なのか，（通常は）書かれてはいないからだ。入金されたら，その入金がどの履行義務に対するものかを判断する。もちろん，これは内部管理上だけの問題である。内部管理を行ううえで，どんな仕訳を入れるか，システムでどのように処理するか，が変わるだけである。したがって，この判断の結果によって，出来上がりの財務諸表が変わることはない。この点については，このあと，別のケース（設例3）を使って，また詳しく説明することにしよう。

(v)　契約負債の認識

　エンティティBの16番目の項目に従って，債権管理システムで売掛金の消込みを行う。なぜ，債権管理システムかは，すでに説明したとおりだ。売掛金の消込みに係る仕訳（履行義務A：（借方）仮受金80（貸方）売掛金80と履行義務B：（借方）仮受金10（貸方）売掛金10）を生成するのが債権管理システムだからである。

　エンティティBの履行義務Bの項目をご覧いただきたい。収益計上額10円に対して，入金額は20円である。差額は，契約負債の項目に「10」と記録される。この情報に基づいて，債権管理システムで，履行義務Bの前受処理を行い，仕訳（正確には，（借方）ダミー勘定10（貸方）契約負債10と（借方）仮受金10（貸方）ダミー勘定10）を生成する。

(vi)　債権管理システムとの連携

　請求管理システムの情報に基づいて，債権管理システムで売掛金の消込みを

した。履行義務Aの売掛金の消込み，履行義務Bの売掛金の消込みと前受処理
の結果は，債権管理システムから請求管理システムに戻す必要がある。請求管
理システムの情報と債権管理システムの消込結果の一致を確認するためである。

(vii)　エンティティAとエンティティBの連携

　先ほども説明したが，エンティティBで把握した3つの勘定科目の残高と相
殺データ（契約資産と契約負債を相殺したもの）をエンティティAに戻す。5
月31日の時点では，履行義務Bの契約負債10円だけしかないから，契約単位で
合計しても，3つの勘定科目の残高は契約負債10円だ。契約資産はゼロなので，
相殺の項目には「-10」がある。このデータをエンティティAの18番目と19番
目の項目に連携するのだ（図表3-4-5）。

【図表 3 - 4 - 5】　履行義務Bの一部提供と客先からの入金：5月31日の状態遷移図

エンティティA

	データ項目	内容		
1	契約番号	X01		
2	契約名称	財Aに係る契約		
3	履行義務番号		POX	合計
4	請求番号	B1		
5	請求内容	第1回		
6	請求日（予定）	4/30		
7	請求日（実際）	4/30		
8	入金日（予定）	5/31		
9	入金日（実際）	5/31		
10	取引価格			100
11	請求額	100		100
12	入金額	100		100
13	入金期日経過後の要入金額	100		100
14	履行義務に引当て	100		100
15	未当当残高（13－14）	0		0
16	売掛金		0	0
17	契約資産		0	0
18	契約負債		10	10
19	相殺		－10	－10
20	未収入金（15－16）			0

（債権管理システムより）
（エンティティBの流込み）
（エンティティBより）

エンティティB

	データ項目	内容		
		PO1	PO2	POX
1	履行義務番号	PO1	PO2	POX
2	履行義務の名称	財A	サービスB	合計
3	履行開始日（予定）	4/30	5/1	
4	履行完了日（予定）	4/30	6/30	
5	履行開始日（実際）	4/30	5/1	
6	履行完了日（実際）	4/30	—	
7	請求日（実際）	4/30	4/30	
8	入金日（予定）	5/31	5/31	
9	入金日（実際）	5/31	5/31	
10	収益認識の種別	一時点	期間	
11	取引価格	70	30	100
12	独立販売価格	80	20	100
13	配分後の取引価格	80	20	100
14	収益計上額	80	10	90
15	請求額	80	20	100
16	入金額	80	20	100
17	売掛金	0	0	0
18	契約資産	0	0	0
19	契約負債		10	10
20	相殺（18－19）			－10

（期間計算に基づいて収益を自動計算する。）

（請求管理システムのエンティティBの15番目の項目の請求内訳を見て，債権管理システムで消し込む。消込結果（80と20）が債権管理システムからインタフェースされ，請求管理システムで合計100を自動計算し，エンティティAの14番目の項目に連携する。）

ⅳ　履行義務Bの提供完了：6月30日

（ⅰ）　履行義務Bについて新規入力

　6月30日に履行義務Bのサービスの提供が完了する。そこで，エンティティBの履行完了日（実際）の項目に「6/30」というデータを登録する。

（ⅱ）　履行義務Bについて自動計算

　履行義務Bの6月1日から6月30日までの売上についても，スケジューラで自動的に請求管理システムに登録する。エンティティBの収益計上額の項目は10円から20円に変わり，契約負債は，10円から0円に変わる。

196

（ⅲ）　エンティティＡとエンティティＢの連携

　エンティティＢで把握した３つの勘定科目の残高と相殺データ（契約資産と契約負債を相殺したもの）をエンティティＡに戻す。だが，６月30日の時点では，３つの勘定科目の残高はゼロなので，そのデータをエンティティに連携することになる（図表３-４-６）。

【図表３-４-６】　履行義務Ｂの提供完了：６月30日の状態遷移図

エンティティＡ

	データ項目	内容		
1	契約番号	X01		
2	契約名称	財Aに係る契約		
3	履行義務番号		POX	合計
4	請求番号	B1		
5	請求内容	第1回		
6	請求日（予定）	4/30		
7	請求日（実際）	4/30		
8	入金日（予定）	5/31		
9	入金日（実際）	5/31		
10	取引価格			100
11	請求額	100		100
12	入金額	100		100
13	入金期日経過後の要入金額	100		100
14	履行義務に引当て	100		100
15	未引当残高(13-14)	0		0
16	売掛金		0	0
17	契約資産		0	0
18	契約負債		0	0
19	相殺		0	0
20	未収入金(15-16)			0

エンティティＢ

	データ項目	内容		
1	履行義務番号	PO1	PO2	POX
2	履行義務の名称	財A	サービスB	合計
3	履行開始日（予定）	4/30	5/1	
4	履行完了日（予定）	4/30	6/30	
5	履行開始日（実際）	4/30	5/1	
6	履行完了日（実際）	4/30	6/30	履行義務を充足したため
7	請求日（実際）	4/30	4/30	
8	入金日（予定）	5/31	5/31	
9	入金日（実際）	5/31	5/31	
10	収益認識の種別	一時点	期間	
11	取引価格	70	30	100
12	独立販売価格	80	20	100
13	配分後の取引価格	80	20	100
14	収益計上額	80	10⇒20	100
15	請求額	80	20	100
16	入金額	80	20	100
17	売掛金	0	0	0
18	契約資産	0	0	0
19	契約負債	0	10⇒0	0
20	相殺（18-19）			0

エンティティＢより

②　入金がない場合

　設例１を使って，請求管理システムのなかのデータの状態がどう移り変わるのかを確認した。設例１では，客先から100円の入金が予定どおり振り込まれた。では，もし，この入金が遅れたら，状態遷移はどうなるだろうか。

この内容を確認する前に，設例1を次のように少し変えてみよう。

設例1（一部変更バージョン）

> 1つの契約（100円）に2つの履行義務（財の販売Aとその後のサービスの提供B。ステップ4の配分後の金額は，Aが80円，Bは20円と仮定）が含まれている。現行実務では，履行義務Aの提供が完了した4月30日に売上100円を計上している。同日に代金を請求したが，予定したとおり5月31日に入金がなかった。なお，履行義務Bは履行義務Aの提供後2か月にわたり提供され，6月30日に提供を完了した。

　なお，①の「ⅰ　契約当初」，「ⅱ　財A（履行義務A）の提供完了：4月30日」および「ⅳ　履行義務Bの提供完了：6月30日」の状態遷移については，すでに説明した内容と同じなので，ここでは省略する。

ⅰ　履行義務Bの一部提供と客先からの未入金：5月31日

　履行義務Bについて新規入力と履行義務Bについて計算結果については，すでに説明したとおりである。問題は，客先から予定どおりに入金がないという点である。

（ⅰ）　客先からの入金の遅れ

　5月31日に客先から100円の入金がない。この情報は，入金担当者が，ファームバンキングにアクセスし債権管理システムに取り込んでいることから，これを請求管理システムに連携する。この結果，エンティティAの入金日（実際）の項目に「5/31」，入金額の項目に「0」というデータが登録される。

（ⅱ）　売掛金の消込み

　入金がないので，売掛金の消込みはできない。エンティティBの16番目の項目は「―」となり，エンティティAの「履行義務に引当て」も0円になる。客

先に対する100円の請求権は，どこで管理されているのだろうか。それは，エンティティAの15番目の項目の「未引当残高（13－14）」である。**ここに金額があるということは，（売掛金の消込みモレまたは遅れを除き）客先に対して確定債権（今回のケースでいうと，100円）があるということを意味する。**

(iii)　エンティティAとエンティティBの連携

　ここで，エンティティBで把握した3つの勘定科目の残高と相殺データ（契約資産と契約負債を相殺したもの）をエンティティAに戻す。5月31日の時点では，履行義務Aの売掛金80円と履行義務Bの売掛金10円だけだから，契約単位で合計しても，3つの勘定科目の残高は売掛金90円だ。このデータをエンティティAの16番目の項目に連携する。

(iv)　未収入金

　請求管理システムのデータ項目を説明するときに，「エンティティBは主として会計上の債権管理に必要な情報が格納され，エンティティAは主として契約管理の必要な情報が格納される」と書いた（183頁）。なぜ，「主として」なのか。実は，エンティティBの項目だけでは，会計上の債権管理で必要な仕訳を起票することができない。それは，未収入金である。

　ここでいう「未収入金」とは，「履行義務は提供していないが，契約に基づいて客先に請求を行い，その入金が遅れているもの。いわゆる前受けに対する請求権」だ。

　エンティティAの16番目の項目には，売掛金として「90」とある。これに対して，エンティティAの15番目の項目の「未引当残高（13－14）」の「100」は，（まだ消込みが行われていない）客先に対する債権である。**この2つの金額の差は何か。エンティティBで会計上の債権として把握はしていなかったが，契約上の請求権としては存在するというものである。**それが，未収入金10円だ。仕訳で書くと，（借方）未収入金10（貸方）契約負債10となる（図表3－4－7）。

【図表３-４-７】　履行義務Ｂの一部提供と客先からの未入金：５月31日の状態遷移図

エンティティＡ

	データ項目	内容		
1	契約番号	X01		
2	契約名称	財Ａに係る契約		
3	履行義務番号	/	POX	合計
4	請求番号	B１	/	/
5	請求内容	第１回	/	/
6	請求日（予定）	4/30	/	/
7	請求日（実際）	4/30	/	/
8	入金日（予定）	5/31	/	/
9	入金日（実際）	5/31	/	/
10	取引価格		100	100
11	請求額	100		100
12	入金額	0		0
13	入金期日経過後の要入金額	100		100
14	履行義務に引当て	0		0
15	未引当残高(13—14)	100		100
16	売掛金		90	90
17	契約資産		0	0
18	契約負債		0	0
19	相殺		0	0
20	未収入金/契約負債(15—16)			10

（債権管理システムより）
（エンティティＢより）

エンティティＢ

	データ項目	内容		
1	履行義務番号	PO1	PO2	POX
2	履行義務の名称	財Ａ	サービスＢ	合計
3	履行開始日（予定）	4/30	5/1	/
4	履行完了日（予定）	4/30	6/30	/
5	履行開始日（実際）	4/30	5/1	/
6	履行完了日（実際）	4/30	—	/
7	請求日（実際）	4/30	4/30	/
8	入金日（予定）	5/31	5/31	/
9	入金日（実際）	5/31	5/31	/
10	収益認識の種別	一時点	期間	/
11	取引価格	70	30	100
12	独立販売価格	80	20	100
13	配分後の取引価格	80	20	100
14	収益計上額	80	10	90
15	請求額	80	20	100
16	入金額	—	—	—
17	売掛金	80	10	90
18	契約資産	—	—	—
19	契約負債	—	—	—
20	相殺（18—19）	—	—	—

（期間計算に基づいて収益を自動計算する。）

コラム

未収入金について

　支払期日は過ぎているが，客先からの入金はない。一方で，対応する履行義務をまだ提供していない。こういう場合，本来なら「未収入金」として処理すべきであろう。設例１（一部変更バージョン）でいうと，客先からの入金は遅れているのだが，対応する履行義務Ｂの一部がまだ提供されていない。だから，売掛金ではなく，「未収入金」としたのである。

　だが，**実務的には，この「未収入金」は「売掛金」として処理する可能性が高い**。債権管理システムで売掛金と未収入金という勘定科目を"自動で"使い

200

分けるのは難しいのだ。

　もちろん，システムによっては“手動で”取引タイプを選択して「未収入金」を使うことはできる。だが，これはとても面倒である。しかも，これを自動的に行おうとすれば，契約管理システムから履行義務ごとの提供期間を入手し，期間が経過したかどうか自動計算して，債権管理システムに仕訳をコントロールするしくみを構築しなければならない。これでは，システムの開発が大変になる。だから，勘定科目が「売掛金」になってしまう（可能性がある）。

　もし，この未収入金に重要性があって，勘定科目を分けて管理する必要があるのなら，契約単位で履行義務が未提供の契約負債を抽出するといった条件を設定して，債権管理システムの売掛金データを取り消し（赤伝入力），修正伝票（新黒伝）で未収入金を手動で計上して管理するなどの工夫が必要になるだろう。

(3)　設例3の場合で考える

　いままでは，設例1を使って，請求管理システムのデータの状態遷移について解説した。エンティティAは主として契約上の請求管理に必要な情報が格納され，エンティティBは主として会計上の債権管理に必要な情報が格納されている。この2つのデータを使えば，契約上の請求管理と会計上の債権管理が可能になることがおわかりいただけただろう。

　また，客先からの滞留があると，会計上の債権管理を行うには，エンティティBの情報だけでは不十分だという点も確認した。契約上の請求管理と会計上の債権管理は連携して行う必要がある。

　これらのこと踏まえ，今度は設例3を使って，別の角度から考えてみたい。設例1と設例3の条件の違いは2点である。1つは，「無条件の請求権を有するタイミング」だ。設例1では，履行義務Aの提供が完了したタイミングで，対価について無条件の請求権を得ることができたが，設例3では，履行義務Aの提供が完了しても，無条件の請求権を得られない。履行義務Bの提供完了という条件がつくからである。

　もう1つの違いは，「前受金」の取り決めである。設例3では，履行義務の

提供とは別に前受けについての定めがある。ただし，この前受けがどの履行義務に対する支払かという点について，契約書には書かれていない。しかも，この前受けが滞留するのだ。何が起こるだろう。さっそく設例をみてみよう。

> 1 つの契約（100円）に 2 つの履行義務（財の販売Ａとその後のサービスの提供Ｂ。ステップ 4 の配分後の金額は，Ａが40円，Ｂは60円と仮定）が含まれている。現行実務では，履行義務Ａは 4 月30日に提供を完了し，履行義務Ｂの提供が完了した 6 月30日に売上100円を計上している（履行義務が完了するまで契約全体の代金を客先に請求できないため）。なお代金は，5 月31日に80円前受けし，7 月31日に残金20円を受け取る契約だったが，客先からの支払はすべて遅れている。契約どおりに履行できない場合を除いて，客先はこの契約を解約する権利を有していない。

データの状態遷移を説明する前に，仕訳を確認しておこう。設例 3 の取引を会計システムの仕訳で表すと図表 3 - 4 - 8 のようになる。

【図表 3 - 4 - 8】　いままでの会計システムの仕訳

	日付	イベント	会計システムの仕訳	
			（借方）	（貸方）
1	4/30	前受　請求	―	―
2	5/31	前受　入金予定日	―	―
3	6/30	売上　計上	売掛金　100	売上　100

見ておわかりのように，とてもシンプルである。いままでは，前受けの入金予定日を経過しても，入金がなければ仕訳を起票しない。履行義務Ｂの提供が完了したときに売上を計上する。だから，仕訳は 1 つ（（借方）売掛金100（貸方）売上100）だけである。

① 新たに求められる会計処理

それでは，新たに求められる新収益基準に基づく会計上の債権管理は，どうやって行うのだろうか。新収益基準に基づくいわゆる会計システムの仕訳を一覧表に表してみよう（図表3-4-9）。

【図表3-4-9】 設例3におけるいわゆる会計上の仕訳

	日付	イベント	会計システムの仕訳	
			（借方）	（貸方）
1	4/30	履行義務A　売上　計上	ダミー勘定　40	売上　40
2	4/30	履行義務A　売掛金　計上	契約資産　40	ダミー勘定　40
3	5/1〜5/31	履行義務B　売上　計上	ダミー勘定　30	売上　30
4	5/1〜5/31	履行義務B　売掛金　計上	契約資産　30	ダミー勘定　30
5	5/31	履行義務A　契約資産振替	売掛金　40	契約資産　40
6	5/31	履行義務B　契約資産振替	売掛金　30	契約資産　30
7	5/31	未収入金　計上	未収入金　10	契約負債　10
8	6/1〜6/30	履行義務B　売上　計上	ダミー勘定　30	売上　30
9	6/1〜6/30	履行義務B　売掛金　計上	契約資産　30	ダミー勘定　30
10	6/30	未収入金　取崩し	契約負債　10	未収入金　10
11	6/30	履行義務B　契約資産振替	売掛金　30	契約資産　30

　もちろん，会計システムの仕訳のパターンは，システムの種類によっても違うし，プログラムの組み方や設定のしかたでも変わる。記載した仕訳パターンが唯一絶対的なものではない。

　いままでの仕訳と比較してどう感じるだろうか。もちろん，内部管理目的で（売掛金ではなく）未収入金に振り替えるといった追加条件はある。だが，たった1本の仕訳が，新たに求められる仕訳を見るとかなり数が増えるというのは事実である。これは，履行義務単位で収益の認識を行っていること，そして前受けの入金が遅れても入金予定日に債権と債務を認識すること，またこれ

に伴って，契約資産から売掛金に振替えが生じることなどが理由である。

② 設例3のデータの状態遷移

それでは，契約を締結した直後のデータの状況から見てみよう。

ⅰ 契約当初

（ⅰ）データ連携

契約の内容は，契約管理システムに登録されている。だから，基本となる情報は契約管理システムから送られる。エンティティAの契約番号や契約名称，エンティティBの履行義務番号，履行義務の名称，履行開始日（予定），履行完了日（予定），取引価格といった情報がそうだ。

（ⅱ）契約内容について新規入力

請求管理システムに登録するデータもある。エンティティAにこの契約の請求に関する基本情報を登録する。請求番号，請求内容，請求日（予定），入金日（予定），請求額である。設例1の場合と違って，今回は客先に対する請求が2回（前受けと残金の請求）であるため，請求情報は請求番号ごとに登録する。

（ⅲ）履行義務単位での請求情報の入力

請求に関する情報は，履行義務単位でも登録する。契約書に基づく，どの請求がどの履行義務に対するものなのか，整理する必要がある。なぜか。そうしないと，入金があったときに，会計上の債権を消し込むことができないからだ。

図表3-4-10のエンティティBをご覧いただきたい。前受入金日（予定）は5月31日だ。この契約は，5月31日に80円前受けし，（履行義務Bの提供完了を条件に）7月31日に残金20円を受け取る約束である。

(iv) 取引価格の配分

エンティティＢの取引価格についてご覧いただきたい。財Ａ（履行義務Ａ）が40円で，サービスＢ（履行義務Ｂ）が60円となっている。今回，（設例３には書かれていないが）契約書に，この100円の取引価格の内訳として，財Ａが40円，サービスＢが60円という記載がある，という設定だ。そして，この金額は，（たまたま）それぞれの履行義務の独立販売価格と一致している。

【図表３−４−10】 契約当初の状態遷移図

エンティティＡ

	データ項目	内容		合計
1	契約番号	X01		
2	契約名称	財Ａに係る契約		
3	履行義務番号		POX	合計
4	請求番号	B1	B2	
5	請求内容	前受	残金	
6	請求日（予定）	4/30	6/30	
7	請求日（実際）	－		
8	入金日（予定）	5/31	7/31	
9	入金日（実際）	－	－	
10	取引価格			100
11	請求額	80	20	100
12	入金額	－	－	
13	入金期日経過後の要入金額			
14	履行義務に引当て			
15	未引当残高（13—14）			
16	売掛金			－
17	契約資産			－
18	契約負債			－
19	相殺			
20	未収入金／契約負債（15—16）			－

（契約管理システムより／エンティティＢより）

エンティティＢ

	データ項目	内容		
		PO1	PO2	POX
1	履行義務番号	PO1	PO2	POX
2	履行義務の名称	財Ａ	サービスB	合計
3	履行開始日（予定）	4/30	5/1	
4	履行完了日（予定）	4/30	6/30	
5	履行開始日（実際）	－		
6	履行完了日（実際）	－		
7	前受請求日（実際）	－		
8	残金請求日（実際）	－		
9	前受入金日（予定）	5/31	5/31	
10	残金入金日（実際）			
11	収益認識の種別	一時点	期間	
12	取引価格	40	60	100
13	独立販売価格	40	60	100
14	配分後の取引価格	40	60	100
15	収益計上額	－	－	－
16	前受請求額			
17	残金請求額			
18	入金額			
19	売掛金			
20	契約資産			
21	契約負債			
22	相殺（20—21）			－

（契約管理システムより）

ⅱ　財Ａ（履行義務Ａ）の提供完了：４月30日

（ⅰ） 履行義務Ａについて新規入力

４月30日に履行義務Ａの提供が完了したら，完成証明など証憑に基づいて請求管理システムに「販売」入力を行う。すると，エンティティＢの履行完了日（実際）の項目に「4/30」というデータが登録される。

(ⅱ)　履行義務単位での請求額の判断

　客先からの入金を，どの（履行義務の）売掛金から回収するかを判断する。今回のケース（設例3）の場合，前受80円は，履行義務と紐づいてはいない。

　そこで今回は，前受80円の入金があったら，履行義務Aの売掛金から40円回収し，履行義務Bの売掛金から40円を回収する。入金額をどの売掛金から回収するかを決めたら，エンティティBの前受請求額の欄にそれぞれ「40」というデータを登録する。

(ⅲ)　履行義務Aの計算結果

　履行義務Aについては，履行の完了という情報に基づいて，エンティティBの収益計上額の項目に「40」というデータが登録される。前受80円を請求するけれども，この前受自体は履行義務と直接紐づけられるものではない。だから，履行義務Aは，①履行義務を充足しているが，②客先に対して請求できないため，収益の相手勘定は「契約資産」となる。エンティティBの契約資産の項目には「40」と登録される。

(ⅳ)　履行義務Bに変化はない

　ここで履行義務Bについて考えてみよう。エンティティBのサービスB（履行義務B）の情報によると，4月30日に配分後の取引価格の一部に相当する40円の請求を行っている（ことになっている）。しかし，まだ履行義務Bの提供が完了したわけではないし，40円の入金予定日を経過したわけでもない。だから，3つの勘定科目（売掛金，契約資産，契約負債）のどの数値にも変化がないのである。

(ⅴ)　エンティティAとエンティティBの連携

　エンティティBで把握した3つの勘定科目の残高と相殺データ（契約資産と契約負債を相殺したもの）をエンティティAに戻す。これは，履行義務単位ではない。契約単位に足し上げたものである。4月30日の時点では，履行義務A

の契約資産40円だけしかないから，契約単位で合計しても契約資産40円だけだ。このデータをエンティティAの17番目の項目に連携する（図表3-4-11）。

【図表3-4-11】 財A（履行義務A）の提供完了：4月30日の状態遷移図

エンティティA

	データ項目	内容			
1	契約番号	X01			
2	契約名称	財Aに係る契約			
3	履行義務番号			POX	合計
4	請求番号	B 1	B 2		
5	請求内容	前受	残金		
6	請求日（予定）	4/30	6/30		
7	請求日（実際）	4/30	―		
8	入金日（予定）	5/31	7/31		
9	入金日（実際）	―	―		
10	取引価格				100
11	請求額	80	20		100
12	入金額	―	―		―
13	入金期日経過後の要入金額	―	―		―
14	履行義務に引当て	―	―		―
15	未引当残高（13―14）	―	―		―
16	売掛金			―	―
17	契約資産			(40)	40
18	契約負債				
19	相殺				
20	未収入金／契約負債（15―16）				

エンティティBより

エンティティB

	データ項目	内容		
		PO1	PO2	POX
1	履行義務番号			
2	履行義務の名称	財A	サービスB	合計
3	履行開始日（予定）	4/30	5/1	
4	履行完了日（予定）	4/30	6/30	
5	履行開始日（実際）	4/30	―	
6	履行完了日（実際）	4/30	―	
7	前受請求日（実際）	4/30	4/30	
8	残金請求日（実際）	―	―	
9	前受入金日（予定）	5/31	5/31	
10	残金入金日（実際）	―	―	
11	収益認識の種類	一時点	期間	
12	取引価格	40	60	100
13	独立販売価格	40	60	100
14	配分後の取引価格	40	60	100
15	収益計上額	40	―	40
16	前受請求額	40	40	80
17	残金請求額	―	―	―
18	入金額	―	―	
19	売掛金	―	―	
20	契約資産	40	―	40
21	契約負債			
22	相殺（20―21）			

請求を行う場合は，どの履行義務に対する請求かを入力する。

無条件に顧客に請求できないため

＊ どの履行義務に対する請求かは，一定のルール（履行義務の完了した順か，配分後の取引価格や契約資産の金額の比率など）で決める。

iii 履行義務Bの一部提供と客先からの未入金：5月31日

（i） 客先からの入金の遅れ

5月31日に客先から80円の入金がない。この情報は，入金担当者が，ファームバンキングにアクセスし債権管理システムに取り込んでいることから，これを請求管理システムに連携する（例えば，**入金予定日に売掛金が消し込まれていないことをもって請求管理システムに情報を連携するしくみを設定する**）。この結果，エンティティAの入金日（実際）の項目に「5/31」，入金額の項目

に「0」というデータが登録される。

(ⅱ)　履行義務Bについて新規入力

　5月1日から履行義務Bのサービスの提供が始まる。すると，エンティティ
Bの履行開始日（実際）の項目に「5/1」というデータが登録される。

(ⅲ)　履行義務Bについて計算結果

　履行義務Bは，サービスの提供であるため，企業がサービスを提供するにつ
れて，売上が徐々に計上される。契約条件に基づいて，あらかじめ計算してお
いて，スケジューラで自動的に請求管理システムに登録する。今回は，5月1
日から6月30日までの期間の売上なので，エンティティBの履行義務Bの収益
計上額の項目に「30」というデータが登録される。

　履行義務Bは，本来は，このようなケースでは売上の相手勘定は「契約資
産」である。エンティティBの情報によると，前受請求日（実際）に「4/30」
とある。この前受けは履行義務Bと直接紐づく関係にないため，履行義務Bの
提供の対価として無条件の請求権を有しているとはいえない。だが，5月31日
は前受けの入金予定日である。解約不能の契約については，対価の回収期限に
おいて対価が無条件になる。だから，客先からの入金がなければ，この前受け
に対する請求権は確定債権だ。したがって，エンティティBの履行義務Bの売
掛金の項目に「30」というデータが登録される。

(ⅳ)　履行義務Aについて計算結果

　同じことが履行義務Aの契約資産についてもいえる。4月30日に履行義務A
の提供が完了した時に計上したのは契約資産であったが，これに対応する「前
受請求額」の項目には「40」とある。前受けの入金予定日を経過したことから，
この「40」に相当する契約資産は売掛金に振り替わる。

(v) 売掛金の消込み

入金がないので，売掛金の消込みはできない。エンティティBの18番目の項目は「―」となり，エンティティAの「履行義務に引当て」も0円になる。客先に対する80円の請求権は，どこで管理されているのだろうか。それは，エンティティAの15番目の項目の「未引当残高（13-14）」である。ここに金額があるということは，（売掛金の消込みモレまたは遅れを除き）客先に対して確定債権（今回のケースでいうと，80円）があるということを意味する。

(vi) エンティティAとエンティティBの連携

ここで，エンティティBで把握した3つの勘定科目の残高と相殺データ（契約資産と契約負債を相殺したもの）をエンティティAに戻す。5月31日の時点では，履行義務Aの売掛金40円と履行義務Bの売掛金30円だけだから，契約単位で合計しても，3つの勘定科目の残高は売掛金70円だ。このデータをエンティティAの16番目の項目に連携する。

(vii) 未収入金

ここでいう「未収入金」とは，履行義務は提供していないが，契約に基づいて客先に請求を行い，その入金が遅れているものだ。いわゆる「前受けに対する請求権」だ。

エンティティAの16番目の項目には，売掛金として「70」とある。これに対して，エンティティAの15番目の項目の「未引当残高（13-14）」の「80」は，（まだ消込みが行われていない）客先に対する債権である。この2つの金額の差は何か。エンティティBで会計上の債権として把握はしていなかったが，契約上の請求権としては存在するというものである。それが，未収入金10円だ。仕訳で書くと，（借方）未収入金10（貸方）契約負債10となる（図表3-4-12）。

【図表3−4−12】 履行義務Bの一部提供と客先からの未入金：5月31日の状態遷移図

エンティティA

	データ項目	内容		
1	契約番号	X01		
2	契約名称	財Aに係る契約		
3	履行義務番号		POX	合計
4	請求番号	B1	B2	
5	請求内容	前受	残金	
6	請求日（予定）	4/30	6/30	
7	請求日（実際）	4/30	—	
8	入金日（予定）	5/31	7/31	
9	入金日（実際）	5/31		
10	取引価格			100
11	請求額	80	20	100
12	入金額	0	—	—
13	入金期日経過後の要入金額	80	—	80
14	履行義務に引当て	0	—	0
15	未引当残高（13−14）	80	—	80
16	売掛金		70	70
17	契約資産		0	0
18	契約負債		0	0
19	相殺		0	0
20	未収入金／契約負債（15—16）			10

（注記）債権管理システムより

入金がないので充当できない

エンティティBより

エンティティB

	データ項目	内容		
		PO1	PO2	POX
1	履行義務番号	PO1	PO2	POX
2	履行義務の名称	財A	サービスB	合計
3	履行開始日（予定）	4/30	5/1	
4	履行完了日（予定）	4/30	6/30	
5	履行開始日（実際）	4/30	5/1	
6	履行完了日（実際）	4/30	—	
7	前受請求日（実際）	4/30	4/30	
8	残金請求日（実際）	—	—	
9	前受入金日（予定）	5/31	5/31	
10	残金入金日（実際）	—	—	
11	収益認識の種別	一時点	期間	
12	取引価格	40	60	100
13	独立販売価格	40	60	100
14	配分後の取引価格	40	60	100
15	収益計上額	40	30	70
16	前受請求額	40	40	80
17	残金請求額	—	—	+
18	入金額	—	—	—
19	売掛金	40	30	70
20	契約資産	0		0
21	契約負債			
22	相殺（20—21）			0

期間計算に基づいて収益を自動計算する。

前受入金日になったため

iv　履行義務Bの提供完了：6月30日

(i)　履行義務Bについて新規入力

　6月30日に履行義務Bのサービスの提供が完了する。そこで，エンティティBの履行完了日（実際）の項目に「6/30」というデータを登録する。

(ii)　履行義務Bについて自動計算

　履行義務Bの6月1日から6月30日までの売上についても，スケジューラで自動的に請求管理システムに登録する。エンティティBの収益計上額と売掛金の項目は30円から60円に変わる。

(iii) エンティティAとエンティティBの連携

　エンティティBで把握した3つの勘定科目の残高と相殺データ（契約資産と契約負債を相殺したもの）をエンティティAに戻す。6月30日の時点では，履行義務Aの売掛金40円と履行義務Bの売掛金60円だから，契約単位で合計すると，3つの勘定科目の残高は売掛金100円だけだ。このデータをエンティティAの16番目の項目に連携する（図表3-4-13）。

【図表3-4-13】　履行義務Bの提供完了：6月30日の状態遷移図

エンティティA

	データ項目	内容		
1	契約番号	X01		
2	契約名称	財Aに係る契約		
3	履行義務番号		POX	合計
4	請求番号	B1	B2	
5	請求内容	前受	残金	
6	請求日（予定）	4/30	6/30	
7	請求日（実際）	4/30	6/30	
8	入金日（予定）	5/31	7/31	
9	入金日（実際）	ー		
10	取引価格			100
11	請求額	80	20	100
12	入金額	ー		
13	入金期日経過後の要入金額	80	20	100
14	履行義務に引当て	0	0	0
15	未引当残高（13－14）	80	20	100
16	売掛金		100	100
17	契約資産		0	0
18	契約負債		0	0
19	相殺		0	0
20	未収入金／契約負債（15－16）			0

エンティティB

	データ項目	内容		
		PO1	PO2	POX
1	履行義務番号	PO1	PO2	POX
2	履行義務の名称	財A	サービスB	合計
3	履行開始日（予定）	4/30	5/1	
4	履行完了日（予定）	4/30	6/30	
5	履行開始日（実際）	4/30	5/1	
6	履行完了日（実際）	4/30	6/30	
7	前受請求日（実際）	4/30	4/30	
8	残金請求日（実際）	4/30	4/30	
9	前受入金日（予定）	5/31	5/31	
10	残金入金日（実際）	ー		
11	収益認識の種別	一時点	期間	
12	取引価格	40	60	100
13	独立販売価格	40	60	100
14	配分後の取引価格	40	60	100
15	収益計上額	40	30⇒60	100
16	前受請求額	40	40	80
17	残金請求額	0	20	20
18	入金額	ー		
19	売掛金	40	30⇒60	100
20	契約資産	0		0
21	契約負債	ー		
22	相殺（20－21）			0

エンティティBより

③　入金がある場合

　設例3を使って，請求管理システムのなかのデータの状態がどう移り変わるのかを確認した。設例3では，客先から前受けだけでなく残金の入金もなかった。では，もし，客先から5月31日に前受けが予定どおり振り込まれたとしたら，状態遷移はどうなるだろうか。

この内容を確認する前に，設例3を次のように少し変えてみよう。

設例3（一部変更バージョン）

> 1つの契約（100円）に2つの履行義務（財の販売Aとその後のサービスの提供B。ステップ4の配分後の金額は，Aが40円，Bは60円と仮定）が含まれている。現行実務では，履行義務Aは4月30日に提供を完了し，履行義務Bの提供が完了した6月30日に売上100円を計上している（履行義務が完了するまで契約全体の代金を客先に請求できないため）。なお代金は，5月31日に80円前受けし，7月31日に残金20円を受け取る契約であり，**客先からは予定どおり入金があった。**

なお，②の「ⅰ　契約当初」，「ⅱ　財A（履行義務A）の提供完了：4月30日」および「ⅳ　履行義務Bの提供完了：6月30日」の状態遷移については，すでに説明した内容と同じなので，ここでは省略する。

ⅰ　履行義務Bの一部提供と客先からの入金：5月31日

履行義務Bについて新規入力と履行義務Bについて計算結果については，すでに説明したとおりである。問題は，客先から予定どおりに入金があるという点である。

（ⅰ）客先からの入金

5月31日に客先から前受80円の入金があった。この情報は，入金担当者が，ファームバンキングにアクセスし債権管理システムに取り込んでいる。この情報を請求管理システムに連携するのである。この結果，エンティティAの入金日（実際）の項目に「5/31」，入金額の項目に「80」というデータが登録される。

（ⅱ）売掛金の消込み

問題は，売掛金の消込みである。今回は，前受80円の入金があったら，履行

義務Aの売掛金から40円回収し，履行義務Bの売掛金から40円を回収すると判断し，エンティティBの前受請求額の欄にそれぞれ「40」というデータを登録している。

　履行義務Aについては，契約資産40を売掛金に振り替えられ，消し込まれる。問題は，履行義務Bである。5月1日から5月31日までの期間の売上で，エンティティBの履行義務Bの契約資産の項目には「30」というデータが登録される。これが売掛金に振り替えられ，消し込まれるのである。

(iii)　契約負債の認識

　エンティティBの履行義務Bの項目をご覧いただきたい。収益計上額30円に対して，入金額は40円である。差額は，契約負債の項目に「10」と記録される。この情報に基づいて，債権管理システムで，履行義務Bの前受処理を行い，仕訳（正確には，（借方）ダミー勘定10（貸方）契約負債10と（借方）仮受金10（貸方）ダミー勘定10）を生成する。

(iv)　債権管理システムとの連携

　請求管理システムの情報に基づいて，債権管理システムで売掛金の消込みをした。履行義務Aの売掛金の消込み，履行義務Bの売掛金の消込みと前受処理の結果は，債権管理システムから請求管理システムに戻す必要がある。請求管理システムの情報と債権管理システムの消込結果の一致を確認するためである。

(v)　エンティティAとエンティティBの連携

　エンティティBで把握した3つの勘定科目の残高と相殺データ（契約資産と契約負債を相殺したもの）をエンティティAに戻す。5月31日の時点では，履行義務Bの契約負債10円だけしかないから，契約単位で合計しても，3つの勘定科目の残高は契約負債10円だ。契約資産はゼロなので，相殺の項目には「－10」がある。このデータをエンティティAの18番目と19番目の項目に連携するのだ（図表3-4-14）。

【図表3−4−14】 履行義務Bの一部提供と客先からの入金：5月31日の状態遷移図

エンティティA

#	データ項目	内容		POX	合計
1	契約番号	X01			
2	契約名称	財Aに係る契約			
3	履行義務番号			POX	合計
4	請求番号	B1	B2		
5	請求内容	前受	残金		
6	請求日（予定）	4/30	6/30		
7	請求日（実際）	4/30	—		（債権管理システムより）
8	入金日（予定）	5/31	7/31		
9	入金日（実際）	5/31	—		
10	取引価格				100
11	請求額	80	20		100
12	入金額	80	—		80
13	入金期日経過後の要入金額	0	—		0
14	履行義務に引当て	80	—		80 |（エンティティBの流込み）
15	未引当残高（13−14）	0	0		0
16	売掛金			0	0
17	契約資産			0	0
18	契約負債			0	10
19	相殺			−10	−10
20	未収入金（15−16）				0

エンティティBより

エンティティB

#	データ項目	PO1	PO2	POX
1	履行義務番号	PO1	PO2	POX
2	履行義務の名称	財A	サービスB	合計
3	履行開始日（予定）	4/30	5/1	
4	履行完了日（予定）	4/30	6/30	
5	履行開始日（実際）	4/30	—	
6	履行完了日（実際）	4/30	—	
7	前受請求日（実際）	4/30	4/30	
8	残金請求日（実際）	—	—	
9	前受入金日（予定）	5/31	5/31	
10	残金入金日（実際）	—	—	
11	収益認識の種別	一時点	期間	
12	取引価格	40	60	100
13	独立販売価格	40	60	100
14	配分後の取引価格	40	60	100 |（期間計算に基づいて収益を自動計算する。）
15	収益計上額	40	30	70
16	前受請求額	40	40	80
17	残金請求額	—	—	
18	入金額	40	40	80
19	売掛金	0	0	0
20	契約資産	0	0	0
21	契約負債	0	10	10
22	相殺（20−21）			−10

コラム

相殺について

　エンティティAの19番目，そしてエンティティBの22番目の項目に「相殺」というものがある。これは何だろうか。

　実は，契約資産か，それとも契約負債かの判断は，履行義務単位で行うのではなく，契約単位で行う。このため，1つの契約に対して契約資産と契約負債の両方が認識されることはない。認識のタイミングや消込みのタイミングによって，1つの契約に契約資産と契約負債が生じたら，これらを相殺する。純額で契約資産と契約負債のどちらか残ったほうを認識するのである。

　したがって，状態遷移図でも「相殺」の項目を設けた。エンティティＡは契約単位のデータの状態を示している。この段階で，契約資産と契約負債を相殺し，財務諸表の作成に必要なデータを把握するのである。

第4章

原価管理と経営管理の考え方と対応

【サマリ】
　新収益基準は収益についての会計基準である。だが，新収益基準に従って，認識する収益の単位，金額，タイミングが変わるならば，何が起きるだろうか。新たに求められる収益の単位，金額，タイミングできちんと収益を認識するだけではない。これに対応する原価もきちんと把握できなければならない。そして，その結果は企業の経営管理にも影響するはずだ。本章では，新収益基準に対応した原価管理と経理管理のあり方を業務・システムの観点から解説する。

1 │ 原価管理で考えるべきこと

(1) 原価計算も影響を受ける

ここでは，新収益基準が原価計算に与える影響を考えてみよう。「新収益基準は収益についての基準だから，原価計算には関係ないのでは」と思う方もいるかもしれない。確かに，新収益基準は収益についての会計基準である。だが，新収益基準に従って，認識する収益の単位，金額，タイミングが変わるならば，何が起きるだろうか。新たに求められる収益の単位，金額，タイミングできちんと収益を認識するだけではない。これに対応する原価もきちんと把握できなければならない。ということは，売上だけでなく原価に関係する業務プロセスとシステムを見直す必要があるということになる。新収益基準の導入を機に，従来の原価管理のしくみを見直すよい機会となるだろう。

① 影響を受ける原価計算のしくみ

まず，個別原価計算を中心に，原価管理のしくみのあり方を考えてみよう。個別原価計算とは，1単位の製品に対して，製造指図書を発行し，製造原価を指図書別に集計する原価計算の方法である。この1単位の製品とは，建設業では建設する1棟の建物，造船業ならば建造する1艘の船舶，機械業であれば製造する1台の機械といったものだ。もちろん，バッチやロットで製造する一定数量単位で製造する製品にも個別原価計算が適用されることはある。だが，同じ規格の製品を大量に生産するような形態で適用される総合原価計算よりも，個別原価計算を使って製造原価を算定する製品に関わる契約のほうが，1つの契約に複数の履行義務が含まれている可能性がずっと高い。1つひとつの契約内容が客先のニーズによって決まるからだ。そこで，ここでは個別原価計算を中心に考える。

まず，個別原価計算のしくみについて，おさらいしよう。図表4-1-1をご

覧いただきたい。個別原価計算の手続は，ざっとこんな感じである。出庫票，作業時間報告書，その他受払帳を利用して，製造指図書に集計すべき原価を把握する。どれだけ原価が発生したのかわかるから，それを原価計算票（製造指図書ごとに作成される計算票）に記録する。一方，製造間接費は，そうはいかない。実際に発生した原価の総額はわかっていても，各製造指図書にどれだけ要したかは直接把握できないからだ。そこで，例えば直接作業時間などを基準にして，製造間接費の負担額を決めるのである。

　このような個別原価計算の手続は，手作業で行っていても，またどんなにシステム化が進んでいても，この基本となる考え方に大きな違いはない。

【図表4-1-1】　個別原価計算の手続

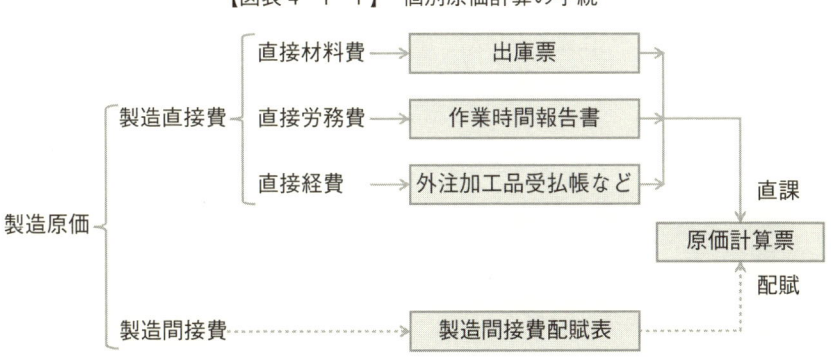

（出所：岡本清著『原価計算（六訂版）』（國元書房）p.87)

②　原価計算票のイメージ

　個別原価計算の中心は，原価計算票にある。原価計算票は，製造指図書番号（または受注工事番号。略して"受注工番"）ごとに発行される。特定の製品を製造するために発生した材料費，労務費，経費などの原価は，その製品の製造指図書番号を手がかりに，その指図書番号が記載された原価計算票に集計される。

　では，原価計算票を構成する項目をみてみよう。図表4-1-2をご覧いただきたい。まずは，製造原価の費目だ。材料費，労務費，外注費といった例示を

しているが，実際は，企業が設定する製造原価要素の分類によって異なる。製造原価以外にも，事業部費用や本社費負担額などが記載されることもある。これと，販売価格を突き合わせて利益を管理するためである。製造に直接かかったコストだけでなく，事業部や本社のコストも負担して，なお利益を出せるようにする必要があるからだ。

次に，横軸をみていただきたい。予算と実績を対比するようになっている。予算は，完成した時のコストだから，製造途中の実績値だけでは，進捗率（原価の消化率）ぐらいしか管理できない。そこで，**あとどれくらいコストが必要になるのかを着地見込みとして加える。こうすることで，現在の実績が予算と比べてうまくいっているかどうか，判断できる。**

【図表4-1-2】 原価計算票のイメージ

<table>
<thead>
<tr><th colspan="2" rowspan="2">原価計算票</th><th>予算
(1)</th><th>実績
(2)</th><th>見通し
(3)</th><th>着地見込み
(4)=(2)+(3)</th><th>差異
(5)=(1)-(4)</th><th>(%)
(4)/(1)*100</th></tr>
<tr><th>受注工番#001</th><th></th><th></th><th></th><th></th><th></th></tr>
</thead>
<tbody>
<tr><td colspan="2">販売価格</td><td>3,600</td><td>—</td><td>3,600</td><td>3,600</td><td>0</td><td>100</td></tr>
<tr><td></td><td>材料費</td><td>170</td><td>160</td><td>105</td><td>265</td><td>▲95</td><td>155.8</td></tr>
<tr><td></td><td>労務費</td><td>251</td><td>174</td><td>208</td><td>382</td><td>▲131</td><td>152.1</td></tr>
<tr><td></td><td>外注費</td><td>984</td><td>297</td><td>678</td><td>975</td><td>9</td><td>99.0</td></tr>
<tr><td></td><td>△△費</td><td>852</td><td>312</td><td>446</td><td>758</td><td>94</td><td>88.9</td></tr>
<tr><td></td><td>××費</td><td>1,247</td><td>334</td><td>947</td><td>1,281</td><td>▲34</td><td>102.7</td></tr>
<tr><td colspan="2">製造原価</td><td>3,504</td><td>1,277</td><td>2,384</td><td>3,661</td><td>▲157</td><td>104.4</td></tr>
<tr><td></td><td>事業部費用</td><td>131</td><td>39</td><td>90</td><td>129</td><td>2</td><td>98.4</td></tr>
<tr><td></td><td>本社費負担額</td><td>84</td><td>25</td><td>58</td><td>83</td><td>1</td><td>98.8</td></tr>
<tr><td colspan="2">利益</td><td>▲119</td><td>—</td><td>—</td><td>▲273</td><td>▲154</td><td></td></tr>
<tr><td colspan="2">直接作業時間</td><td>480</td><td>145</td><td>330</td><td>475</td><td>5</td><td>98.9</td></tr>
</tbody>
</table>

直接材料費			直接労務費			製造間接費		
日付	出庫票番号	金額	日付	作業時間番号	金額	日付	配賦率	金額
合計			合計			合計		

③　受注工番と工事番号の関係

　1つの契約について，1つの契約番号が発番される。また，1つの契約に対して1つの受注工番が発番されるというのが基本である。ところが，工事の規模が大きくなると，1つの受注工番だけでは足りなくなる。工事を複数の期間（またはフェーズ）に分けて管理する必要があったり，また外注に出したり，他の事業部やグループ会社に一部の工事をお願いしたりする。1つの工事を効率的に管理するために，工事の進め方に合わせて，番号を細分化しなければならないことがあるのだ。この番号を，本書では「工事番号」と呼ぶ。

　このため，1つの受注工番に対して複数の工事番号が発番されることがある。工事番号の発番は，客先の契約によって決まるというよりは，受注した企業の工事を実施するうえでの都合によって決まるという性格が強い（図表4-1-3）。

【図表4-1-3】　受注工番と工事番号の関係

	イメージ	概要
受注工番と工事番号の関係	契約番号 X01 受注工番 X01V 工事番号 X01V-001　　工事番号 X01V-002　　工事番号 X01V-003	1つの契約番号に対して1つの受注工番を発行する。実際の工事は，工事の種類，内容，場所，時期，責任者などの単位で分かれることがある。この場合は，複数の工事番号を発行する。

(2)　新収益基準の影響

①　履行義務番号の必要性

　では，新収益基準の影響について考えてみよう。新収益基準が導入されると，

認識する収益の単位，金額，タイミングが変わる可能性がある。これは，1つの契約に複数の履行義務が紐づく場合に，特に顕著に起こる（可能性がある）。では，この1つの契約に複数の履行義務が紐づいているという状況は，「番号」という観点からみると，どうなるだろうか。図表4-1-4をご覧いただきたい。

　新収益基準を導入する前までは，「契約番号X01」だけで十分であった。契約に関する情報は，この番号で管理すればいいし，1つの契約について1つの収益であれば，別に契約番号を分けたいという誘因は生まれない。

　だが，新収益基準の導入で，1つの契約について複数の履行義務が紐づくという状況が生じたら，履行義務ごとに収益を管理しなければならない。この管理のためには，番号が必要になる。この番号が履行義務番号である。図表4-1-4は，「契約番号X01」について3つの履行義務番号（PO1，PO2，PO3）が紐づいているという状態を示している。

【図表4-1-4】　契約番号と履行義務番号の関係

	イメージ	概要
契約番号と履行義務番号の関係	契約番号 X01 ┬ 履行義務番号 PO1 / 履行義務番号 PO2 / 履行義務番号 PO3	契約の内容に応じて，1つの契約番号に対して複数の履行義務番号を発行する。

②　契約番号や受注工番との関係

　ここで気になってくるのが，履行義務番号と受注工番や工事番号との関係である。契約番号が1つであれば，受注工番の下に工事番号がいくつ紐づこうと，

たいした問題ではなかった。契約番号が「1」に対して，受注工番が「n」，
さらに工事番号が「m」であっても，結局，すべて 1 つの契約番号に集約する
ことができる。1 つの売上に対してすべての原価を紐づける（集約する）こと
ができるのだ。

　だが，1 つの契約番号に対して複数の履行義務番号が紐づくという状況だと，
どうなるだろうか。図表 4-1-5 をご覧いただきたい。ケース 1 では，「契約
番号 X01」に対して，2 つの履行義務番号（PO1，PO2）が紐づいている。さ
らに，履行義務番号（PO1，PO2）には，受注工番（X01V，X02V）がそれぞ
れ対応している。これは，ちょうど契約番号の役割を，履行義務番号にバトン
タッチしようという発想だろう。確かに，いままで「受注工番」は「契約番
号」に対して紐づいていたが，ケース 1 では「履行義務番号」に対して直接紐
づいている。

　ただ，これには問題がある。1 つの契約番号に対して 1 つの受注工番という
原則が崩れるからである。ケース 1 では，履行義務番号に対応する原価を受注
工番で集計できるが，契約番号に対応する工事番号がない。もっとも，複数の
受注工番（X01V，X02V）を合計するしくみを構築すれば，契約番号（X01）
に対応する原価を算定することはできる。しかし，もう 1 つ，ケース 1 には致
命的な問題がある。それは，次に説明しよう。

222

【図表4-1-5】 契約番号と受注工番の関係—ケース1

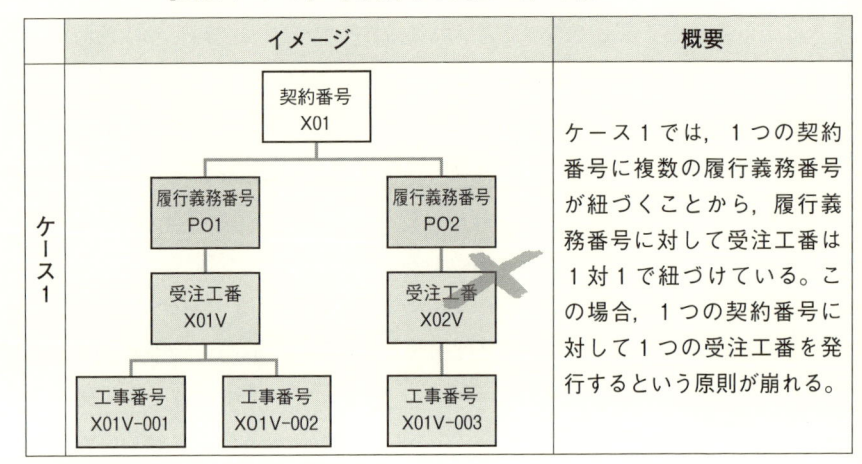

イメージ	概要
ケース1	ケース1では，1つの契約番号に複数の履行義務番号が紐づくことから，履行義務番号に対して受注工番は1対1で紐づけている。この場合，1つの契約番号に対して1つの受注工番を発行するという原則が崩れる。

③ もう1つの問題

　履行義務番号と受注工番や工事番号との関係を考えるときは，もう1つ重要なことがある。それは，**履行義務単位で本当に原価が集計できるのか**，という点である。

　このことは図表で説明したほうが早い。図表4-1-6をご覧いただきたい。ケース2では，「契約番号X01」に対して「受注工番X01V」が1対1の関係で紐づいている。また，この受注工番には2つの履行義務番号（PO1，PO2）が紐づく。工事番号をみて欲しい。「履行義務番号PO1」に対して2つの工事番号（X01V-001，X01V-002）が紐づいている。この2つの工事番号に集計された原価をさらに足し合わせれば，「履行義務番号PO1」の原価は集計できる（ように見える）。

　では，「履行義務番号PO2」はどうか。これには，工事番号が1つだけ紐づく。「工事番号X01V-001」である。これだけみると，「履行義務番号PO2」の原価の集計は可能だと思うかもしれない。

　しかし，この「工事番号X01V-001」は，「履行義務番号PO1」にも紐づい

ているのだ。これでは「履行義務番号 PO2」だけの原価の集計は難しい。「工事番号 X01V-001」に集計された原価には，「履行義務番号 PO1」の原価と「履行義務番号 PO2」の原価が混ざっているからだ。

　工事番号にとって，履行義務番号はユニークでないといけないのだ。1つの工事番号について，2つ以上の履行義務番号が紐づく場合，履行義務単位で原価を適切に集計することはできない。

【図表 4-1-6】　契約番号と工事番号の関係—ケース 2

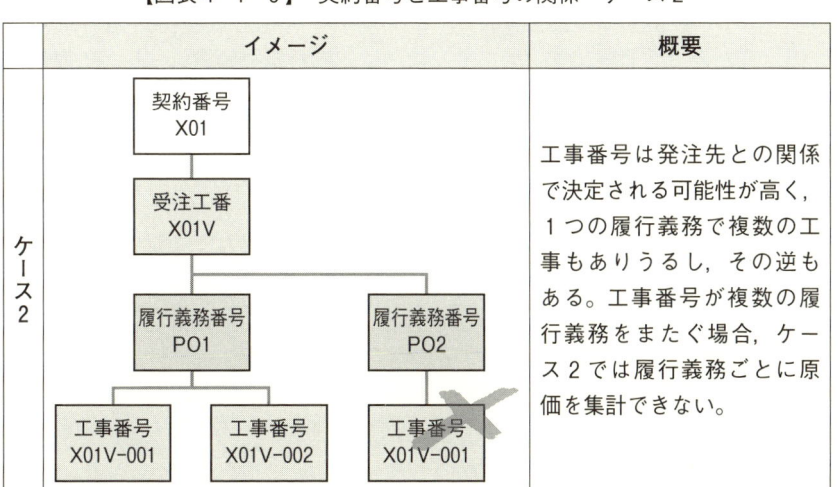

(3)　どう解決するか

①　工事枝番の必要性

　履行義務番号に受注工番を紐づけても（ケース 1），工事番号を紐づけても（ケース 2），工事を集計する単位である工事番号からみて，履行義務が1つになるとは限らない。

　なぜか。これは，工事番号の発番が，（客先の契約によってではなく）受注した企業の工事を実施するうえでの都合によって決まるからである。もし，契

約に定めた履行義務の内容によって決まるとしたら，履行義務と工事番号を紐づけるのはそれほど難しくない（かもしれない）。だが，実際は，工事番号は，客先との約束（履行義務）とは違う世界で決まる。このことが，履行義務番号と工事番号を紐づけるのが難しくなる理由だ。

　では，どうしたらいいか。工事枝番を設定することである。工事枝番とは，工事番号をさらに細分化して設定する番号である。**図表4-1-7**をご覧いただきたい。ケースAでは，1つの工事番号に対して，2つの工事枝番を設定している。2つの履行義務の原価が1つの工事番号に集計されてしまうからである。このような場合，**履行義務に対応するように工事枝番を設定し，そこに原価を集計する。こうすることで，1つの工事枝番に対して履行義務番号は1つになる。**

　もう1つのケースBをみてみよう。このケースでは，1つの工事番号に対して，工事枝番は1つである。そして1つの履行義務に対して2つの工事枝番が紐づいている。1つの工事番号に対して工事枝番が1つならば，わざわざ工事枝番を発番する必要がないと思われるかもしれない。だが，履行義務に対応する原価関係の番号が，その状況によって"工事番号"だったり，"工事枝番"であったりすると，ややこしい。紐づく番号の種別は，統一する必要があるのだ。

　なお，ケースBの場合，履行義務番号にとって，2つの工事枝番が存在するが，工事枝番にとっては1つの履行義務番号しか存在しない。大事なことは，原価を集計する番号にとって，履行義務番号が常に1つになるようにすることである。

【図表4-1-7】　工事枝番の必要性

	イメージ	概要
ケースA	工事番号の単位 →採番→ 工事枝番の単位 ←対応→ 履行義務の単位 / 工事枝番の単位 ←対応→ 履行義務の単位	複数の履行義務に1つの工事番号が紐づく場合は，工事番号を分割し，工事枝番と履行義務が1対1の対応関係になるようにする。
ケースB	工事番号の単位 →採番→ 工事枝番の単位 / 工事番号の単位 →採番→ 工事枝番の単位 ←対応→ 履行義務の単位	1つの履行義務に1つまたは複数の工事番号が紐づくなら，工事番号からみて，履行義務番号は1つである。この場合においても，履行義務番号に対応する原価の集計単位は工事枝番にすることで取扱いを揃えるようにする。

②　工事枝番の位置づけ

　工事枝番と履行義務番号の関係については，ご理解いただけたと思う。ここでは，新収益基準の導入後の番号体系について，確認したい。図表4-1-8をご覧いただきたい。

　ケース3では，まず「契約番号X01」に対して「受注工番X01V」が1対1の関係で紐づいている。受注工番には，2つの工事番号（X01V-001，X01V-002）が紐づいている。ここまでは，従来と同じである。違うのは，ここからだ。「工事番号X01V-001」には2つの工事枝番（X01V-001A，X01V-001B）が紐づいており，「工事番号X01V-002」には2つの工事枝番（X01V-002A，X01V-002B）が紐づく。**工事枝番がそれぞれ1つの履行義務番号に対応している。2つ以上の履行義務番号に紐づく工事枝番はない。**

　ただし，逆はある。「履行義務番号PO1」をみていただきたい。この履行義務番号は，「工事枝番X01V-001A」に対応しているが，同時に「工事枝番X01V-002A」にも対応している。そして，これにより「履行義務番号PO1」

の収益を計上するときは，対応するコストも集計することができるのだ。

【図表4-1-8】　工事枝番の位置づけ

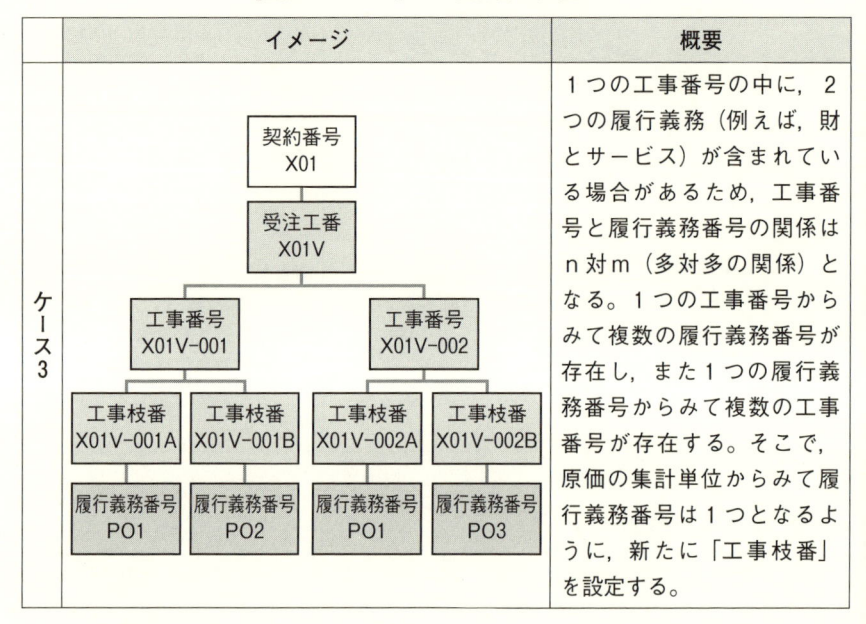

	イメージ	概要
ケース3	契約番号 X01 受注工番 X01V 工事番号 X01V-001　　工事番号 X01V-002 工事枝番 X01V-001A　工事枝番 X01V-001B　工事枝番 X01V-002A　工事枝番 X01V-002B 履行義務番号 PO1　履行義務番号 PO2　履行義務番号 PO1　履行義務番号 PO3	1つの工事番号の中に，2つの履行義務（例えば，財とサービス）が含まれている場合があるため，工事番号と履行義務番号の関係はn対m（多対多の関係）となる。1つの工事番号からみて複数の履行義務番号が存在し，また1つの履行義務番号からみて複数の工事番号が存在する。そこで，原価の集計単位からみて履行義務番号は1つとなるように，新たに「工事枝番」を設定する。

③　原価関係のエンティティ

　原価に関係するエンティティの構成についてみてみよう。いままでは，契約番号に対して受注工番が紐づき，さらにその下に工事番号が紐づくという構成であった（図表4-1-9）。

　契約番号のエンティティについては，すでに説明したが，主な項目を挙げると，契約番号，発番日，契約名称，注文者名，取引価格などである。この契約番号に対して，受注工番が紐づく。この場合，重要となるのが「契約番号」である。受注工番は，契約番号を手がかりに，契約番号（エンティティ）の情報と受注工番（エンティティ）の情報を結びつけているのである。

　次に，受注工番（エンティティ）だが，主な項目には，受注工番，発番日，契約名称，注文者名などがある。この受注工番に対して，工事番号が紐づく。

この場合，重要となるのが「受注工番」である。工事番号は，受注工番を手がかりに，受注工番（エンティティ）の情報と工事番号（エンティティ）の情報を結びつけている。

【図表4-1-9】　いままでの原価関係のエンティティ

契約番号（エンティティ）

	データ項目	内容
1	契約番号	X01
2	発番日	3/31
3	契約名称	機器Aに係る契約
4	注文者名	XXXX
5	営業部門	XXXX
6	製造部門	XXXX
7	契約締結日	4/10
8	工事（製造）開始日	4/30
9	工事（製造）完了日	4/30
10	完成（検査完了日）	4/30
11	取引価格	100

受注工番（エンティティ）

	データ項目	内容
1	受注工番	X01V
2	発番日	3/31
3	契約名称	機器Aに係る契約
4	注文者名	XXXX
5	工事（製造）開始日	4/30
6	工事（製造）完了日	4/30
7	完成（検査完了日）	4/30

工事番号（エンティティ）

	データ項目	内容
1	工事番号	X01V-001
2	発番日	3/31
3	工事名称（製品名称）	動力パーツ
4	数量	1
5	規格・仕様	N
6	注文者名	XXXX
7	注文書番号	XXXX
8	工事（製造）開始日	4/15
9	工事（製造）完了日	4/25
10	完成（検査完了日）	4/27
11	材料仕様番号	P

＊n（ゼロあり）とは，受注工番（エンティティ）を作成する時点では工事番号（エンティティ）作成せずに，あとで作成が可能という意味である。

④　これからの原価関係のエンティティ

さて，新収益基準を導入したら，原価関係のエンティティはどう変わるのだろうか。図表4-1-10をご覧いただきたい。

新しく加わったものは，履行義務番号（エンティティ）と工事枝番（エンティティ）である。契約番号（エンティティ）は，履行義務番号（エンティティ）と紐づく。契約番号を手がかりに，履行義務番号（エンティティ）の情報と契約番号（エンティティ）の情報を結びつけているのである。

では，工事枝番（エンティティ）はどうなっているだろうか。工事枝番（エンティティ）は2つのエンティティに紐づく。工事番号（エンティティ）と履行義務番号（エンティティ）である。

工事枝番（エンティティ）と工事番号（エンティティ）を紐づけるときに重要な役割を果たすのが，「工事番号」である。一方，工事枝番（エンティティ）と履行義務番号（エンティティ）を紐づけるとき重要なものが，「履行義務番号」だ。

　1つの契約に複数の履行義務が紐づくならば，この履行義務の単位で収益と原価の集計が必要になる。そのためには，番号体系を整理し，必要な情報を検討しなければならない。**新収益基準の導入で原価計算の方法が大きく変わるわけではない。**だが，**原価の集計方法を誤ると，収益に合わせて正しいコストを算定できなくなる**という点には注意したい。

【図表4-1-10】 これからの原価関係のエンティティ

契約番号（エンティティ）

	データ項目	内容
1	契約番号	X01
2	発番日	3/31
3	契約名称	機器Aに係る契約
4	注文者名	XXXX
5	営業部門	XXXX
6	製造部門	XXXX
7	契約締結日	4/10
8	工事（製造）開始日	4/30
9	工事（製造）完了日	4/30
10	完成日（検査完了日）	4/30
11	取引価格	100

受注工番（エンティティ）

	データ項目	内容
1	受注工番	X01V
2	発番日	3/31
3	契約名称	機器Aに係る契約
4	注文者名	XXXX
5	工事（製造）開始日	4/30
6	工事（製造）完了日	4/30
7	完成日（検査完了日）	4/30

工番番号（エンティティ）

	データ項目	内容
1	工事番号	X01V-001
2	発番日	3/31
3	工事名称（製品名称）	動力パーツ
4	数量	1
5	規格・仕様	N
6	注文者名	XXXX
7	注文書番号	XXXX
8	工事（製造）開始日	4/15
9	工事（製造）完了日	4/25
10	完成日（検査完了日）	4/27
11	材料仕様番号	P

（ゼロあり） n

履行義務番号（エンティティ）

	データ項目	内容		
1	履行義務番号	PO1	PO2	POX
2	履行義務の名称	機器A	保守B	合計
3	履行開始日（予定）	4/30	5/1	
4	履行完了日（予定）	4/30	6/30	
5	請求日（予定）	4/30	4/30	
6	入金日（予定）	5/31	5/31	
7	収益認識の種別	一時点	期間	
8	取引価格	70	30	100

工事枝番（エンティティ） n（ゼロあり）

	データ項目	内容
1	工事番号	X01V-001
2	発番日	3/31
3	工事名称（製品名称）	動力パーツ
4	工事（製造）開始日	4/15
5	工事（製造）完了日	4/25
6	完成日（検査完了日）	4/27

2 ｜ 経営管理で考えるべきこと

⑴　経営者の関心事

　収益は，損益計算書のトップライン（いちばん上の項目）に位置する。それだけに，新収益基準は，経営者にとっても重大な関心事だ。

　では，新収益基準の導入で，経営管理に与える影響にはどんなものがあるだろうか。こういう時，パッと思いつくのが，経営管理のツールにどんな影響があるのか，という観点からの分析である。

　経営管理のツールには，以下のようなものがある。

- 予算管理制度（予算編成と実績管理）
- 業績評価制度
- 中期計画制度
- 投資意思決定

　新収益基準の導入で，経営管理ツールに与える影響をどう考えればよいだろうか。例えば，新収益基準に基づいて実績を把握するならば，これに対応する予算も新収益基準に基づくものになる。企業が3～5年ごとに発信する中期経営計画やその結果説明も，新収益基準に基づいて行うだろう。

　経営者がきちんと説明責任を果たすためには，予算策定方法，予実分析，業績管理，KPI（重要業績評価指標）の見直しなど，新収益基準が管理会計に与える課題を解決する必要がある。例えば，管理会計で，履行義務単位で採算を管理していく必要がある場合は，実績値と計画値を，契約上と会計上のそれぞれで把握できるような業務プロセスとシステムが必要となる。

⑵　もう1つの切り口

　もちろん，こういうアプローチも悪くはない。ただ，ここでは，もう1つ違う切り口で，新収益基準の導入で経営管理として考えるべきことを考えてみた

い。それは，①収益性の明確化，②収益性の可視化，そして③戦略と管理の連動化の３つである。

①　収益性の明確化

　新収益基準の基本となる原則は，「約束した財又はサービスの顧客への移転を当該財又はサービスと交換に企業が権利を得ると見込む対価の額で描写するように，収益を認識すること」（会計基準16項）である。であるならば，１つの履行義務として収益を認識するということは，それが独立した財またはサービスであるということだ。

　いままでは，１つの契約という単位で括って収益を管理していたものが，これからは，履行義務単位でも収益と対応する原価を把握することができる。これは，企業の収益性をより明確にするものだ。これら履行義務ベースの収益性の情報と契約ベースの収益性の情報を活かす。うまくすれば，企業の収益の源がどこになるのかを把握することができる（かもしれない）（図表４-２-１）。

【図表4-2-1】　収益性の明確化

	イメージ	概要
いままで	実績値　計画値 **売上** 契約単位／履行義務単位 **原価** 契約単位（○）／履行義務単位	売上・原価の実績値と計画値について，契約単位で収益性の管理を行う。
これから	実績値　計画値 **売上** 契約単位／履行義務単位 **原価** 契約単位（○）／履行義務単位（○）	売上・原価の実績値と計画値について，契約単位と履行義務単位で収益性の管理を行う。

②　収益性の可視化

　収益性の可視化とは，いままでコストとして捉えていなかったものを，コストとしてきちんと捉えることで，管理の水準を上げることである。このことを簡単な設例で考えてみよう。

232

設例

> 1つの契約（100円）に2つの履行義務（財の販売Aとその後のサービスの提供B。ステップ4の配分後の金額は，Aが60円，Bは40円と仮定）が含まれている。現行実務では，履行義務Aの提供が完了した4月30日に売上100円を計上し，これに対応する原価を50円計上する。履行義務B（保守サービス）は，その後，2年間にわたって提供される。

　図表4-2-2をご覧いただきたい。従来は，履行義務Aの提供を完了した時に売上を100円計上し，履行義務Aに対応するコスト50円を売上原価として計上していた。**履行義務Bの保守サービスの原価については特に集計しておらず，期間費用として処理していた。**

　だから，予算の設定も実績の把握も契約単位である。実績をみて欲しい。売上100円に対して，コストと利益は50円だ。これを予算で設定した売上，原価そして利益と比較して管理していた。

　では，新収益基準を導入した後は，どう変わるだろうか。今後は，履行義務Aの提供を完了した時に売上を60円計上し，履行義務Aに対応するコスト50円を売上原価に計上する。また，履行義務Bについては，2年間にわたって売上を認識することから，例えば，初年度は20円の売上を計上し，これに対応するコストを集計して売上原価に計上することになる。

　もちろん，履行義務Bにかかるコストを収益に対応させて個別に集計するか，それともコストは従来どおり期間費用としてまとめて計上するかは，その取引の重要性や取引の実態によっても変わってくるだろう。しかし，新収益基準の導入によって，いま一度，「計上した収益に対応する費用は何か」という点について考えるきっかけにはなるはずだ。

　また，履行義務単位で実績を把握するならば，予算も履行義務単位になるはずだ。履行義務単位で売上と原価の予算を設定し，実績と比較する。

　設例の場合で考えると，履行義務Aの60円と履行義務Bの40円である。履行

義務Aの売上に対応するコストはいままでと同じ集計方法でよいが，履行義務Bはそうはいかない。履行義務Bの原価予算が2年間合計で24円，実績が20円だとしよう。この予算の設定も，実績の集計についても，新たにコストの算定ルールを決めて，業務プロセスやシステムを見直す必要がある。

【図表 4 - 2 - 2】　収益性の可視化

	契約単位				履行義務単位			
いままで	**【契約 XX1】**							
		予算	実績	差異				
	売上	100	100	—				
	モノの原価	55	50	+5				
	利益	45	50	+5				
これから	**【契約 XX1】**				**【履行義務A】**			
		予算	実績	差異		予算	実績	差異
	売上	100	100	—	モノの売上	60	60	—
	原価	79	70	+9	モノの原価	55	50	+5
	利益	21	30	+9	利益	5	10	+5
					【履行義務B】			
						予算	実績	差異
					サービスの売上	40	40	—
					サービスの原価	24	20	+4
					利益	16	20	+4

さて，「①収益性の明確化」と「②収益性の可視化」はどう違うのだろうか。「いままで収益性がよく見えていなかった」という点では，両者に違いはない。同じである。だが，「①収益性の明確化」というのは，いままでも収益に対するコストとして捉えていた。履行義務単位に分けて捉えていなかっただけである。一方，「②収益性の可視化」というのは，いままでは収益に対するコストとして，はっきりと対応させて捉えていなかった。この点において，両者は異なるのである。

③ 戦略と管理の連動化

契約の結合というルールがある。これは，同一の顧客（その関連当事者も含む）と同時またはほぼ同時に締結した複数の契約が一定の条件を満たすと，これらをあたかも単一の契約のようにみなして会計処理を行うというものである。

販売戦略として，例えば，企業が機器の販売にあたって，機器の販売促進の一環で，保守サービスを単独で利用するよりも低い料金で，機器の販売とは別の保守サービスの提供契約を同時に締結することがある。

新収益基準を適用すると，契約結合を求められる（可能性がある）。契約結合の過程で，これらの取引の収益を合算するならば，これに合わせて，原価も集計することで，取引全体の収益性を把握できる。

企業がこのような取引を行うのには，理由がある。それは，戦略的な目的である。企業の戦略的な目的がどれくらい達成できたのか，確認することは重要である。新収益基準の導入を機に，企業の戦略と経営の管理を連動させることを検討するのもよいだろう（図表4-2-3）。

新収益基準は，個別財務諸表と連結財務諸表の両方に適用される。そして，その影響範囲は，会計ルールの変更にとどまらない。新たな会計上の管理が必要になる。いままでどおりの契約上の請求管理を行いつつ，経営上の管理を見直す。場合によっては，ビジネスのあり方まで考えなければいけない。小手先だけの対応では済まないという理解が大切である。

【図表4-2-3】　戦略と管理の連動化

	イメージ	概要
いままで	【契約A】 |	実績	構成比 | | モノの売上 | 60 | 100 | | モノの原価 | 57 | 95 | | 利益 | 3 | 5 | 【契約B】 | | 予算 | 構成比 | | サービスの売上 | 40 | 100 | | サービスの原価 | 24 | 60 | | 利益 | 16 | 40 |	モノの売上とそのモノに対するサービスの売上をそれぞれ契約単位で収集し，収益性の確認を行う。
これから	【契約の結合】 | | 予算 | 構成比 | | 売上 | 100 | 100 | | 原価 | 81 | 81 | | 利益 | 19 | 19 |	モノの売上とそのモノに対するサービスの売上を合算して，全体として戦略どおり収益が上がっているかどうか確認する。

第5章

新収益基準の導入ステップ

【サマリ】
　新収益基準の対応プロジェクトには基本となる進め方がある。それは，最初にクイックレビュー（簡易的な影響分析のこと）を行い，新収益基準のインパクトをつかんだうえで，3つのフェーズ（分析フェーズ，設計フェーズ，導入フェーズ）に分けて進めるというものである。本章では，新収益基準の対応プロジェクトにおけるそれぞれのフェーズで実施すべき作業，スケジュールの設定方法，プロジェクト体制のあり方を解説する。

1 | 先行事例に学ぶ

⑴　ドイツと米国の場合

　本章では，新収益基準の準備対応の全体像について考えてみたい。どう対応するか。幸いなことに，まったくゼロから対応方法を考える必要はない。すでに先行している海外事例に学べばよいのである。例えば，新収益基準と同じような基準である IFRS 第15号を導入した企業の事例は参考になる。そこで，今回，ドイツと米国の事例を調査した。

　ただし，ドイツの IFRS 第15号の場合，その対応は連結財務諸表であるという点に注意が必要だ。多くの場合，それぞれの国の単体に適用する基準（ローカル・ギャップ）は IFRS 第15号とは異なるため，ローカルの会計帳簿から（いわゆる通常の意味での）パラレル・アカウンティングを適用し，単体の財務諸表はローカル・ギャップで，連結財務諸表は IFRS 第15号で開示できるようにする。したがって，単体の財務諸表の段階，もっというと取引先に対する営業活動，契約のあり方というところまでをメスを入れる必要はない。

　一方，米国では，Topic 606 という新しい基準が2017年12月15日より後に始まる決算期から適用されている。米国のケースは，日本企業がこれから直面する状況と似ている。Topic 606 への対応では，企業は単体の財務諸表からその導入が求められているからである。

⑵　導入アプローチ

　それでは，新収益基準の導入はどういうステップになるだろうか。KPMGでは，米国と欧州を中心に，IFRS 第15号や Topic 606（本書では，両者を合わせて，以下「IFRS 第15号等」と総称する）の導入プロジェクトを多く手がけている。これらのプロジェクトでは，それぞれが異なる課題に直面し，進め方もそれぞれがユニークだ。100社あれば，100通りの進め方があるといっても

過言ではない。

　では，なぜユニークになるのか。それは，この会計基準が顧客との「契約」をベースにしているからである。企業によって業種・業態は異なる。そして，同じ業種・業態であっても契約の内容はさまざまだ。加えて，企業の経営方針や営業戦略，値決めや契約の単位，販売から経理処理に至るまでの業務プロセス，そしてこれを支えるシステムのすべてが異なる。これらに合わせてプロジェクトを対応しようとすれば，その進め方がユニークになるのは当然である。

　だからといって，それぞれのプロジェクトが好き勝手に進めているわけではない。これらのプロジェクトの進め方には**基本となる**ステップがある。それは，最初に**クイックレビュー**（簡易的な影響分析のこと）を行い，新収益基準のインパクトをつかんだうえで，**3つのフェーズ**（分析フェーズ，設計フェーズ，導入フェーズ）に分けて進めるというものである（図表5-1-1）。

【図表5-1-1】　クイックレビューと3つのフェーズ

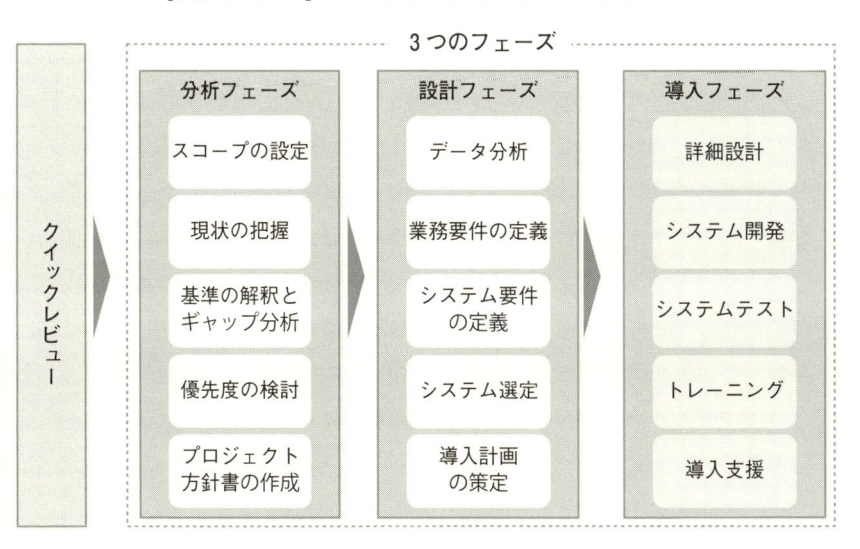

2 | クイックレビュー

⑴　クイックレビューとは

　クイックレビューとは，企業が新収益基準を導入した場合に，どのような影響を受けるか，ザッと短期間に把握することを目的に行う調査である。新収益基準は，収益の認識について包括的に処理方法を定めている。規定する内容によって，すべての企業に影響することもあれば，特定の業種・業態にのみ影響するというものもある。何が企業にとって課題となるのかを把握し，重要な課題を絞り込み，優先的に対応する必要がある。このために行うのが，クイックレビューである。

　クイックレビューで把握した事実に基づいて，企業として対応すべき課題の整理と重要性の評価，課題ごとに対応の方向性を検討し，対応に要する期間（できればコストも）を見積もる。この結果を，「新収益基準の対応についての提言書」としてまとめるのである。この際，緊急に対応すべき事項があればそれを明示する。また，経営判断を仰ぐ項目と意思決定の期限を示す。いくら立派な提言書を作成しても，そのまま放っておいては意味がないからである。

　もちろん，クイックレビューの結果，新収益基準の導入で大きな影響がないならば，大がかりな対応をする必要はない。時間とお金のムダである。ただし，その場合であっても，**クイックレビューの結果は，監査人に説明しておくことがベターである**。クイックレビューで検討した内容に漏れや不足があるかもしれないし，仮にそうでなかったとしても，企業と監査人とのコミュニケーションは重要である。

⑵　**新収益基準の対応についての提言書**

　クイックレビューの結果，成果物として作成するものが「新収益基準の対応についての提言書」である。これは，**クイックレビューの結果，新収益基準へ**

の特段の対応が必要なくても，作成する必要がある。報告することが，責任の明確化につながるからだ。

　では，提言書にはどのような項目を記載すればよいだろうか。ここでは，説明の前提として，新収益基準の対応が必要なケースを想定する。この場合，提言書には，まず調査の目的，方法，範囲といったものを記載する（新収益基準の目的や概要については，サマリに記載する場合と添付資料に記載する方法が考えられる）。

　次いで，新収益基準の導入で財務諸表にどのような影響があるか，また，新収益基準に対応するために業務プロセスやシステムをどのように見直す必要があるか，その方向性を示す。この記載にあたっては，

①　事業の観点（例えば，企業が営むビジネスや組織の区分など）

②　新収益基準の論点の観点（新収益基準の導入が，収益認識の金額や時期などに影響を与える可能性のあるもの。例えば，契約の結合，契約変更，変動対価など）

③　取り組み内容の観点（例えば，業務プロセス（内部統制のしくみを含む）やシステム，財務会計と管理会計など）

の順番で分けて書く。

　さらに，新収益基準の対応のために必要な体制，スケジュール，コストの概算が加えられるとなおよい。調査の結果，資料のボリュームが多くなる場合は，エグゼクティブ・サマリを作成する。そして，これを経営トップに報告し，新収益基準の対応のためのプロジェクトの開始について了解をとるのである。

　ここで，「新収益基準の対応についての提言書」の目次の例を示そう（図表5-2-1）。

【図表 5 - 2 - 1】 提言書の目次（イメージ）

新収益基準の対応についての提言書 目次

1. 調査の目的，方法，範囲
2. 新収益基準が財務諸表に与える影響
3. 新収益基準の導入上の問題と解決の方向性
     ○○事業
     ○□事業
     □□事業
4. 新収益基準の導入スケジュール
5. 新収益基準の導入プロジェクトの組織体制，コスト
（添付資料）
＊新収益基準の目的と概要

---

(3) プロジェクトの目的を定義する

目的を決める。もちろん，これはプロジェクトに限ったことではない。文章を書くときにも，資料を作成するときにも，最初に目的を決める。だが，**新収益基準の対応プロジェクトとなると，この目的というものは，人によって捉え方がだいぶ変わる。**

シンプルに考えると，新収益対応プロジェクトの目的は，新収益基準を導入できるように，社内会計ルールを定め，これに関連する業務プロセスとシステムを見直すことである。

それでは，経営トップや管理者の視点からは，どのように映るだろうか。新収益基準の導入によって，認識する収益の「単位」，「金額」，「タイミング」が変わるならば，それはどういうことなのか，経営の観点からより有益な情報が得られるのか，そのために経営管理のしくみをどう変えるべきか，ということになる。実際，会計のルールというものは理由があるから変わる。新収益基準の導入で，より経営の実態がわかるようになるなら，そのことが実感できるよ

うに経営管理の視点からも見直しを図る必要がある。

　営業担当の視点からは，新収益基準の導入はどう見えるだろう。自分たちの成績が従来と違う単位，金額，タイミングで出てきたら，戸惑うだろう。また，一方で，新収益プロジェクトの導入で，販売管理システムが変わったり，いままで求められていなかった情報の入力が求められたりすれば，反発もしたくなる。これでは，会計と営業の距離は離れていってしまう。もし，新収益基準の導入で，いままでと異なる対応が求められるのであれば，それはなぜか説明しなければならない。

　通常，会計ルールが求める情報というものは，重要であるからだ。それは，投資家にとってだけでなく，経営トップ，管理者など，企業の実態を把握すべき（したい）人にとって重要な情報である。これは，新収益基準でも同じである。新収益基準の導入で「新たにデータ入力が必要になった。面倒だ」ではなく，なぜこの情報を求められるようになったのか，なぜいままでこの情報を入手してこなかったのか，この情報によって今後，何ができるか考えることは必要なことである。

　例えば，従来，1つの契約で認識していた情報を，履行義務の単位で認識するように求められたとしよう。これを「負担」と捉えるならば，それで終わりである。新たな気づきは生まれない。しかし，もしこの情報を使って，何ができるかを考えるならば，この履行義務の単位で収益を認識するという行為は，新たな経営管理への第一歩となる。

　プロジェクトを行うならば，プロジェクトの目的を考える。プロジェクトの目標（いつまでに，何を行うか）だけでなく，プロジェクトの目的を定義する。何のためにプロジェクトを行うのか，定める。こうすることで，プロジェクトがしっかりしたものになる。魂が入った状態になるのである。

プロジェクト憲章を作る

プロジェクトを成功させる秘訣は，プロジェクトの立ち上げにあたって，プロジェクトの責任者であるプロジェクトマネージャーが，プロジェクトの目的，そしてプロジェクトを成功させるための信念や信条をよく考え，プロジェクト憲章として紙にまとめておくことである。それから，プロジェクトメンバーの経験や能力，性格，そしてプロジェクトに対する思いを把握する。そのうえで，プロジェクト憲章についてみんなで議論し，共有することである。

プロジェクト憲章といっても，そんなに特別なことを決めるということではない。このプロジェクトは会社の中でなくてはならない仕事である。ただ与えられたことを実施するのではなく，自ら考え行動する。自分には何ができるのか，自分の役割を理解し，それぞれのメンバーが誰にも負けない仕事をする。そういった思いを，自分たちの言葉で書き表したものがプロジェクト憲章である。

プロジェクト憲章とセットで作成するとよいものに，プロジェクトにおける禁句集というものがある。これは，プロジェクトメンバーが言ってはいけない言葉を集めたものだ（図表5-2-2）。

例えば，「だから言っただろう」とか「最初からわかっていた」といった発言をする人がいる。ふだんは建設的な意見を言わず，傍観しているだけだが，いざプロジェクトがうまくいかなくなったときに，このような発言されたらどうだろう。他のメンバーはいい気持ちはしないし，プロジェクトの一体感が損なわれる。**プロジェクトとは，運命共同体のようなものである。成功も失敗も，皆が等しく受け入れる。**プロジェクトのために，それぞれのメンバーができることを考えなければならない。そのことを思い出すためには，このような言葉を禁句にする必要がある。

禁句集はプロジェクトメンバーの支えにもなる。プロジェクトを進めていくと，いろいろな抵抗があり，プロジェクトメンバー自身も悩むことが多くなる。人間，弱気になると，消極的な意見しか出てこなくなるものだ。こんなときに

備えて，禁句を模造紙に書いてプロジェクトルームに貼っておく。積極的な発言を促し，前向きに行動するために必要なことである。

【図表 5 - 2 - 2】　プロジェクトにおける禁句集の例

	項目	禁句の例	メンバーが考えるべきこと
1	○○が大事	・経理より営業のほうが大事。お客様に迷惑はかけられない	・正しく会計処理することも，誠実にお客様に対応することも大事。そのためにどうするか，よく考えてみる。
2	できない	・必要な情報が取れるわけがない	・なぜできないとわかるのか，単に数字だけでどうしてそう言えるのか，よく考えてみる。
3	やってきた	・いままでも，ずっと検討してきた	・本当にそうなのか，具体的にどういう検討をしてきたのか，なぜダメだったのか，よく考えてみる。
4	以前検討した	・その解決策は以前検討したことがあるが採用しなかった	・本当に同じ解決策なのか，どうしてその解決策は採用されなかったのか，よく考えてみる。
5	時間がない	・そのような検討をする時間がない	・限られた時間の中で何ができるのか，どうすれば検討できるのか，できる方法をよく考えてみる。
6	割り引く	・全部はムリだけど，半分ぐらいの情報なら取れるだろう	・目標を安易に変えてはならない。目標を達成するためにどうしたらよいか，よく考えてみる。
7	わかっている	・それはもうわかっている。	・何をわかっているのか，具体的に整理することで，わかっていないことをよく考えてみる。

8	言ってきた	・だからダメだって言ってきただろう	・ダメだと言っているだけではダメ。そうならないように，どんな努力をしてきたのか。プロジェクトは運命共同体である。
9	ほかにある	・問題はそこではない。ほかにある	・「問題はそこではない」というのなら，なぜそう言えるのかきちんと確認する。そのうえで，ほかの問題もよく考えてみる。
10	しかたがない	・遅れるのはしかたがない	・「しかたがない」ということで思考が止まる。なぜ遅れたのか，原因を分析し，解決策をよく考えてみる。

コラム

目的と目標の違い

　「何のために」行うか，その「何」が目的である。目的というものは階層関係にある。金融商品取引法の第１条をご存じだろうか。そこには，こう書かれている。「この法律は，企業内容等の開示の制度を整備するとともに，金融商品取引業を行う者に関し必要な事項を定め，金融商品取引所の適切な運営を確保すること等により，有価証券の発行及び金融商品等の取引等を公正にし，有価証券の流通を円滑にするほか，資本市場の機能の十全な発揮による金融商品等の公正な価格形成等を図り，もつて国民経済の健全な発展及び投資者の保護に資することを目的とする」。

　この法律の直接的な目的は最初の部分である。それは「企業内容等の開示の制度を整備するとともに，金融商品取引業を行う者に関し必要な事項を定め，金融商品取引所の適切な運営を確保すること等により，有価証券の発行及び金融商品等の取引等を公正にし，有価証券の流通を円滑にするほか，資本市場の

機能の十全な発揮による金融商品等の公正な価格形成等を図り」というところだ。そして，この目的を達成することによって「国民経済の健全な発展及び投資者の保護に資する」というのが，高次元の目的になる。

　この場合は，直接的な目的がより高い次元の目的を達成するための手段という位置づけになる。**目的と手段というのは，固定的な概念ではなく，何かの目的を達成することで，より高い次元の目的を達成するならば，目的というものは手段でもある。**

　では，目的と目標の違いは何か。行動や活動の内容が具体的な数値レベルまで示されたとき，「目標」という言葉が使われる。筆者の生活習慣の例でいうと，健康維持という目的のために，週に2日，3キロ泳ぐことを目標にしている。健康を維持するという目的の1つの手段が水泳である。具体的にどれだけ泳ぐか。これが目標となる。では，この距離を泳ぐために，日々どのように過ごすか。しっかり睡眠をとったり，十分な食事をとったりするのは手段ということになるだろう。目的は階層関係にあると説明した。**目的の手段は，見方を変えれば「目的」となり，そしてその目的を達成するために手段がある。これが具体的な数値レベルまで示されたとき，「目標」という言葉に変わる。**

　よく，「それは手段であって目的ではない」といった意見を聞く。例えば，新収益基準の導入で考えると「新収益基準を導入することは手段であって，目的ではない。大事なことは新収益基準の導入で新たに得られた情報を経営にどう活かすかだ」というものだろう。確かに，このような意見は正しい（かもしれない）。しかし，目的が階層関係にあるということを考えると，（ほとんど）すべての目的は手段であって目的ではないということになる。

　私たちが，常に「何のために」行うのか，考えるのは，大きな方向性を確認するためである。先ほどの水泳の例でいうと，大雪が降っているのにムリしてプールに行って，風邪を引いてしまったら，一定の距離を泳ぐという目標は達成しても，健康維持という目的には反することになる。目標の達成ばかりに気をとられて本来の目的を失ってはならない。**目標を達成することが目的ではない。**これはプロジェクトだけではなく，仕事を行ううえでも忘れてはならないことである。

3 | 分析フェーズ

　分析フェーズは，新収益基準を導入するとどうなるか，より具体的に把握することである。いわば"デッサン"である。新収益基準の導入で，どれくらいの対応が必要になるのか，問題と解決の方向性を把握する。これだけ聞くとクイックレビューと目的は似ているが，**分析フェーズで行う調査の対象範囲は，クイックレビューよりもずっと広いものであるし，分析の深さもずっと深いものになる。**

　分析フェーズで行うことは，5つ（①スコープの設定，②現状の把握，③基準の解釈とギャップ分析，④優先度の検討，⑤プロジェクト方針書の作成）である。それでは1つひとつ見てみよう。

(1)　スコープの設定

　まず，分析フェーズのスコープを設定する。分析フェーズの調査範囲を明確にするのである。スコープの大きさによって，分析フェーズで必要な工数（対応する関係者の人数）やコスト，そしてスケジュールも変わる。それでは，どうやってスコープを設定したらよいだろうか。

①　スコープに影響する3つの要素

　その前に，スコープに影響を与える3つの要素を確認しておこう。分析フェーズのスコープの設定にあたり，考慮すべき点は，「対応論点の数」，「対応の深度」，「対象事業の数」の3つである（**図表5-3-1**）。

【図表5-3-1】　スコープに影響する3つの要素

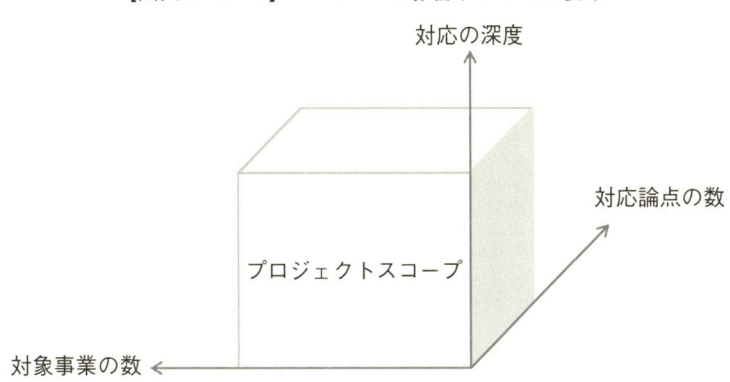

i　対応論点の数

　ここでいう**対応論点**とは，新収益基準の導入によって，業務プロセスやシステムが変わる可能性のある会計上の論点のことをいう。新収益基準の導入で，企業の収益認識の時期に影響を与える可能性がある場合，社内の会計ルールの変更だけでなく，その影響は業務プロセスやシステムにも及ぶ。これは，財務諸表の表示や開示に影響を与える場合も同様である。このときも，社内の会計ルールの見直しによって，業務プロセスやシステムに影響を与える。この対応論点がいくつあるかによって，プロジェクトのスコープは変わってくる。

　それでは，一般に会計上の論点にはどのようなものがあるのか。その参考となるのが，「収益認識に関する包括的な会計基準の開発についての意見の募集」（企業会計基準委員会，改訂平成28年4月22日）の「第1部　IFRS第15号に関して予備的に識別している適用上の課題」に示された17の論点である。もちろん，今後の動向によっても本当に論点になるかどうかはわからないが，議論のたたき台としては有効である。

ii　対応の深度

　対応の深度とは，どれだけ手間がかかるかというものである。新収益基準の

導入で（もしくは導入を機に），現行の会計システムを刷新するとか，業務システムを見直すといった場合，それなりのコスト，そして時間がかかる。一方で，もし，現行のシステムの軽度な改修，または勘定科目の追加や設定の見直しなど，比較的容易な解決策によって対応が可能となるならば，解決策の実行にはそれほど時間はかからない。このように対応の深度は，プロジェクトのスコープに影響を与える。

iii　対象事業の数

　親会社の事業の数が多ければ，それだけビジネスの種類が増える可能性がある。グループ会社の数が多ければ，やはりその分，調査する範囲は広がり，分析に時間もかかる。海外にグループ会社があって，すでにIFRS第15号等の対応が終わっているならば，そのデータをどう活用するか，またそうでない場合は，ローカル・ギャップとどうパラレル・アカウンティングを実現するか検討しなければならない。対象となる範囲は，プロジェクトのスコープに大きな影響を与える。

②　スコープの見積り

　スコープの大きさは，「対応論点の数」，「対応の深度」，「対象事業の数」によって変わる。対応論点が増えれば，スコープは広がるし，対応の深度が深くなれば，しっかり調査を行う必要がある。対象事業の数が多ければ，その数だけ調査期間（または担当者の人数）は増える。

　では，これらの影響の程度をどうやって見積もるか。分析フェーズのスコープの設定にあたっては，あらかじめ「対応論点の数」，「対応の深度」，「対象事業の数」の3つを想定する。クイックレビューを行っている場合は，その調査結果に基づいて推定する。クイックレビューを行っていない場合には，事業や営業の関係者にヒアリングを行って，類推するほかない（この行為自体は，クイックレビューに近いものになる）。

　この想定に基づいて，調査に取りかかり，実態の理解を通じて，スコープの

修正を行う。実際に現状の調査してみなければわからないことも多い。だから
といって，何の想定もせずに行き当たりばったりの調査では，心もとない。ニ
ワトリと卵のような話ではあるが，分析フェーズの実施にあたっては，想定が
先である。想定に従い，作業項目を定め，必要な期間を見積もって，プロジェ
クトスケジュールを立てるのである。

(2)　現状の把握

　分析フェーズのスコープが決まったら，いよいよ現状の把握である。対象と
なる事業について，商流を把握し，契約を確認し，業務プロセスを理解し，シ
ステムの状況を整理するのである。

①　「商流」を把握する
　収益の発生形態というものはビジネスによって異なる。1つの企業であって
も，いくつものビジネスを営んでいる。同じビジネスでも，顧客や財・サービ
スによって，商流は異なる。ここでいう商流とは，受注から発注，製造指示，
在庫の保管，出荷，販売管理までの取引の流れのことである。
　商流を把握するには，経営方針，ビジネス戦略，中期計画，予算，グループ
体制図，組織図，セグメント情報などの情報を入手する。そのうえで，どのよ
うな商流があるか，商流を分けるドライバー（例えば，顧客のタイプ，財や
サービスの種類，提供形態）は何かを考える。
　商流を把握したら，それぞれ引合いから売上までのプロセス，財やサービス
の種類との関係，そして誰（組織）がこの商流をコントロールしているのかを
特定する。

②　「契約」を把握する
　新収益基準では，まず「契約」に注目する。契約とは何か，商流ごとに把握
する。といっても，すべての契約書を順番に確認するという意味ではない。そ
れでは，「契約」を把握する際に注意すべきことをいくつか記しておこう。

i 契約書のタイプ

　企業が作成する契約書のタイプを網羅的に把握する。それは，法務部が管理する契約書のひな型はもちろんのこと，契約の内容をパターンごとにグルーピングする。例外的な条項にも注意が必要だ。**標準のフォーマット（ひな型）があるからといって，必ずしもそれだけに従って契約書を作成しているわけではない。**ひな型から外れるケース，または契約変更や契約更新，加えて客先のフォーマットの契約書で締結する場合など，確認すべき事項は幅広い。

ii 調査対象を考える

　ヒアリング先にも注意が必要だ。契約は営業の現場で行われる。したがって，ヒアリング相手は，法務部の担当者（法務部が契約を一元管理しておらず，営業所単位に分かれる場合はその担当者）だけではなく，現場の営業担当者にも直に話を聞く必要がある。もちろん，ビジネスが変われば，担当者も変わるだろう。

　また，契約書がどのように保管されているかも注意する。企業によっては，契約書の管理のために，特定のシステム（例えば，契約管理システム）を導入している。そのシステムにどんなデータを入力し，どのシステム（例えば，販売管理システム）と連携しているか，どんなデータを保持しているかを確認する。

iii 重要性を考える

　このような取り組みを行っていると，キリがないと思うかもしれない。そのとおりである。杓子定規にすべて調べようとすると，このプロジェクトは失敗する。ヒアリングを通じて，それぞれのビジネスの性格をきちんと理解し，重要な契約書を絞り込む。そのうえで，契約の内容，用語，条件，契約期間などを調べ，これらが新収益基準の影響をどう受けるのか把握する。これらを調査した結果を一覧表にまとめる。**図表５-３-２**をご確認いただきたい。

【図表 5-3-2】　契約書の確認一覧

No	商　流	ひな型番号	契約書名	規定番号	履行義務	取引価格の記載の有無	独立価格の入手可否	契約の結合の有無	契約変更の有無	解約の可否
1										
2				・・・・	・・・・	・・・・			・・・・・	・・・・

③　「プロセス」を把握する

　商流とそのなかの契約について把握したら，次は業務プロセスを整理する。ゼロからヒアリングで業務プロセス・フローを作成する必要はない。すでに過去に業務の効率化や標準化など BPR の取り組みを行っているならば，その時に作成した業務フローの活用を検討する。J-SOX で作成した業務フローは，場合によっては使いづらいこともあるので注意が必要だ。それでは，業務フローを整理する際に注意すべきことをいくつか記しておこう。

i　分け方を揃える

　サブ・プロセスの分け方を（できるだけ）揃えておくことである。例えば，収益の業務プロセスは，与信管理，契約管理，受注管理，請求管理，収益管理，手数料管理といったサブ・プロセスに分けられる。分け方を揃える目的は，商流ごとに比較するためである。**新収益基準の対応では，情報の入手と連携がポイントになる。**商流ごとに情報の受渡しを比較すれば，モレも発見できる。

ii　販売戦略を確認する

　販売戦略というと，「なぜ，会計処理の話に販売戦略が必要になるのか」と疑問に思う方も出てくるだろう。販売戦略というのは，企業が財・サービスをどのように提供していくのか，その狙いやアプローチのことである。例えば，

複数の契約が同一の商業的目的をもって交渉されているか，1つの契約において支払われる対価の額が，他の契約の価格または履行によって影響を受けるかどうか（会計基準27項）といったことを判断しようとするなら，その契約がどういう戦略的な狙いを持っているのか，知らなければならない。さらにいうと，その財・サービスの値決めのしかた，それから販売予算の設定のしかたも有益な情報になる。ただ，財やサービスのフローを追いかけるだけでは，そのビジネスの本質は見えてこない。ビジネスとして財・サービスの位置づけを知るには，販売戦略を理解する必要がある。

iii 売上計上を確認する

　収益の業務プロセス・フローを整理するときは，売上計上がいつ行われるのかを確認する。売上の単位は何で，どういう情報に基づいて，いくらの金額で，いつ計上するのか把握するのである。それはなぜか。新収益基準の導入で，いままで認識していた収益の「単位」，「金額」，「タイミング」が変わるかもしれない。実際に変わるのか，変える必要がないのか，どちらにしても，現在，どの単位，金額，タイミングで売上を計上しているのかわからなければ，判断をしようがない。だから，収益の業務プロセス・フローを整理するときは，売上計上がいつ行われるのか，そしてその単位，金額，タイミングを確認するのである。

　実は，ヒアリングのテクニックとしても，売上計上に注目するのは有効である。実際，プロジェクトでヒアリングを進めていくと，「この情報は取れない」とか「入手に時間がかかる」「担当者のパソコンの中にある」といった話はよくある。もちろん，本当に情報が取れない（または取りにくい）かもしれないが，ヒアリング相手が実態をよく知らないという可能性もある。しかし，どんな時でも担当者が必ず入手している情報がある。それは売上の計上に必要な情報である。売上を計上する以上，何らかの情報に基づいて行っている。財・サービスの提供が行われたという事実があるから，売上を計上するのである。ということは，少なくとも売上計上に必要な情報は，売上計上のタイミングま

でに入手できるということである。その情報とは何か。これを押さえておくのである。

④　「システム」を把握する

　収益の業務プロセスを整理していくと，同じサブ・プロセスであっても，ビジネスや商流によって，システムが異なる（ことがある）。収益基準の導入で業務が少しでも変われば，システムにも影響する。**新収益基準に関わる業務でどんなシステムを使っているかを整理し，早い段階で，システムについても影響範囲を分析する必要がある。**

　図表5-3-3をご覧いただきたい。これは，業務とシステムの範囲の特定のイメージである。現行の収益プロセスは6つ（与信管理，契約管理，受注管理，請求管理，収益管理，手数料管理）のサブ・プロセスに分かれる。そこで，どのサブ・プロセスでどんなシステムが使われているかを，ビジネスごとに把握するのである。

【図表5-3-3】　システムの使用状況を確認する

現行の収益プロセス					
与信管理	契約管理	受注管理	請求管理	収益管理	手数料管理
商流1 システムA	システムA	システムA システムC システムD	システムA システムC	システムA	システムJ BI
商流2 システムA システムB	システムA システムB	システムA システムE システムF	システムA システムF システムH	システムA BI	—
商流3 システムB	システムB	システムA システムG	システムA システムB システムG	システムA	システムB

　同じ受注管理というサブ・プロセスでも，使っているシステムが異なってい

256

たり，また同じシステムを使っているようにみえて，実はスタンドアロン（他のシステムとは独立して運用されている）で使用していたりする。こういう場合，例えば，契約の結合などで情報の連携が必要になるときに，情報連携という点で問題が生じる。また，商流を超えてデータの共有はなされず，同じ客先でどれくらいの契約残高があるのかも確認できない。これでは，もし客先別に収益，契約残高，履行義務の把握をしたいと思っても，ままならない。こういった問題が一目瞭然となるのだ。

コラム

契約コストを知っておく

IFRS 第15号等の対応が必要な企業のお話である。**通常の収益プロセスではあまり意識しないものがある。それが，契約コストに関わるプロセスだ。**契約コストとは，契約を獲得するために発生したコストで，この契約を獲得しなければ発生しなかったもの（例えば，販売手数料）や，契約を履行するために生じたコストのうち一定の要件を満たすもの（例えば，セットアップ・コスト）である。これらのコストについて，従来は費用処理で済ませていた。だが，これからは，（IFRS 第15号等の対応が必要な企業は）これらのうち資産計上の要件を満たすものは，集計して資産計上を行い，償却（または減損）を行う必要がある。

もちろん，契約コストの金額と件数によって，その対応は大きく変わってくる。実際，海外の事例をみても，少額で，件数もそれほど多くない企業は，エクセルを使って算定し，簡便的な対応で済ませている。一方で，契約コストの金額が多額で，頻繁に発生する企業では，これらのコストを集計し，固定資産システムに計上したうえで，償却計算を行っている。したがって，管理会計的な視点から契約コストを管理する場合や，連結財務諸表で IFRS 第15号等を適用している会社で契約コストの定めを適用する容認規定を採用する場合は，これが，新たな業務プロセスを生み出すことになり，企業にとって負担となる

（図表 5 - 3 - 4 ）。

【図表 5 - 3 - 4 】　契約コストへの対応

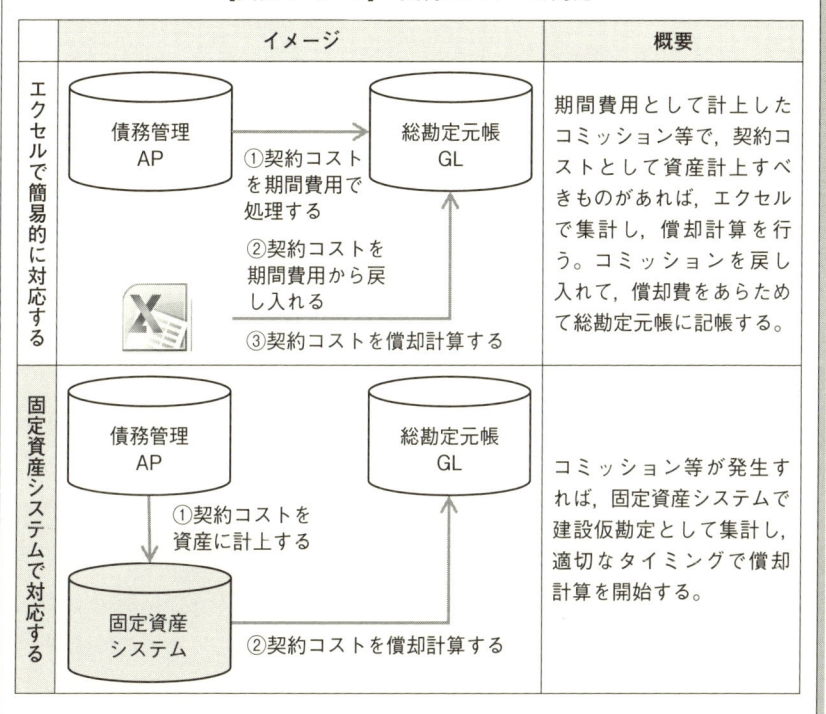

	イメージ	概要
エクセルで簡易的に対応する	債務管理AP → 総勘定元帳GL ①契約コストを期間費用で処理する ②契約コストを期間費用から戻し入れる ③契約コストを償却計算する	期間費用として計上したコミッション等で，契約コストとして資産計上すべきものがあれば，エクセルで集計し，償却計算を行う。コミッションを戻し入れて，償却費をあらためて総勘定元帳に記帳する。
固定資産システムで対応する	債務管理AP　　総勘定元帳GL ①契約コストを資産に計上する 固定資産システム ②契約コストを償却計算する	コミッション等が発生すれば，固定資産システムで建設仮勘定として集計し，適切なタイミングで償却計算を開始する。

　今回，日本で公表された新収益基準では，契約コストに関する規定はない。この基準だけへの対応であれば，この点については論点にはならない。あくまで，連結財務諸表に IFRS 第15号等を適用している会社で契約コストの定めを適用する容認規定を採用する場合のようなケースに限った話である。

(3)　基準の解釈とギャップ分析

①　基準の解釈

　基準の解釈とは，単に新収益基準の内容を理解することだけではない。自分の会社に当てはめてみて考えるという作業である。実際に行っている取引，契

約形態が，新収益基準を導入するとどのように扱われるべきなのかを考える。

そのためには，まず何よりも基準の正しい解釈である。基準を読み込み，どう解釈すべきかを議論する。できるだけ多くの目が入るようにすることが大事である。1人だけで判断してしまうと，どうしても思い込みや偏見といったものが邪魔をするからだ。

多くの企業には，自分たちのビジネスに当てはめて作成した「社内会計ルール」というものがある。基準の解釈にあたっては，（概要レベルではあるが）現行の社内会計ルールとの比較が必要になる。比較するモノサシを持つことで，モレなく基準の解釈を具体的に行うことが可能になる。

では，基準の解釈はどのようにまとめるのだろうか。まず，新収益基準の要求事項（規定そのもの）を書き，その規定を企業に当てはめるとどのようになるか，基準の解釈を書き，対応する現行の社内会計ルールを書く。社内会計ルールに明文規定がない場合には，実際にどのように運用されているかを書く。この運用が，事業や支店，地域によって異なる場合には，それらを分けて書く。会社として基準をどう解釈したのか文書にまとめる。その際，解釈に至った理由も書き添える。**プロジェクトが進むにつれて，なぜこのように解釈したのか問題になることがある。そういう時に備えて，記録に残しておくのである。**

② ギャップ分析

ギャップ分析とは，「プロジェクトとして基準を解釈したもの」と現行の社内会計ルールの差異を分析することにある。この段階では新しい社内会計ルールはまだ確定していない。したがって，現行の社内会計ルールと比較するものは，ギャップ分析にあたって新収益基準を解釈したもの（結果）になる。

基準の解釈と社内会計ルールに違いがあれば，それを「差異の内容」として記載するのだ。これが，いわゆる"ギャップ"である。ギャップは，その重要度に応じて，高・中・低の3段階に分ける。なお，重要度の設定にあたっては，どういう観点から設定するのか，注意が必要である（この点については，次頁のコラムをご覧いただきたい）。

　ギャップがもたらす内容が，社内会計ルールの記載の変更だけであればよい
が，通常はそのようなことはない。ギャップがあれば，業務プロセスやシステ
ムに何らかの影響を与えるものだ。したがって，ギャップがもたらす影響を，
業務プロセスとシステムに分けて記載する。これらの内容を一覧表形式にまと
めたものが「ギャップ一覧」である（図表5-3-5）。

【図表5-3-5】　ギャップ一覧（イメージ）

No	ステップ	項目	新収益基準の要求事項	基準番号	基準の解釈	社内会計ルール	差異の内容	重要度	業務プロセスへの影響	システムへの影響
1	顧客との契約を識別する	契約の識別	書面，口頭，取引慣行による場合も含まれる。	・・・	・・・・・・ ・・・・・・ ・・・・・・ ・・・・・・ ・・・・・・	・・・・・・ ・・・・・・ ・・・・・・ ・・・・・・ ・・・・・・	・・・・・・ ・・・・・・ ・・・・・・ ・・・・・・ ・・・・・・	・・・	・・・・・ ・・・・・ ・・・・・ ・・ ・・	・・・・・ ・・・・・ ・・・・・
2										

コラム

重要度に気をつける

　私たちは，かなり安易に重要度という言葉を使ってしまう。これは，重要度
が高いから優先的に対応しようとか，集中的に取り組もうといった具合に，何
かの判断基準に使おうとするからだ。しかし，よく考えて欲しい。重要度とは
何かということである。

　例えば，基準の解釈と社内会計ルールにギャップがあれば，高・中・低の3
つの重要度に分けるが，これは，どういう観点から重要だといえるのか。いま
までの会計慣行とまったく違うという意味で重要だと解釈する人もいれば，差
異に対応するためにコストがかかる（もしくは時間がかかる）という意味で
（優先的に対応しなければならないと考え）重要だと解釈する人もいる。いや，
もっというと，新収益基準の導入後の運用上の手間がかかるから重要だと考え
る人もいれば，財務数値が大きく変わるという意味で重要だと捉える人もいる
だろう。

私たちが重要度として区分していることは，一見するとクリアなようで，実ははっきりしていないのである。プロジェクトを進めるうえで重要度を分ける場合には，いったいどういう観点から重要かどうか区分しているのか，コンセンサスを得ておく必要がある。こういったわずかなボタンのかけ違いが，プロジェクトを進めるうえで大きなリスクに変わるのである。

③　ポジショニング・ペーパー

　ギャップ分析は，会計ルールの比較だけではない。業務やシステムのインパクトもここで確定させる。対応する場合も，対応しない場合も理由を書く。そして，これらを文書にまとめる。この文書をポジショニング・ペーパーという。

　この検討には，監査人の協力が不可欠である。基準の解釈が間違っていたり，規定に対する対応が不十分であったりすれば，プロジェクトのスコープが変わり，あとで大きな問題になる。ギャップ分析はできるだけ早い段階で固める必要があるのだ。

(4)　優先度の検討

　ギャップ分析の結果，差異があれば，何らかの対応が必要になる。かといって，すべて一律にまんべんなく対応していたら，時間がいくらあっても足りない（もちろん，予算も足りなくなるのだが）。では，どうしたらよいか。方法は1つしかない。対応にあたって，優先順位をつけるのである。

①　優先順位のつけ方

　誤解しないでいただきたい。重要性のないものは対応不要だということではない。しかし，相対的に重要性の低いものに気を取られて，肝心の論点をおざなりにはできないということだ。デッドラインが決まっている以上，対応すべき論点に優先順位をつけて，対応の順序，そして対応方法（当面は手作業で対応するなど）を変えるのは当然である。

では，どうやって優先順位をつければよいか。この点については，2つの考え方がある。

i　対応にかかる手間で決める

　1つの方法として，**新収益基準の導入のために，業務プロセスとシステムをどの程度変更しなければならないか，対応にかかる手間という観点から決める**というやり方がある。

　新収益基準の導入にあたって解決すべき課題を，システムに与える影響と業務プロセスに与える影響の観点からマッピングするのである。

　図表5-3-6をご覧いただきたい。これは Topic 606 を導入する米国企業の事例である。この企業が解決すべき課題は全部で12（①契約の識別，②契約の結合，③契約変更，④履行義務の識別，⑤ライセンスの供与，⑥変動対価，⑦契約における重要な金融要素，⑧顧客に支払われる対価，⑨独立販売価格に基づく配分，⑩契約コスト，⑪表示，⑫開示）ある。

【図表5-3-6】　対応にかかる手間で決める

❶　契約の識別
❷　契約の結合
❸　契約変更
❹　履行義務の識別
❺　ライセンスの供与
❻　変動対価
❼　契約における重要な金融要素
❽　顧客に支払われる対価
❾　独立販売価格に基づく配分
❿　契約コスト
⓫　表示
⓬　開示

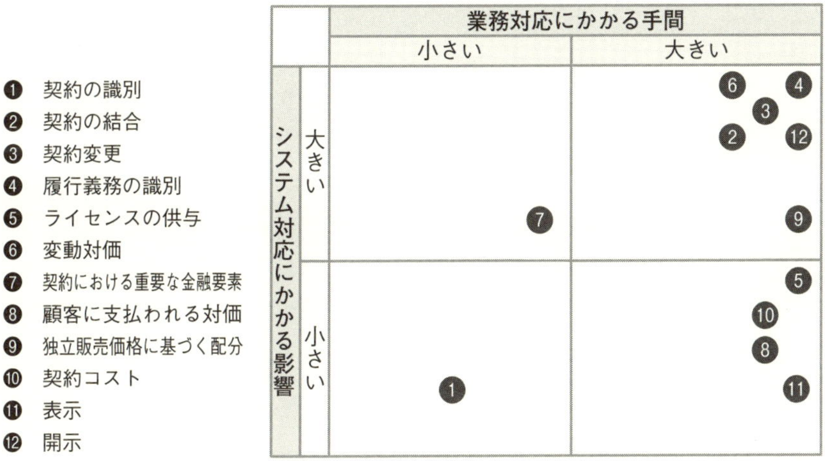

こうやって導入上の課題をマッピングすると，どの課題の対応に手間がかか

るかがわかる。逆にいうと，**手間がかかる課題は早めに手をつけないと手遅れになる可能性がある**ということだ。この企業の場合，履行義務の識別を筆頭に，契約変更や変動対価，契約の結合や開示といった5つの課題が，業務プロセスにもシステムにも大きな影響を与えるようである。どの課題から優先的に取り組むか判断に迷うときは，この5つの課題についてさらに詳細な検討を加えることになる。

> **コラム**
>
> ### どうなる開示業務のインパクト
>
> これは，IFRS第15号等の対応を行う海外の企業のお話である。これらの企業の導入事例をみると，開示にかかる業務プロセスとシステムの見直しは大きな問題の1つに挙がっている。その理由は，収益の性質，金額，タイミング，そして不確実性の程度がわかるように，情報の開示が求められるからだ。このためには，収益を財やサービスの種類，地域や市場，契約の種類などに分けて情報収集する必要がある。契約残高や残存履行義務の開示のための情報集めも同じである。これらは，IFRS第15号等への対応において，大きなインパクトである。
>
> なお，今回，日本で公表された新収益基準では，実務上の負担に関する強い懸念を考慮し，必要最低限の定めを除いて，基本的に注記事項は定めていない（会計基準156項）。どのような注記が求められるかは，今後，新収益基準が強制適用されるまでに議論される。その結果によって，日本における開示の業務インパクトが決まる。今後の動向に注目したい。

ii　導入後のインパクトで決める

もう1つの方法が，財務諸表に与えるインパクトと新収益基準の導入後の運用の手間という観点から考えるというものがある。

新収益基準の導入で，**財務諸表の数値に大きな影響を与えるものは，相対的に対応を急ぐ必要がある**。財務諸表の数値，そして開示項目を通じて，財務諸

表の読者の判断を誤らせるようなことがあってはならないからだ。

　そしてもう１つ，新収益基準の導入後の運用の手間という点も重要である。システム対応が間に合わず，当面は手作業で対応するという方法はよく行われる。もちろん，少々の手作業で間に合うなら，それでもいい。問題は，その作業に手間がかかるときだ。四半期ごとに多くの時間をかけて情報を集め，新収益基準の対応を行っていては，決算が遅れるだけでなく，正確性も担保できない。担当者の負荷も相当なものになる。これらを踏まえて対応の優先順位を考えると，図表５-３-７のようになる。

【図表５-３-７】　導入後のインパクトで決める

		財務諸表に対するインパクト		
		小	中	大
手作業対応の手間	小	低	低	中
	中	低	中	高
	大	中	高	高

【凡例】　対応の緊急度：高，中，低

　経営トップや経理・財務部門以外の関係者にとっても，自分の会社がどれくらいの難易度の問題に取り組まなければならないか，イメージをつかむことができる。どれから優先的に対応するか，あとは企業の新収益基準の導入に対する考え方によって決まるところが大きい。

② 解決策の具体化

　課題とその取り組みの優先度が決まったら，解決策を具体的に考える。解決策のなかには，単に社内会計ルールを見直せば済むというものもあれば，収益プロセスの見直しまで及ぶものもあるだろう。いままで取ってこなかったデータを入手するというだけでも手間だ。これを手作業で行うのか，それともシステムを使って自動で入手できるようにするのか，入手したあとのデータをどう処理するかなど，判断しなければならない。

　米国の Topic 606 対応の事例だが，ある調査によると，50％が従来どおりエクセル対応を継続し，25％が現在使用しているシステムの部分的見直しによる対応，25％が新規のシステム導入による対応という結果である。単にエクセルで管理するのか，それとも契約管理システムや販売管理システムで管理するかによって，その解決策の重さはだいぶ変わる。

　課題の解決策は１つではない。どの解決策がベストかは，企業によっても，またその実施時期によっても異なる。解決策にも，トレンドというものがある。他の企業はどういう対応をしているのかを調査し，その傾向を踏まえて自社の解決策を決めるということも重要である。

⑸　プロジェクト方針書の作成

　分析フェーズを通じて調査し，検討した結果は，プロジェクトの方針書としてまとめる（図表５-３-８）。新収益基準を企業に適用する際の解釈指針や考え方，業務プロセスの見直し方針や標準となる情報，システムの構築方針を記載する。

　この方針書には，プロジェクト発足時に定めた，プロジェクトの目的と背景，そして目標（ゴール），スケジュール，体制といったものが含まれる。

　クイックレビューを行っている場合には，「新収益基準の対応についての提言書」を作成している。そのときは，この内容を受け継ぎ，分析フェーズでさらに検討を進めた結果を，方針書に記載することになる。

　この方針書は，分析フェーズのみならず，設計フェーズ，そして導入フェー

ズを通じて，見直しを続ける。プロジェクトの進捗に合わせて，新たに生じた課題や気づきを取り込み，実態に合わせていく。

　新収益プロジェクトは，経理・財務部門の枠を越えて，営業，販売管理といった現業部門に広がる。またこの対応のためにシステム部門の協力や経営トップのサポートを必要とする。そして，親会社だけでなく，グループ会社の協力も不可欠だ。多くの関係者を1つにまとめるには，指針となるものが必要である。それが，プロジェクト方針書である。そういう意味では，これは単なる方針書というよりは，プロジェクト全体のマニュアルであり，コミュニケーションツールでもある。

【図表5-3-8】　プロジェクト方針書の項目

完成品	1	目的と目標	■プロジェクトの目的と背景 ■実現イメージ，実現水準，要求水準，現在の状況（課題，過去の失敗の反省），システムの運用方針など，プロジェクト目標に関連する方針
	2	取組み方法	■取組み原則，システムの開発方針，会計方針の切替順序，重要性の原則の適用，対象範囲など，プロジェクトアプローチに関連する方針
作り方	3	スケジュール	■スケジュール作成で考慮した重要な課題，直近スケジュール，全体スケジュール，バックアッププランなど，スケジュールに関連する方針
	4	体制・コスト	■体制図，各者の役割，コスト，コスト負担の考え方，コスト算定方法など，体制・コストに関連する方針
	5	個別論点	■「方針」に至らない事柄。個別課題，検討事項，各部門の要求事項，利害の調整方法など
	6	その他	■議論を具体的かつ効率的に行うために検討したこと ■「方針」とはならない事柄。用語，紛らわしい項目の解説，（規則などの）参考情報など

4 | 設計フェーズ

設計フェーズでは，分析フェーズの検討結果を詳細化したうえで，5つ（①データ分析，②業務要件の定義，③システム要件の定義，④システム選定，⑤導入計画の策定）の検討を行う。

(1) データ分析

設計フェーズは，「データ」を中心に検討を進める。その理由はこうだ。新収益基準の導入で，認識する収益の単位，金額，タイミングが変わるならば，当然，新たに求められる収益の単位，金額，タイミングできちんと会計処理できるように，必要なデータを入手しなければならない。

新収益基準では，契約負債の管理が必要になる。契約負債とは，顧客に財やサービスを提供する前に，代金を受け取った（もしくは代金を受け取る期限が到来した）場合に生じる。いわば，前受金だ。こういうと，「いままでもやっている」と思う方もいるだろう。しかし，履行義務の単位で管理していない限り，顧客から受け取った金額を契約負債とするか，債権（または契約資産）の回収に充てるかは判断できない。

それだけではない。新収益基準には，債権とは別に契約資産という概念がある。債権も契約資産も，顧客に提供した財やサービスと交換に代金を受け取る権利のことである。期日が来れば支払ってもらえるのが債権であるが，契約資産はそれ以外の条件（例えば，企業が何か別の約束を果たさないと支払ってもらえない）がついているものである。契約資産も債権と同様，金銭債権として取り扱われる（会計基準77項）。会計上はきちんと増減と残高管理を行い，回収可能性を評価する必要がある。このためにもデータは必要だ。

新収益基準の導入で新たにどのようなデータが必要になるか，正確に分析を行う必要がある。

⑵　業務要件の定義

　データ分析によって，必要なデータは何か，それはどこにあって，どう入手すればよいかわかった。扱うデータが変われば（もしくは増えれば），業務も変わる。データを入手するという業務だけではない。入手したデータをどう加工して，どう会計処理につなげるのか，手作業かシステムかを問わずどういう業務を行う必要があるのか，も含めて文書にまとめる。新収益基準の導入で必要となる業務を，ビジネスの種類ごと，組織ごと，担当者ごと，日次・年次などタイミングごとに整理することが業務要件の定義である。

　もし，必要なデータ（例えば，複数の契約を1つに結びつけるためのキーとなるデータ）自体がないとしたら，これはかなりの手間になる。件数が少なければ，担当者が手作業で対応するということも考えられるが，そうでない場合にはシステム対応になる。うまくシステムが改修（もしくは新たなシステムを構築）できたあとも，収益プロセスにおいて新たなデータを入力するという運用を担当者には遵守してもらわなければならない。

⑶　システム要件の定義

　新たな業務を実施するには，システムの活用も必要になる。システム自体にそのデータの投入口を設けるだけで済まない場合には，データベースの構造自体の見直しをする必要がある。新たなデータを入手し処理するために，現行のシステムを継続して使うのか，改修するのか，それとも新たに開発するのか，必要なデータおよび業務要件に基づいて，システムに対する要求事項を整理するのが，システム要件の定義である。

⑷　システム選定

　海外では，IFRS 第15号等への対応にあたって，ベンダーが提供するソリューション（システムのパッケージのこと）を活用することが多いようだ。例えば，米国では，Topic 606への対応にあたって，ERP が提供するソリュー

ションと，米国内だけで展開している Topic 606 のための専用ソリューションの 2 つが人気である。

　日本における新収益基準のシステム対応の状況をみる限り，特定のソリューションが優位に立っているという印象はない。社内会計ルールの見直し，そしてエクセルや手作業で対応できることはそれでしっかりやって，必要であれば現行のシステムを改修して使うというのが主流のように感じる（あくまで，筆者の主観である）。

　別に新収益基準の対応のためだけに新しいシステムを導入する必要はない。いま使っているシステムに大きな問題がなければ，改修しながら使えばよい。一方で，例えば，20 年以上，ホストコンピュータを使ってきて，ベンダーのサポート期限も切れている（切れかかっている）状況であれば，これを機に新しいシステムに刷新するという発想はあるだろう。

(5)　導入計画の策定

　新収益基準の導入で必要になるデータ，そして新たな業務およびシステムの要件が決まったら，実際に業務を見直し，システムを構築するために何をすべきか，次フェーズ（導入フェーズ）の計画を作成する。

　この際には，どのタイミングでどれくらいの作業が必要になるか，作業の工数見積りを行う。これを，WBS（Work Breakdown Structure）という。実は，WBS 自体は，分析フェーズでも設計フェーズでも作成が求められるものである。ただし，分析フェーズや設計フェーズは，フェーズの期間が短いわりには，不確定要素がとても大きい。当初，想定していた前提条件が崩れたり，想定外の事象が発生したりする。一方で，導入フェーズはどうだろう。分析フェーズと設計フェーズの検討によって，何を導入すべきか明確である。それでいて，プロジェクトの期間は他の 2 つのフェーズよりもずっと長い。作業を定めて，何をどれくらいの時間で行うべきか，見積りを行う必要があるのだ。これによって，必要な時間を割り出す。

　WBS を作成する際の注意点は，最初から細かく作業内容を決めないことで

ある。実際，いくら考えても，プロジェクトを進めてみないと気づかないという問題はたくさんある。対応すべき事項が見えてきたところで，さらに作業を詳細に検討する。これは"段階的詳細化"と呼ばれる技法である。

5 導入フェーズ

　導入フェーズでは，設計フェーズの検討結果を詳細化したうえで，5つ（①詳細設計，②システム開発，③システムテスト，④トレーニング，⑤導入支援）の検討を行う。本書では，1つひとつの項目についての解説は省略する。

　海外の導入事例をみても，このフェーズまでくると，だいぶシステム的な要素が強くなる。システムで対応するかどうかは企業の方針によるものだが，IFRS第15号等への対応では，システム対応にかかる比重が大きいという表れだろう。

　もちろん，このフェーズでは，企業の会計ルールの継続的なメンテナンス（プロジェクトを進めていくなかで新たにみつかった問題に対応したルールの見直し）を行うし，業務プロセスの見直しの方針に基づいて業務プロセス・フローの作成やマニュアルの整備を行う。

　このフェーズでひとつ強調しておくべきことは，ナレッジ・トランスファー（頭文字をとって，KTと呼ばれる）である。導入フェーズになると，プロジェクトのデッドラインも近づき，慌ただしくなる。**新しい業務プロセスやシステムの導入に一生懸命になるのはよいが，自分たちが検討したり，対処したりしたことが記録に残されず，放っておかれるということが多くなりがちだ。**

　どういう経緯でこういう結論に至ったのか，どうしてこういう処理を行うのか，プロジェクトメンバーやコンサルタントがいなくなったら，わからなくなるというのは問題である。

　ここで注意したいのは，システムの改修を行っていない場合であっても，トレーニングは重要だという点である。例えば，現在使っている契約システムに入力されているデータ自体が不十分なケースだ。この場合，システムを改修する必要はない。データを入力するフィールドはある。問題なのは，担当者が決められたデータを投入していないことである。システムを改修しなくても，担当者のトレーニングが必要になる。システムの使い方はもちろんのこと，日々

の業務のなかでデータの入力を忘れずにきちんと行うようにトレーニングをしなければならない。

　導入フェーズでは，それまでのフェーズ以上に，検討したことをきちんと記録するように努め，その知識や経験をこの新しい業務を引き継ぐ関係者にナレッジ・トランスファーしなければならない。

6 | プロジェクトスケジュール

　新収益基準のプロジェクトスケジュールとはどのようなものだろうか。海外の対応事例を参考にみてみると，想定する標準期間は，分析フェーズで3か月，設計フェーズで6か月，そして導入フェーズで6か月である。合計15か月。なんだ，これくらいの期間なのかと，安心しないでいただきたい。これは，実際のプロジェクトの平均期間ではなく，あくまで（机上で想定する）一般論である。それでは，ここで標準的なプロジェクトスケジュールを視覚的に示そう（図表5-6-1）。

【図表5-6-1】 プロジェクトスケジュール

項目			1 Q	2 Q	3 Q	4 Q	5 Q	6 Q	7 Q
分析フェーズ	1	スコープの設定	■						
	2	現状の把握	■						
	3	基準の解釈とギャップ分析	■						
	4	優先度の検討	■						
	5	プロジェクト方針書の作成	■						
設計フェーズ	1	データ分析		■					
	2	業務要件の定義		■					
	3	システム要件の定義			■				
	4	システム選定				■			
	5	導入計画の策定				■			
導入フェーズ	1	詳細設計					■		
	2	システム開発					■		
	3	システムテスト						■	
	4	トレーニング						■	
	5	導入支援							■

　プロジェクトスケジュールは，新収益基準を適用する業種・業態，もっというと企業によって異なる。実際，海外の事例をみても，分析フェーズを3か月で終了する場合もあれば，9か月以上要する場合もある。その理由はプロジェクトのスコープが変わるからだ。

(1)　プロジェクトスコープとは

　いままで，プロジェクトスコープを，単純に「範囲」と読み替えて説明してきたが，実はあまり正確ではない。もう少し奥が深い。本来は，プロジェクト活動で行う作業とその成果物の集合体という意味だからだ。これに従うと，プロジェクトの目標，成果物（最終成果物だけでなく，途中の成果物も含む），作業範囲（対象外となる範囲），作業一覧，成果物の品質，前提条件や制約条件も含めてスコープとなる。

　分析フェーズのプロジェクトスコープのイメージを示そう。図表5-6-2をご覧いただきたい。ここでは，プロジェクトの目標として仮に「新収益基準の導入の方向性を具体的に定めること」とした。では，「この"具体的"とは，いったいどういう水準を意味するのか」。こういう議論はおおいに結構なことである。もちろん，それは金額水準で定めるのもよいし，事業別・会計論点別・対応論点別に定めるのでもよい。スコープを文書に記述する狙いは，ここにある。それは「曖昧なことを，そのまま放っておかない」という姿勢を促すことにある。もし，プロジェクトのスコープを文書に書かなかったら，どうだろうか。「分析フェーズの目標って，こういう感じだよね」といった，ゆるやかな合意で済ませてしまうだろう。曖昧であることに気づかずにそのまま進めてしまう。しかし，**スコープを文書に表すことができれば，新たな気づきが生まれる**。具体的に検討すべきこと，とりあえずそのままにしておくことが整理できる。このような議論を積み重ねることで，スコープというものは明確になってくるのである。

【図表5-6-2】　プロジェクトスコープのイメージ

【新収益基準対応プロジェクト分析フェーズスコープ記述書（要約）】

	項　目	内　容
1	プロジェクト目標	・新収益基準の導入の方向性を具体的に定めること
2	プロジェクト成果物	・新収益基準に基づく社内会計ルール ・新収益基準対応プロジェクト方針書
3	要素成果物	・議事録，週次報告書，中間報告書，各種説明資料
4	プロジェクトに対する要求事項	・現行の管理会計のしくみを維持する
5	作業範囲	・親会社とグループ会社における新収益基準の影響分析
6	スコープ外作業	・あるべき管理会計の検討
7	作業一覧	・別紙 WBS を参照のこと
8	成果物の受入基準	・現行の業務の水準以上であること
9	プロジェクトの前提条件	・本件の作業に必要な業務とシステム情報を事業部が提供する
10	プロジェクトの制約条件	・20XX 年 X 月から新販売系システムと会計システムに移行する

コラム

プロジェクトスコープの重要性

　では，なぜプロジェクトスコープが重要なのか。それは，スコープがすべての出発点になるからだ。プロジェクトのコストは何で決まるのか。それは，プロジェクトで実施する作業の内容，範囲，そしてその水準である。これによって必要なリソース（主としてスタッフの人数）や支出（例えば，システム対応

が必要な場合は，その金額）が決まるからである。プロジェクトのスケジュールもそうだ。スコープがしっかり決まっていないと，プロジェクトのコストを見積もることもできなければ，スケジュールを立てることもできない（**図表 5 -6 - 3** ）。

【図表 5 - 6 - 3】　プロジェクトの 3 つの要素

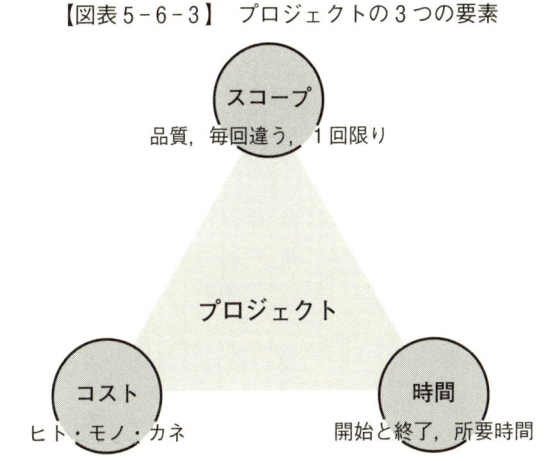

これはプロジェクトが開始してからも，同じである。プロジェクトがスタートする前に計画したスコープがきっちり守られているか，新しい事象が発生したり，リスクが顕在化したりして，スコープが変わる場合は，（まずスコープを変更する必要があるかよく考えたうえで，変更が必要であれば）これに合わせてコストと時間を見直す。

当初，設定するスコープはとても大事なのである。ところが，スコープの見積りが甘いプロジェクトは意外に多い。**スコープをきちんと見積もることができるかどうかは，プロジェクトの責任者の力量によるところが大きい。**これは，仮に外部（コンサルタント）の力を借りる場合も同じである。提案されたスコープが本当に妥当なものかどうか，会社の実態と照らし合わせて，適切に判断することがプロジェクト責任者には期待される。

(2)　スケジュール作成上の留意点

　プロジェクトスケジュールの作成は，工数の見積りから始める。それぞれの作業にどれくらいの時間を要するのか，見積もるのである。WBS を作成していれば，1 つひとつの作業とおおむね必要な時間はわかる。これに，作業を担当するプロジェクトメンバーの人数で割り返して，作業期間を計算する。

　問題はここからである。リスクをどうスケジュールに織り込むか。リスクをスケジュールに織り込むには，2 つのステップで考える。それは，**リスク項目を洗い出し，該当する WBS の作業の期間をリスクに応じて増やす**というものである。

①　リスク項目の洗い出し

　まず，リスク項目の洗い出しだ。リスク項目とは，それが顕在化すれば，プロジェクトスケジュールに影響するというものだ。例えば，以下のようなものである。

i　プロジェクトメンバー

　担当者の経験や能力によっては，1 人としてカウントできない場合もある。当初，期待していたパフォーマンスを発揮しないとか，病欠，その他の事情でプロジェクトから外れるというリスクである。

ii　現場の協力

　営業や契約の担当者にミーティングを申し込んでも，なかなかうまく日程調整ができないとか，必要な情報を依頼してもタイムリーに入手できないというリスクである。

iii　監査人とのコンセンサス

　新収益基準の解釈に基づいてギャップ分析を行った結果や見直した社内会計

ルールについて監査人とのコンセンサスを得る必要がある。それだけではない。プロジェクトの進め方や調査範囲，業務やシステムの見直しの方向性といったことも，適切な会計処理を行うという裏づけになるので，（それなりの）コンセンサスが必要だ。必要な書類を準備したり，コンセンサスを取るのに時間を要したりするリスクである。

iv　想定外事項の発生

　プロジェクトの調査範囲が拡大したり，調査に不足があって戻りが生じたりするリスクである。調査を進めるに従って，当初想定していなかったような例外事項が発生すれば，プロジェクトスケジュールは伸びる。これらは，クイックレビューなどの情報に基づき，プロジェクトスケジュールを作成するときに慎重に検討すれば防げるものもあるが，実際に調査を行ってみなとわからないというものもある。

v　経営トップの方針

　例えば，新収益基準の対応を制度会計だけで済ませるという方針だったはずが，管理会計の見直しまで拡大したり，基準の適用時期を変更したりすれば，プロジェクトスケジュールは当然変わる。想定外事項との違いは，プロジェクトの目的や目標が変わるという点である。想定外事項は，当初のプロジェクトの目的や目標を達成するために，調査を進めるに従って判明事項に基づいてスケジュールを見直すことだが，経営トップの方針変更は，プロジェクトの目的や目標が変わることによって，プロジェクトスケジュールを見直すというものである。

②　作業期間の見直し

　リスクに応じて，作業期間を増やす。では，具体的にどうするか。筆者は，一定のパーセンテージを使っている。リスクが顕在化することがある程度想定されるならば，20％の工数を積み増しする。それほどでもないならば，10％，

かなりリスクが発生する可能性があると見込む場合は，30％の工数を積み増す。

　このようにリスクをプロジェクトスケジュールに織り込んでおくと，たいていのプロジェクトの遅延は防げる。もちろん，リスクが顕在化しなければ，それに応じてプロジェクトスケジュールを見直せばよい。ダラダラ行う必要はない。

⑶　スケジュール作成時のフェーズ別の留意点

　新収益基準プロジェクトは，3つのフェーズ（分析フェーズ，設計フェーズ，導入フェーズ）に分けて行う。それぞれのフェーズの標準的な期間というものはあるが，実際は大きくブレることが多い。その理由は何かを考えてみたい。

①　分析フェーズ

　分析フェーズの期間が一番大きくブレる。実際のところ，海外の事例をみても，分析フェーズの期間はマチマチである。3か月程度になるとは限らない。なかには，9か月，12か月もかかるというケースもある。

　分析フェーズの期間が大きくブレる原因は，いろいろある。1つは，まだプロジェクトとしてしっかりとした対応方針ができていないという点である。当初，想定していた対応では不十分であることがわかり，手戻りが生じるというケースである。もう1つは，営業担当や契約担当とのコンセンサスに手間取るというものだ。「会計のことなのだから，経理・財務部門だけで片付けてくれ」というのが本音なのであろう。新収益基準とはこういうもので，これからはこのように対応しなくてはならない，最初は大変だと思うが，いままでに得られなかった新たな情報も入手できるようになる。このような説明というか，説得を，現場の方々に対して根気強く行う。これにはなかなか時間がかかるものである。

　しかし，分析フェーズをおざなりにして，その次のフェーズに進むことはできない。いずれ，しっぺ返しを受けることになる。分析フェーズは，新収益基準の導入プロジェクトの基盤をなすフェーズである。プロジェクトスケジュー

ルが長くなるかもしれないというリスクに留意しながら，スケジュールを設定する必要がある。

②　設計フェーズ

分析フェーズにおいて，経理・財務部門の枠を越えて，営業，販売管理といった現業部門やその他の関係者とある程度のコンセンサスを取っていれば，利害の対立という点で，プロジェクトのスケジュールが大きく遅れるという可能性は低くなる。

このフェーズでスケジュールという観点からリスクになるのは，分析フェーズでの想定と異なる事象の発生だろう。当初は，入手できると考えていたデータが存在しないとか，正確性に欠く，またはデータはあるがこれだけでは不十分といったケースである。こうなると，分析フェーズで行ったことがムダになり，手戻りが生じる。

こういったことは，分析フェーズでの検討の甘さや，分析フェーズでは調査対象外としていたビジネスや商流で見つかることが多い。

分析フェーズほどではないが，設計フェーズにおいても当初の想定とは異なる事象は起きる。プロジェクトスケジュールの設定にあたっては，この点にも留意して，ある程度のバッファーを確保する必要がある。

③　導入フェーズ

導入フェーズは，設計フェーズの検討結果を受けて，システムを実際に導入するフェーズである。**必要な期間は，設計フェーズで企業が選択したソリューションによって変わる。**ベンダーが提供するパッケージをそのまま導入するのであれば，それほど時間はかからないが，契約管理システムや会計システムをスクラッチ（パッケージ製品に頼らないで，一からコードを書いていくこと）で構築しようとすると，ぐっと長くなる。

④　**逆算で考える**

　新収益基準のプロジェクトにもデッドラインがある。新収益基準によると，新収益基準は2021年4月1日以降に開始する年度の期首から，連結決算と単体決算に適用される。加えて，2018年4月1日以降に開始する年度の期首から，または2018年12月31日から2019年3月30日の間に終了する決算からこの会計基準を早期に適用することも可能である。

　企業によって新収益基準への対応のデッドラインは違う。ただ，対応にあたっての考え方は同じだ。それは"逆算"である。**自分たちの企業が新収益基準への対応で何が必要か，対応すべき項目に優先順位をつける。それに必要な期間はどれくらいか，を考える。そのうえでデッドラインから逆算すれば，少なくともいつからスタートすべきかがみえてくる。**

⑷　**グループ会社の対応スケジュール**

　グループ会社の対応スケジュールは，親会社のそれよりも一歩か，二歩ぐらい遅いタイミングがよい。親会社の対応方針がきちんと定まらないなかで，グループ会社に参加してもらっても，具体的な検討に移ることはできない。方針が二転三転すれば，戸惑いと不安を与えるだけである。

　そこで，親会社がまずグループ全体の方針をきっちり定め，これに基づいてグループ会社は分析フェーズに入るのである。このとき，親会社の検討では気がつかなかった問題が発見されるということもある。その場合は，グループ会社から親会社のグループ対応チームに報告を上げる。グループ会社固有の問題か，それとも親会社においても対応すべき問題かを見極めたうえで，プロジェクト方針書の改訂を行うのである。

　この場合，グループ会社がプロジェクトチームを組成したり，検討に参画したりするのは，親会社の分析フェーズが中盤から終盤に差しかかったころ，もしくは設計フェーズからである（図表5-6-4）。

　といっても，グループ会社の参画時期は，杓子定規に決められるというものでもない。例えば，事業規模が大きなグループ会社の場合，プロジェクトの規

模もそれなりに大きくなる（ことが予想される）。であるならば，分析フェーズの段階からプロジェクトに参加してもらって，同時並行で分析フェーズを進めるほうが効率的だし，安全である。**親会社とまったく異なる事業を行っているグループ会社についても留意が必要だ。親会社主導の分析だけだと，まったく検討から漏れてしまうというリスクがある。**このような場合，グループ会社のメンバーがプロジェクトに関与するかどうかという問題は別にしても，分析フェーズにおいてこのグループ会社の事業について分析を行っておく（スコープに含める）必要があるだろう。

【図表5-6-4】 親会社主導からグループ会社主導にバトンタッチ

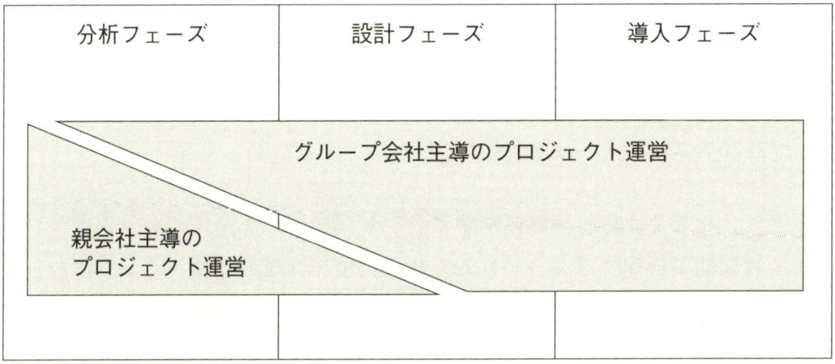

分析フェーズ	設計フェーズ	導入フェーズ
グループ会社主導のプロジェクト運営		
親会社主導の プロジェクト運営		

　グループ会社主導のプロジェクト運営といっても，プロジェクトを運営するだけの体力に乏しいグループ会社の場合は，親会社の支援が必要である。親会社のプロジェクトメンバーが直接，グループ会社に出向き，ときには直接手を動かして助ける。

　グループ会社の対応スケジュールを設定するには，グループ会社の規模，事業，そしてグループ会社の体力をきちんと見極めたうえで行う必要がある。

7 | プロジェクトの組織体制

　新しい会計基準を導入するプロジェクトであっても，業務改善やシステム導入プロジェクトでも，プロジェクトの組織体制というものは，プロジェクトの進捗に合わせて変化する。プロジェクトのフェーズによって，いろいろな専門家に協力をお願いしたり，作業者の参画を求めたりする。この点は，新収益基準の導入の場合でも同じである。

　問題は，誰に，いつ，どのような立場でプロジェクトに参加してもらうかである。それでは，クイックレビューおよび3つのフェーズ（分析フェーズ，設計フェーズ，導入フェーズ）で，どのようにプロジェクト体制が変わるのか，解説しよう。

(1)　クイックレビューの組織体制

　クイックレビューは，新収益基準を導入した場合，企業にどんな影響を与えるか，短期間で把握することが目的である。情報伝達の早さ，そして機動性ということを考えると，組織体制は小さく，シンプルなほうがよい。例えば，プロジェクト責任者の下に，調査方針策定担当と事業部担当を配置する。

　調査方針策定担当は，クイックレビューの調査範囲，スケジュール，そして調査方法（ひな型）を作成する。これは，クイックレビューの調査の深さを揃えるためである。

　事業部担当は，企業の営む事業全体をカバーするように配置する。組織体制はビジネスの内容が異なれば，影響の内容も変わる可能性がある。このため，メンバーの負担を考えながら，ビジネス（次頁の図表の場合は事業）という観点から割当てを決める。

　新収益基準の論点（例えば，契約の結合，契約変更，変動対価など）ごとに担当を分けるという考え方もあろう。これは，もっともである。新収益基準の深い理解と，自社のビジネスに関する正しい理解は，どちらも大事である。と

ころが，この両方を満たそうとすると，マトリクスのような組織体制になってしまい，複雑な組織体制になる。クイックレビューのポイントは，短期間に影響をザッと把握することにある。この点を考えると，どちらかを優先せざるを得ない。もし，組織体制を新収益基準の論点別に分ければ，事業の現場（例えば，営業担当や契約担当）に対して，論点別の担当者の数だけ，ミーティングが行われることになる。やはり，新収益基準の影響を把握するには，ビジネスに対する理解が前提となると，クイックレビューの段階では，ビジネスという観点から組織体制を組むほうがよい（図表5-7-1）。

【図表5-7-1】　クイックレビューの体制図

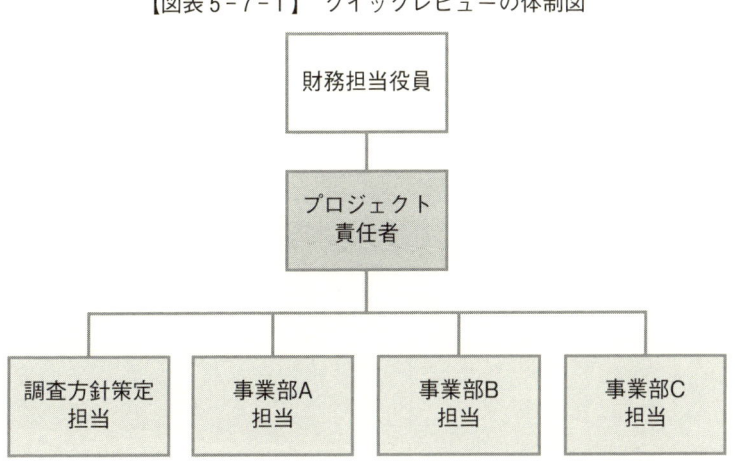

(2)　分析フェーズにおける組織体制

　最初は大きな体制を組む必要はない。プロジェクトの骨幹となる方針ができ上がっていない段階で，図体ばかりが大きいと，チームの動きは鈍くなる。まとまりがなくなって，崩壊するリスクも出てくる。

　どうしたらいいか。まずは，経理・財務部門が中心となって組織を作る。営業や販売管理といった現業部門の関係者については，オブザーバーという形で意見をもらう。オブザーバーで参加してもらうのには意味がある。どんな形で

あっても，最初の段階からチームに関与しているのと，途中から参加するのとでは，チームに対する愛着というものはだいぶ違うからである。

① ステアリングコミッティー

　新収益基準の導入プロジェクトは，全社を挙げて行うものである。したがって，プロジェクトオーナーは，できれば社長にお願いする。加えて，ステアリングコミッティーのメンバーには，主たる事業部の担当役員（もしくは，営業統括の役員），財務担当役員，そして経営企画の担当役員で構成する。プロジェクトで決定する事項は，経理・財務部門のみならず，営業や販売管理などの現業部門にも影響するからだ（図表5-7-2）。

【図表5-7-2】　分析フェーズの体制図

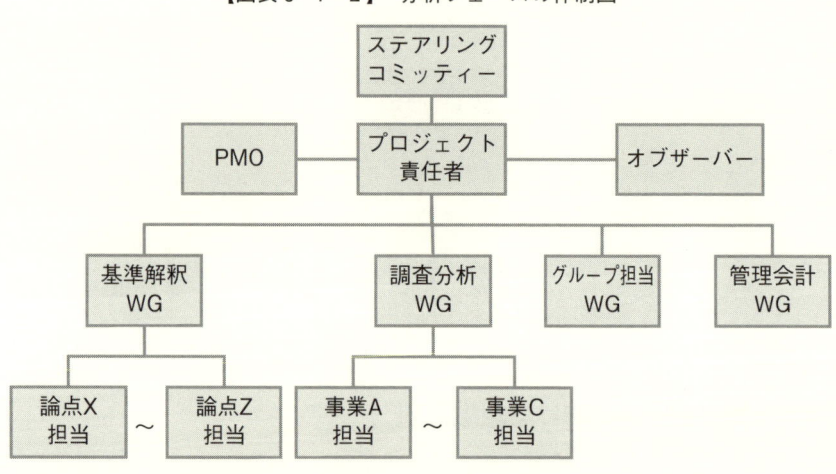

② PMO

　ステアリングコミッティーの下に，プロジェクト責任者がいて，これをPMO（Project Management Office）が支える。PMOとは，プロジェクトを構成するWG（Working Group）を一元的に管理し，目標の進捗や作業の調整などを行うためのチームである。

　各 WG が調査，分析，検討した結果を共有データベースに保管し，情報の共有を促したり，プロジェクトの方針，手順，テンプレートなどを文書として定めたりして，プロジェクト内のコミュニケーションが活発になるようにする。

③　基準解釈 WG

　基準解釈 WG の役割は，新収益基準の理解と自分の会社に当てはめた場合の社内会計ルールのあり方を検討し，具体的な指針を作成することにある。WG のメンバーの中心となるのは，もちろん経理・財務部門の関係者である。

　ただし，1つ，注意が必要である。新収益基準は，収益に関する会計基準だが，会計処理や開示のことだけを考えるわけではない。収益の認識の時期や金額が変わるならば，債権の消込み，原価の認識単位，そして予算編成や業績評価にも影響する。今後の動向によって変わる可能性はあるが，税務的なインパクトもあるかもしれない。実際のところ，米国の事例ではあるが，Topic 606 対応では Tax チームのプロジェクトへの参画は必須となっている。

　このように考えると，**WG のメンバーの選出にあたっては，単体会計のチームはもちろんのこと，資金管理，原価計算，税務会計，管理会計，債権管理，連結決算，固定資産など経理・財務部門の専門家のサポートも必要になる。**プロジェクトチームを組み立てる時は，これら点に注意する必要がある（図表5-7-3）。

【図表 5-7-3】 経理・財務部門の関係者

④ グループ担当 WG

　新収益基準の導入にあたっては，グループ会社を巻き込んだ対応が必要となる。そこで，グループ担当 WG をプロジェクト体制に加える。グループ担当 WG の役割は，グループ会社に設置した窓口とのコミュニケーションである。

　ひと口に「グループ会社を巻き込んだ対応」と書いたが，なまやさしいものではない。**グループ会社と一体となってプロジェクトを進めるには，プロジェクト責任者の努力を必要とする**。それは，①プロジェクトの目的を共有すること，②気持ちを伝えること，③相手の身になって考えること，の3つである（図表 5-7-4）。

　プロジェクトに一体感が生まれたら，もう1つ，工夫をしてもよい。それは**対抗意識を持たせる**というものである。グループ会社のプロジェクト責任者の状況共有サイトを開設したり，それぞれのグループ会社の進捗状況を共有したりする。これによって，競争意識も刺激され，一層強固なグループ会社を巻き込んだプロジェクト運営が可能になる。

【図表5-7-4】　「グループ会社を巻き込んだ対応」のためにすべきこと

	項　目	内　容
1	目的を共有する	● 新収益基準の導入によってどういう経営を実現しようとしているのか，プロジェクトの目的を共有する。
2	気持ちを伝える	● プロジェクトの方針や取り組み状況についてはすぐに連絡し，グループ会社を重要に考えているという気持ちを態度や姿勢で表す。
3	相手の身になる	● 予算上の制約やリソースの問題などグループ会社の状況を理解し，相手の身になって考える。

⑤　管理会計 WG

　収益のルールが変われば管理会計の課題も発生する。管理会計 WG は，予算編成や実績管理，そして中期経営計画の策定や業績評価のしくみなど，管理会計に与えるさまざまな課題に対応する役割を担う。

　基準解釈 WG や調査分析 WG とは異なり，管理会計 WG は，会計論点別でも事業別でも，また管理会計のテーマ別（例えば，予算編成や実績管理など）でもない。これには，理由がある。

　まず，**管理会計というものは，予算であっても業績評価であっても企業における1つの理念のもと，密接に結びついている**。これをテーマごとバラバラにして検討を進めるのは効率的ではない。また，どの会計論点がどの管理会計のテーマに影響するかが，総合的に捉えて判断する必要がある。

　では，事業ごとに個別に行っている管理会計はどうすればよいか。実は，ここで扱う管理会計とは，事業で固有（または個別）に行われている管理会計ではなく，全社共通に行われているものである。事業ごとに個別に行っている管理会計については，新収益基準の導入に合わせて見直すかどうか，事業部が個別に判断する。これはプロジェクトのリソースの観点からもやむを得ない話である。

⑥ グローバル展開

　グループ会社が海外にも存在する場合には，プロジェクト体制にも工夫が必要である。グローバルでプロジェクト・オフィスを設置し，グループ会社の進捗を把握する。同時に，ローカルにも（特に重要なグループ会社には）プロジェクト・オフィスを設置する。グループとしての一体性とローカルでの独自性を発揮させるのである。実際，各国によってローカルの会計基準は異なる。日本であれば，単体から新収益基準で対応することになるが，海外のグループ会社の場合，連結パッケージで新収益基準ベースの情報を提供してもらうということもありうる。

(3) 設計フェーズにおける組織体制

　設計フェーズは，分析フェーズの検討結果を詳細化するフェーズである。新収益基準に必要なデータを分析し，業務要件やシステム要件を定義する。この作業を行うには，実際に業務を設計するという視点が欠かせない（図表 5 - 7 - 5 ）。

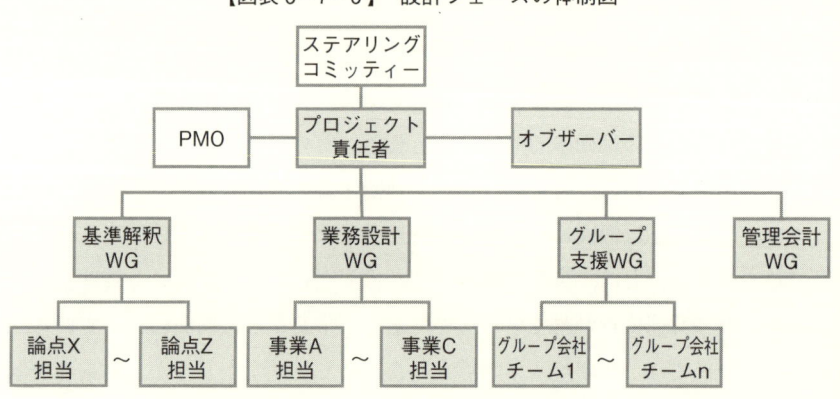

【図表 5 - 7 - 5 】 設計フェーズの体制図

①　業務設計 WG

　分析フェーズでは，調査分析 WG と名乗っていたメンバーがほぼ横すべり
で業務設計 WG の担当になる。事業担当間のメンバー変更も，基本的にはな
い。分析フェーズでの知見を設計フェーズで活かしてもらうためである。

　もちろん，例外はある。分析フェーズで，新収益基準の対応にあまり手間が
かからないとわかった場合には，事業担当として独立させて設置する必要はな
いからである。

　また，分析フェーズでオブザーバーとして参画していたメンバーも，この段
階から，専属，もしくは半専従という形でプロジェクトに参画してもらう（こ
とがある）。**新収益基準の対応が収益プロセスの見直しにつながるならば，そ
の業務を担う（もしくは管理する）者の知見と合意が不可欠**だからである。

②　グループ支援 WG

　グループ会社の本格的な参画はこのフェーズの前後で始まる。グループ会社
の対応にあたっては，まず親会社にグループ会社を支援する専門チームを作る。
このチームがグループ会社からの各種問い合わせに答えたり，グループ会社に
対して親会社の方針を指示したりする。

　比較的規模の大きいグループ会社には，そのグループ会社自体に新収益基準
の対応チームを組成する。親会社のメンバーが直接グループ会社に対応方法を
指示するよりも，グループ会社自体にチームがあったほうが柔軟に，しかも迅
速に対応にあたることができる。

　プロジェクトのコミュニケーションを促進するという観点からは，人材交流
というしくみを入れるのもよい。グループ会社の対応チームのメンバーを親会
社のグループ対応チームに加えたり（出向させたり），また反対に，親会社の
メンバーがグループ会社の対応チームに参加する。こうすることで，親会社と
グループ会社の意思疎通が図れるとともに，人材を育成するという観点でも有
効である。

　ただ新収益基準の導入のために作業を行うのでは，もったいない。**新収益基**

準の対応を，将来の経理・財務部門，いや企業を支える人材育成の機会とするのである。

⑷　導入フェーズにおける組織体制

導入フェーズでは，設計フェーズの検討結果をさらに詳細に検討するフェーズである。新収益基準の対応でシステムの活用を解決策に選んでいる場合には，このフェーズはかなりシステム色の強いものとなる（図表5-7-6）。

【図表5-7-6】　導入フェーズの体制図

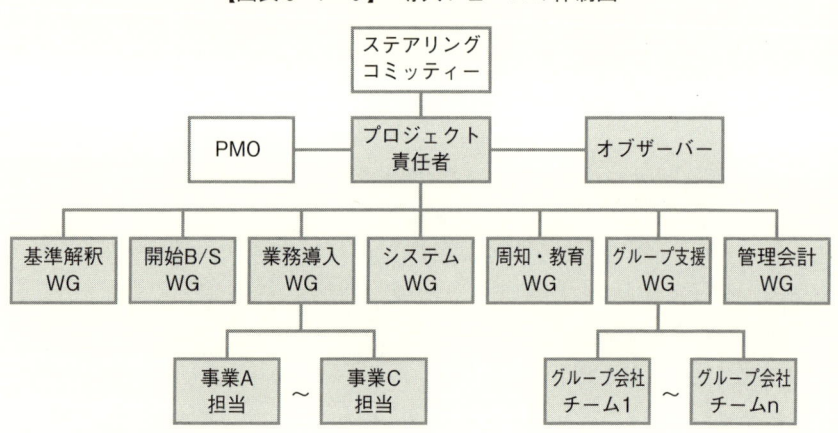

①　開始 B/S WG

開始 B/S WG の役割は，新収益基準の適用初年度の期首の貸借対照表をどのように作成するか検討することにある。新たな会計方針を過去の期間のすべてに遡及適用するか，それとも適用初年度の期首より前に新たな会計方針を遡求適用した場合の適用初年度の累積的影響額を，適用初年度の期首の利益剰余金に加減し，当該期首残高から新たな会計方針を適用する（会計基準84項）かは，基準解釈 WG の決定した方針に従う。

②　業務導入 WG

設計フェーズでは，業務設計 WG と名乗っていたメンバーがほぼ横すべりで業務導入 WG の担当になる。今回も，事業担当間のメンバー変更も，基本的にはない。いままでの知見を実際の業務の導入で活かしてもらうためである。

③　システム WG

設計フェーズで検討した業務要件とシステム要件に基づいて，システムの基本設計を行い，システムの開発とテスト，トレーニングを行う。一般のソリューションを活用する場合には導入ベンダー（またはコンサルタント）の管理，スクラッチでシステムを開発する場合にはシステム担当者（または外部の開発ベンダー）の管理が中心となる。

④　周知・教育 WG

周知・教育 WG の役割は，文字どおり，新収益基準の内容や実務への影響について，経営トップや事業部（営業担当，業績管理担当など），経営企画部や法務部などに説明を行い，疑問に応えることである。

プロジェクトの終盤において，このような WG があるのとないのとでは，その後の運用段階での関係者の理解，業務のクオリティに大きな違いが生じる。周知・教育活動を怠れば，そのツケは「新収益基準は，所詮，会計の世界のこと。自分たちには関係ない」という形となって返ってくる。多くの関係者から，新収益基準の取り組みについて理解と協力を得られるようにする必要がある。

(5)　考える組織にする

新収益基準の対応プロジェクトを組成するときは，1つ考慮すべき点がある。それは，自主的に考え，行動するプロジェクト体制にするということである。プロジェクトにおける検討が進んでくると，少しずつ，その内容もより具体的に，そして詳細になる。このような課題について，中央集権的に PMO がすべて管理していては，プロジェクトはもたない。意思決定は遅れ，デッドライン

に間に合わない。

　ある段階から，それぞれのローカルチームにバトンタッチする。個別のテーマについては，自分たちで考えてもらえるようにするのだ。もちろん，最初からそのようなことはできない。新収益基準の方針書を作成して，対応の考え方を示すのは考える組織を作るためであるし，実際にプロジェクトの進捗に合わせて，そのような組織になるように全体 PMO はリードしていかなければならないのである。

8 | プロジェクトの成功ポイント

　新収益基準の対応プロジェクトを成功させるためのポイントは3つある。それは，①できるだけ早く，影響を把握すること，②きちんとヒアリングを行うこと，③経営トップとコミュニケーションをとること，の3つである。

(1)　できるだけ早く，影響を把握する

　新収益基準のインパクトは企業によって異なる。そして，新収益基準はASBJの基準が適用されるすべての企業に影響する。これは，課題の種類や大きさは企業の規模の大小に関係はない。たとえ規模が小さいとしても，その企業のビジネスが複数の履行義務にまたがるものであれば，大規模な業務プロセスとシステムの改修が必要になる。海外の事例をみても，2年から3年の期間をかけてしっかり対応を進めている。

　では，どうすべきか。それは，まず，自分たちの企業がどれくらいの影響を受けるのかを知ることだ。新収益基準を正しく理解し，自分たちに与える影響を把握する。インパクトも把握せずに，自分の会社には大した影響はないはずだと思い込むのは危険である。いったいどんな会計論点があるのかをまず知ることである。その結果を受けてから，今後のことを決めればよい。そうすれば，間違いのない判断ができるはずである。

(2)　きちんとヒアリングを行う

①　ヒアリングは2人で

　ヒアリングを行うときは，必ず2人で行う。プロジェクトのメンバーに余裕がなくても，2人で一緒に行えるようにプロジェクト計画を組む必要がある。なぜか。相手の言っていることを，漏らさず，一度で聞き取るのというは，なかなか難しいことだからだ。きちんと理解して聞けたと思っていても，大きな誤解をしていることがある。そんなとき，2人でヒアリングを行っていれば，

互いにチェックができる。勘違いの数を減らすことができるのだ。

　では，３人でヒアリングを行うのはどうだろうか。（誤解を減らすなら）多いのに越したことはないと思う方もいるかもしれないが，あまりお勧めできない。これではヒアリングを受ける方にプレッシャーがかかる（いわゆる“圧迫面接”になる）。しかも，３人もいれば，誰か１人は緊張感に欠けてしまうだろう。プロジェクトのリソースがもったいない。

　通常，２人でヒアリングを行うときは，１人が聞き手，もう１人が議事録係という役割を分担する。聞き手のほうが経験や能力，年次，役職が上の者が担当し，議事録係は，若手が担当するという組み合わせだ。相手からうまく話を聞き出すには，経験や能力，そして年の功といったものがモノをいう。また，ヒアリングを受けるほうも，若手にずけずけと聞かれるより，役職が上の人から聞かれるほうが受け入れやすいということもある。

　もちろん，この役割分担は，状況によって変わる。例えば，ヒアリング相手から得られる情報が相当なボリュームであるとか，正確に理解しないと問題が見つからない，うまい解決策が考える必要があるといった場合，経験が上の者が記録係にまわる。ヒアリングはもう１人に任せて，相手が言っていることを正確に書き留めて理解する。ヒアリングの難易度が高いと，ヒアリングをしながら解決策を考えるのは，ちょっと難しくなってくるからだ。

　ヒアリングというのは，質問票に沿って通りいっぺんの質問を行うというものではない。相手の目を見て，相手の考えていることを想像し，相手の立場を配慮しつつ，問題はどこにあるのか，原因は何か，解決策として何が提案できるかを考える。これには，努力と経験が必要になってくる。何となくヒアリングを行うだけでは，上達しないのである。そういう意味でも，ヒアリングを行うときは２人で行う。経験や能力が高い者が，若手に模範を示す。ヒアリングという実践を通じて，教育をするチャンスなのである。

②　ヒアリングの時間と持参するもの

　１回のヒアリングは，だいたい１時間半から２時間である。１時間だと少し

短い。それは，ヒアリングの目的や新収益基準の概要，そしてこれからのスケジュールを説明するのに，最低でも20分ぐらいはかかるからだ。

　ヒアリング相手のヒアリングのスケジュールを調整できたら，事前にヒアリングの資料を送っておく。これは，相手に資料を準備してもらう必要がない場合でも行う。ヒアリングの内容を理解してもらいたいからである。残念ながら，通常は，事前に送付しても資料を見てもらえることは少ない。相手も忙しい。しかし，ヒアリングの時間をもらう以上，事前にヒアリングの資料を送付するのはマナーである。

　それでは，どのような資料を事前に送付するのだろうか。ここに列挙しよう。

- ●新収益基準のプロジェクトの目的と概要
- ●新収益基準の目的と概要
- ●本ヒアリングの目的とアジェンダ（スケジュールを含む）
- ●想定する質問事項
- ●事前に準備して欲しい資料
- ●今後の予定

これらの資料について説明を20分程度行い，そのあとにヒアリングを行う。ヒアリングを行ったら，後日，フィードバックの機会をもらう。時間は，30分から1時間ぐらいが適当だろう。これはヒアリングの内容を確認することが主たる目的だが，もう1つある。ヒアリングを行う以上，聞きっぱなしはいけない。ヒアリング相手も，自分のコメントがどう使われるのか，心配しているはずだ。ヒアリングを行ったら，そのヒアリング結果について，後日，フィードバックを行うことが大事である。

③　ヒアリングの順序

　ヒアリングには順序がある。どういう順番で聞けば効率的なのか，考えなければならない。新収益基準の対応の場合，ヒアリングの対象となるのは経理・財務部門，営業部門，情報システム部門といったところだ。では，どういう順序でヒアリングするか。それは，情報システム部門からである。

　まず，情報システム部門に，新収益基準に関係するシステムが保持する情報（データ）にどういうものがあるか，何を入力し，どう加工され，どのように保持されているのかを確認するのである。

　営業の担当者に話を聞くのは，そのあとだ。情報システム部門で聞いた話を営業の業務プロセスと紐づけるためである。どのように商談を行い，どのタイミングでどのデータをどのシステムに入力するのか，または入力しないのか（例えば，エクセルで管理しているだけとか）を確認する。これはちょうど情報システム部門で聞いた話の裏づけを取るイメージである。

　実は，**このヒアリングの順序は，通常とは逆である。ふつうは，ヒアリングを行うなら，まずビジネスの理解が先だ**。ビジネスを理解したあとに，業務を把握し，情報システムを関係づけて，経理に確認する（図表5-8-1）。

【図表5-8-1】　ふつうの順序

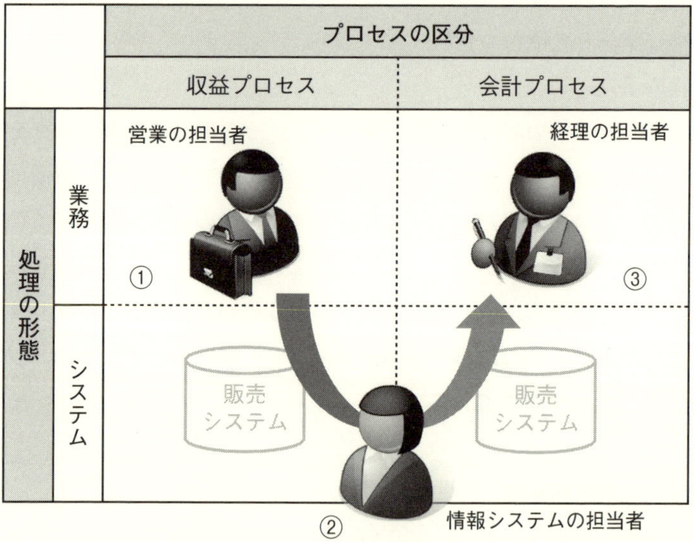

では，なぜ新収益基準のヒアリングでは順序が変わるのか。**新収益基準の対応は，情報（データ）の把握が大事である**。ヒアリングの目的は情報（デー

タ）の把握だといえる。新収益基準に従い，契約を結合するにも，契約を履行義務単位に分けるのも，キーとなるデータがなければ，始まらない。だから，最初に情報（データ）を押さえるのである。

「営業部門からヒアリングを始めても同じでは」と思われる方もいるだろう。もちろん，できないことはない。ただ，手戻りが生じるおそれがあるのだ。営業の担当者は，ふだんから自分が入力しているデータがどういうものか，どのタイミングで入力しているか，システムでどう処理されているか，正確に把握しているとは限らない。「たぶん，そのような情報（データ）はあると思います」とか「そういうデータはない」といった感覚で説明されると，どこまで信じていいのか，ヒアリングするほうも戸惑うだろう。

そのあとで情報システム部門にヒアリングしても，データの有無について先入観があるから，きちんとヒアリングできない可能性もある。また，情報システム部門へのヒアリングで，当初ないと思っていたデータがあるとなれば，もう一度，営業の担当者にヒアリングが必要になる。これは時間のロスである。

このため，新収益基準のヒアリングは，まず情報システム部門に対して行う。契約や売上に関係するシステムが保持するデータやその処理プロセスをすべて確認する。そのうえで，営業の担当者にヒアリングを行うのだ。すべての情報（データ）について，ビジネスとシステムの辻褄が合ったところで，経理・財務部門にヒアリングをする。経理・財務部門へのヒアリングは最後になる（図表5-8-2）。

【図表5-8-2】 データを押さえる

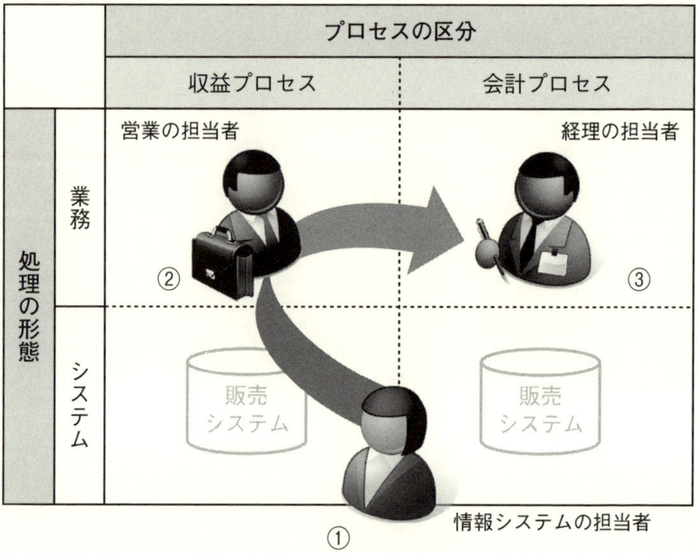

④ 複数の会社に対するヒアリングの場合の順序

　ヒアリング対象が複数の会社にまたがるときはどうか。例えば，機器の販売会社とメンテナンス会社が分かれていて，機器の販売契約とメンテナンス契約について「契約の結合」を行うという場合で考えてみよう。

　この場合も，情報システム部門からヒアリングを行うという点は同じだ。だが，もう1つポイントがある。それは，まずメンテナンス会社の情報システム部門に対してヒアリングを行うという点だ。ふつう，機器の販売契約のあと，メンテナンス契約が結ばれる。**メンテナンス会社からヒアリングを行うというのは，商流と逆の流れだ。**

　なぜか。メンテナンス会社のシステムのなかに，販売契約とメンテナンス契約を結びつける手がかりが見つかる可能性が高いからだ。メンテナンス会社は，機器の販売会社からの情報に基づいてメンテナンスサービスを行う。であるならば，その情報は何か。その情報を先に押さえるのが効率的である。

　もちろん，機器の販売会社の情報システム部門に対してもヒアリングを行う。メンテナンス会社の情報システム部門から聞いた話の裏づけを取るのである。機器の販売契約の情報をメンテナンス会社にどれくらい渡しているのか，聞く。この際，販売契約とメンテナンス契約を紐づける情報（データ）について，ある程度，想定できているかどうかで，ヒアリングの質はだいぶ変わる。

　それから，営業部門に対してヒアリングを行う。この際も，メンテナンス会社に対するヒアリングが先だ。（機器の販売会社とメンテナンス会社の）情報システム部門で聞いた話をビジネスに紐づける。そのあと，販売会社の営業部門の担当に話を聞きにいく。経理・財務部門に対するヒアリングも，まずメンテナンス会社の担当者に話を聞いて，最後に機器の販売会社の経理・財務部門に話を聞く。

　販売会社とメンテナンス会社を行ったり来たりするが，こうやって両サイドから話を聞くことによって，ヒアリング結果の確認を行い，契約の結合に必要な情報をどうやって取るかを考える。

　もちろん，ヒアリング相手の都合によって，このようなスケジュールを組むことが難しいかもしれない。その場合は，多少，手戻りを覚悟して，そのようにヒアリングをすればよい。**大事なことは，情報（データ）を確実に押さえるということである。そのためには，ヒアリング相手から聞いた内容は正しいかどうか，チェックするという姿勢が重要である。**

⑤　正確なヒアリングを行うために

　では，正確なヒアリングを行うには，ほかにどういう点に注意すればよいだろうか。7つの注意ポイントを紹介しよう。

ⅰ　ヒアリングの目的を説明する

　何のためにヒアリングを行うのか，最初にヒアリングの目的を説明する。目的がわからないと，相手はただ聞かれたことに対してしか答えないからだ。相手の回答からどういうこと（例えば，会計処理）を行おうとしているのか，説

明しなければ，相手も聞かれたこと以上の話をしない。

ii　質問は，やさしく表現を変えて何度も行う

　質問は相手の理解できる言葉で行う。これは当然だが，意外に難しいことである。特に，新収益基準の場合，言葉として難しいものが多い。例えば，履行義務という言葉はその代表格だろう。営業の担当者に，「この契約の中には履行義務はいくつありますか？」と聞いても，ほとんど伝わらない。では，どうするか。履行義務という言葉の説明はもちろんのこと，なぜ，そのような考え方をするのか，その目的を説明する。それだけではない。質問のしかたを変える。例えば，「このサービスを提供した後に，顧客に対して他のサービスを提供することがありますか」とか，「顧客に対して負っている義務には，どんなものがありますか」いうように，言葉を変え，聞き方を変える。

　こういったことは，事前に準備していないと，なかなかできない。また，複数に分かれてヒアリングを行う場合，ヒアリングの水準を合わせようとするなら，聞き方のマニュアルを用意する必要がある。**会計基準に書かれた言葉をそのまま使っても，相手が理解できるとは限らないのだ。**

iii　相手が答えた内容を視覚的に示す

　相手の回答を書き出す。ホワイトボードがあれば，それがよい。相手の回答をただ箇条書きにするだけでも，効果はあるが，できればそれをマトリクスや図表に変えて視覚的に示すと，より効果的である。相手は，自分の回答を（異なる観点から）再確認することができる。そしてもう１つ，視覚的に変換するという作業は，相手の回答を正確に理解していないとできない。自分の理解度をチェックする作業にもなるのだ。

iv　相手の答えた内容は必ず裏づけをとる

　相手が信頼できる人であっても，回答の裏づけをとる。例えば，契約のひな型は10パターンあると聞いたら，契約のひな型一覧を入手する。相手の答えた

内容を裏づける資料を入手するのである。

v　タイミングを変えて，もう一度質問する

　確認のために，同じ質問をしてもかまわない。ただ，まったく同じだと，「何度も同じことを聞くな」ということになりかねない。そこで，「確か，○○でしたよね」とか，「これは○○でよかったでしょうか」といった感じで確認するのである。

　なお，ヒアリングを行ったら，数日後にもう一度会って結果報告できるとよい。ヒアリングで聞き漏らしたり，誤解したりしたことがないか確認するのである。ヒアリング相手も，時間が経つと考えが変わる（整理される）ことがある。

vi　複数の人から話を聞く

　例えば，契約のひな型がどれくらい遵守されているのか，営業の担当者にヒアリングするとしよう。相手から「通常は，ひな型を使っている」と聞いたら，「例外はどれくらいあるか」確認する。それだけではない。（法務部門など）契約のひな型を管理する部署に行って「ひな型を変える，もしくはひな型を使わない契約はどれくらいあるか」確認する。複数の人から話を聞くことで，実態をより正確に把握するのである。

vii　思い込みをしない

　例えば，会員向けのサービス事業の収益に関するヒアリングを考えてみよう。年度末の会員数を尋ねると，相手が「300人です。ただし，これは退会した人も含まれる。ただ，1年分の会費を最初にもらっているので，管理上はこう書いている」と答えたとする。

　これだけだと，年度内に退会しても，年度末に退会しても，1年分の売上が計上されると感じるだろう。そのように推測するのは悪くないが，必ず確認の質問をする。例えば，「退会した時から年度末までの期間の会費も売上に計上

するのですか？」とストレートに聞いてもいいし，「年度内で退会した方には，お金を返金しないのですか？」という感じで，間接的に質問するのもよい。

(3) 経営トップとコミュニケーションをとる

どんなプロジェクトでもいえることではあるが，経営トップとのコミュニケーションはしっかり行う必要がある。この種のプロジェクトは，経営トップの理解と関与が必要である。経営トップが，新収益基準について関心がなかったり，誤った理解をしていたりするようでは，プロジェクトの成功はおぼつかない。

新収益基準は，損益計算書のトップラインである収益に直接影響する。経営トップが最も関心を寄せる項目である。予算や中期経営計画の策定も，この基準に基づいて行われる。

では，どうするか。新収益基準によって，収益がどう変わるのか，視覚的に，数値で具体的にわかりやすく経営トップに伝えることである。これは，プロジェクトマネージャーの責任で行う。もし，収益の金額が変わらない場合でも，同じである。投資家がどういう情報を期待しているのか，逆にどういう情報を社内外に対して発信していくべきかを伝えるのである。経営トップは，会社の成長戦略について従業員に対して伝える責任がある。投資家との対話でも同じだ。説明責任を果たすために新収益基準についてよく知らなければないし，それを自分の言葉で明確に伝えられなければならない。会計基準が企業に開示を求めるのは，投資家にとって有益なはずである。であるならば，その有益な情報とは何なのか，正しい理解が経営トップには必要である。どのような情報を社内外に発信しているのか知らないのは，まずい。

このようにして，早い段階から経営トップに新収益基準への対応の必要性を理解してもらうのだ。検討が進み，プロジェクトの方針が固まってから，「これだけのコストがかかります」といったところで，請け合ってもらえないだろう。遅すぎるからである。

さいごに

　新しい会計基準の導入というと，どうしても「対応」というイメージが先行する。やらなければいけないという受け身の姿勢である。これはもっともである。法令・規則で求められていることは，「やらなければいけない」。

　しかし，同じ対応であっても，発想を変えれば，見える景色は変わるはずだ。新収益基準の導入を機に，いままでおかしいと感じていた商流を見直す。契約形態を考える。取れなかった情報を取れるようにする。管理会計のあり方，そして経営のあり方を振り返るチャンスと捉えるのである。

　会計基準は，企業の実態を表現する手段である。目的ではない。これは，新収益基準でも同じである。新収益基準の導入をすることだけが目的となってはいけない。では，新収益基準を導入する目的とは何か。それは，企業の実態をより適切に表現すること，これを通じて，経営者や管理者がより正しい経営判断ができるようにする。さらに，財務諸表を通じてその読者が企業について適切な理解をできるようにすることである。であるならば，新収益基準の導入は，いままでの自社を振り返るチャンスである。新収益基準の導入を機に，多くの企業が飛躍の原動力を得ることを期待したい。

〈執筆者紹介〉

山本　浩二（やまもと　こうじ）

有限責任 あずさ監査法人　アカウンティング・アドバイザリー・サービス事業部　マネージング・ディレクター
公認会計士。証券アナリスト。SAP ERP 財務会計認定コンサルタント。Oracle E-Business Suite R12 Financials Certified Expert Consultant, Payables/Receivables。
1991年に監査法人朝日新和会計社（現：有限責任 あずさ監査法人）入所。監査業務を経て，コンサルティング業務に従事。決算早期化，シェアードサービス，BPR，経営の見える化，会計システムの導入，原価計算システムの再構築，内部統制制度の構築，IFRS の導入，予算・投資管理制度の刷新，業績評価制度の改革などのプロジェクトを実施。
主な著書に『減損会計マネジメント』（中央経済社，共著）があるほか，会計コンサルティングに関する寄稿とセミナーを多数実施。

<編者紹介>

有限責任 あずさ監査法人

　有限責任 あずさ監査法人は，全国主要都市に約6,000名の人員を擁し，監査や保証業務をはじめ，IFRS アドバイザリー，アカウンティングアドバイザリー，金融関連アドバイザリー，IT 関連アドバイザリー，企業成長支援アドバイザリーを提供しています。

　金融，情報・通信・メディア，パブリックセクター，流通・小売業，エネルギー，製造など，業界特有のニーズに対応した専門性の高いサービスを提供する体制を有するとともに，4 大国際会計事務所のひとつである KPMG インターナショナルのメンバーファームとして，154ヵ国に拡がるネットワークを通じ，グローバルな視点からクライアントを支援しています。

アカウンティング・アドバイザリー・サービス事業部

　あずさ監査法人のアカウンティング・アドバイザリー・サービス事業部は，財務戦略・会計基準のみならず，経営管理高度化・業務改善および M&A・事業再生領域を中心に，CFO および経理財務部門が抱える様々なニーズに対して，One Stop でのソリューションを実現します。さらに，世界各国の主要拠点に配置している KPMG ネットワークとの連携により，グローバルなサポートを提供し，海外拠点へのロールアウトを効率的に支援します。

新収益認識の業務・システム対応
履行義務ベースの管理と実務への落とし込み方

2018年12月25日　第 1 版第 1 刷発行

編　者	あ ず さ 監 査 法 人 アカウンティング・アドバイザリー・サービス事業部
発行者	山 本　　継
発行所	㈱中央経済社
発売元	㈱中央経済グループ パ ブ リ ッ シ ン グ

〒101-0051　東京都千代田区神田神保町1-31-2
電　話　03（3293）3371（編集代表）
　　　　　03（3293）3381（営業代表）
http://www.chuokeizai.co.jp/
印刷／文唱堂印刷㈱
製本／誠　製　本　㈱

©2018
Printed in Japan